독서의
위안

일러두기

- 〈독서의 위안〉은 2010년 2월 처음 출간했고, 2020년 2월 개정판으로 새로 출간하게 됐습니다
- 개정판은 독자의 이해를 돕기 위해 그림과 사진을 다수 수록했습니다
- 인용된 인물 수가 많아 인명 색인은 생략했습니다
  생소한 인명은 인터넷을 이용해 찾아 보는 방법을 추천하고 싶습니다

독서의 / 위안

송호성 지음

화인북스

독서의 위안

머리말	022
책을 읽어야 하는 이유	029
정승열靜勝熱	035
플라톤 / 아리스토텔레스	041
데카르트 / 스피노자	055
칸트	069
쇼펜하우어 / 니체	077
공자	087
묵자	101
노자	115
맹자	127
순자	141
독서의 효용성	155

CONTENTS

에세이 ··························

진리에 대해서   163

죽음에 대해서   171

돈에 대해서   179

에로티시즘에 대해서   189

문화에 대해서   199

이순신에 대해서   217

에필로그 ··························   245

서구의 몰락   249

"왜 사냐 건, 웃지요!" — 이 말처럼 멋진 말도 없을 것이다. 다만 그 웃음이 미소微笑냐, 아니면 실소失笑냐의 차이가 있을 뿐이다. 소크라테스는 미소 짓는 철학자였다. 죽음을 맞이하는 소크라테스의 이미지는 예수의 경우처럼 처절하지도 않고 비장하지도 않았다. 제자 알키비아데스는 소크라테스를 실레노스에 비유했다. 실레노스는 예언의 능력을 가진 신으로, 늘 술에 취해 있으면서도 쾌활하고 붙임성 있는 노인이다.

그럼에도 소크라테스의 생은 비극을 대변한다. 우리는 고대 그리스인들이 이상적理想的인 인간형으로 생각했던 '비극적 낙관론자(tragic optimist)'의 전형典型을 가장 헬라스적인 인물이었던 소크라테스에게서 발견하게 된다. 비극을 인식하는 인간만이 비극에 대항하는 특권을 부여받는다. 그는 비극을 비극으로 받아들이지만, 그러나 포기하지 않고 죽어가면서도 희망을 꿈꾼다. 죽음을 앞둔 소크라테스는 제자들에게 이렇게 말했다.

"훌륭한 삶을 산 사람들은 감옥과도 같은 이 세상에서 해방되어, 저 위의 순수한 데로 올라가 그곳에서 살게 되는 걸세. 이들 가운데 특히 철학으로 자기 자신을 순결하게 한 사람들은, 죽은 후에는 육체에서 벗어나 육체 없이 살 것이고, 다른 사람들이 머무는 거처보다 더 아름다운 거처에 머물게 될 걸세."

이보다 더 좋은 일이 어디 있겠는가! _소크라테스

인간은 어리석게도 행위가 가져다 줄 수 없는 것을 행위 속에서 추구하는 존재이다. 이 점에서 플라톤이 말하는 '철인 왕哲人王'의 존재는 다분히 이율배반적이다. 철학자는 생각하는 사람이지, 행동하는 사람이 아니다. 왜냐하면 철학자는 ─ 슈펭글러의 말처럼 ─ 진리를 만들어내는 것이 아니라 자신 속에서 그것을 발견하는 자이기 때문이다. 진리를 추구해서 자신의 것으로 만들고, 그것으로 세상을 변화시키고자 하는 사람들이 직면하게 되는 문제는 언제나 예측 가능한 것이다. 결국에 가서 그는 자신의 의지로 인해 세상을 등지거나, 아니면 자신의 의지와는 무관하게 세상으로부터 외면당하게 될 것이다. 플라톤과 공자는 자신의 이상理想을 현실정치에 적용하면서부터 패배를 의식하게 된다. 시라쿠사는 플라톤을 배신했고, 노魯나라는 공자를 무시했다.

_플라톤

아리스토텔레스는 지적知的인 덕德을 도덕적인 덕德보다 우선하는 가치로 보았다. "도덕적인 덕의 실현은 중용中庸을 지키는 데 있다"고 그는 말했다. 그렇다면 지적인 덕이란 무엇을 말하는가? "도덕적인 덕이 욕구欲求와 관련해서 추구와 회피를 선택하는 데 관여한다면, 지적인 덕은 사유思惟에 있어서 긍정과 부정을 결정하는 데 관여한다"고 아리스토텔레스는 말한다.

아리스토텔레스는 지적인 덕을 더 구체화해서 '실천적 지혜'와 '철학적 지혜'로 구분했는데, "실천적 지혜가 개별적이고 가변적인 대상에 관여한다면, 철학적 지혜는 보편적이고 불변하는 대상에 관여한다"고 주장했다. 그렇다면 실천적 지혜는 철학적 지혜보다 못한 것이다. 실천적 지혜는 철학적 지혜를 사용하는 것이 아니라, 철학적 지혜를 가능케 하는 수단으로 제공될 뿐이다. 으뜸이 되는 것은 철학적 지혜이다. _아리스토텔레스

데카르트는 "나는 생각한다, 고로 존재한다(Cogito ergo, sum)"라고 하는 역사적인 명제를
남겼다. 데카르트가 살던 시대는 스콜라적 영향이 지배적이어서 신이 세계의 중심에 있다고 굳
게 믿고 있었다. 그러나 데카르트는 신 대신에 자아自我를 세계의 중심에 자리하게 했다. 그리고
정신과 물질을 구분하여 이른바 '데카르트의 이원론二元論'을 확립했다. 그러나 무엇보다도 중요
한 것은 데카르트가 주장하는 바의 '코기토Cogito'가 정신을 물질보다 더 확실한 실체로 생각하도
록 만들었다는 점일 것이다. _ 데카르트

스피노자의 견해에 따르면, 신에 대한 지적^{知的} 사랑만이 항구적이며 영원하다. 반면 인간의 불행은 변화무상한 것을 지나치게 사랑하는 데서 생긴다. 집착이야말로 모든 악의 근원이라 할 수 있다. 따라서 우리는 현실의 표상^{表象}과 충분한 심리적 거리를 두고 '영원한 상^相 아래에서' 사물을 있는 그대로의 모습으로 파악하는 능력을 키워야만 한다고 스피노자는 말한다. 이것이 구원^{救援}에 이르는 유일한 방법이기 때문이다. _스피노자

칸트는 이성理性을 비판했다. 순수 이성은 신과 영혼의 존재 여부를 판단할 능력이 없다. 이는 이
성의 한계를 넘어서는 일이라고 칸트는 주장한다. 그렇다면 종교는 무엇에 기초를 두어야 하는
가? 바로 도덕이다. 신과 영혼 불멸과 인간의 자유의지 — 이것이 이성이 파악해야 할 세 가지
이념이라고 칸트는 말한다. 그러나 순수 이성은 이 이념들의 실재를 입증하지 못한다. 그런데
이 이념들의 중요성은 실천적이라는 데 있다. 다시 말해서 이 세 가지 이념은 도덕과 관련지어
져 있는 것이다. 칸트는 '도덕의 형이상학'을 확립하고자 했다. _칸트

쇼펜하우어는 "오직 돈만이 절대적으로 선한 것이다"라고 말했다. "돈은 하나의 욕구를 구체적
으로 만족시켜 줄 뿐만 아니라, 욕구 일반을 추상적으로 만족시켜 주기 때문이다."
그리고 쇼펜하우어는 염세주의자답게 늙음을 찬양했다. 늙음은 에로티시즘이라는 강력한 심연
을 외면하던가, 아니면 그것으로부터 외면당할 것이다. _쇼펜하우어

니체는 골난 철학자였다. 그가 선의善意의 악동惡童이기를 자처했던 것은 플라톤 철학과 기독교
사상에 대한 강한 불만 때문이었다. 칸트가 이성을 비판했다면, 니체는 도덕을 비판했다. 그러
나 그것은 도덕의 속성에 대한 비판이었지, 도덕의 가치에 대한 비판은 아니었다. _니체

슈펭글러는 회의주의懷疑主義를 문화적인 요소가 배제된 인위적人爲的인 문명의 특징을 나타내는 결정적 표현이라 했는데, 우리가 사는 시대가 바로 회의주의가 지배하는 시대라고 말할 수 있을 것이다. 문화와 문명은 같은 맥락에서 이해되는 것처럼 보인다. 그러나 문명은 발전하는데 문화는 사라져 간다면 이를 어떻게 설명해야 할까?

슈펭글러는 문화文化와 문명文明을 구분해서 정의를 내린다. 문화는 가능성에서 비롯되는 것이다. 그러나 문명은 가능성이 아니라 현실에 안주한다. 문명이란 진보한 인간 종種이 궁극적으로 도달하게 되는 극히 외형적이며 인위적인 상태를 말한다.

회의주의는 '가치를 부정否定한다'는 점에서, 순수한 문명의 표현이다. 그것은 이미 과거가 되어버린 문화의 세계상世界을 부순다. 문화가 정신적인 것이라면, 문명은 실제적인 것이다. 현대는 문명의 시대이지, 문화의 시대가 아니다. _슈펭글러

孔子

······

"다몬(기원전 5세기의 아테네인으로, 초기의 주요 음악 이론가들 중 한 사람)은 나에게 음악(詩歌)의 양식이 바뀌면 국가의 기본법도 바뀌어야 한다고 했는데, 나는 이 말에 확신을 갖고 있다"고 소크라테스는 말했다. "선율의 조화는 영혼의 깊숙한 데까지 파고들어 영혼을 우아하고 세련되게 만들어 줄 뿐만 아니라 건강의 유지와 회복에도 도움을 준다." 음악은 언어가 하는 역할을 보조하거나, 능가한다. 이른바 '입체적인 사고思考'를 가능하게 하는 것이다.

한편 공자는 '예禮'와 '악樂'을 문화文化라고 생각했다. '예'로써 행실을 바로잡고, '악'으로써 화합을 이루어야 한다는 것이 유가儒家의 근본 사상이었다. 또 예악禮樂은 통치의 수단이자 목적이기도 했다. "예악으로 나라를 다스려야 한다. '예'는 인간의 외면外面을 다스려 주고, '악'은 인간의 내면內面을 다스려 준다. '악'은 안으로부터 우러나는 것이고, '예'는 밖에서 작용하는 것이다."

"음악의 양식이 변하면 국가의 기본법도 바뀌어야 한다"는 소크라테스의 견해는, "주周나라가 망한 까닭은 예악禮樂이 무너져서이다. 예악을 바로 세워야 한다"는 공자의 말과 같은 맥락에서 이해된다. _ 공자

墨子

......

묵자는 묵가墨家의 창시자이다. 유가儒家가 귀족층을 대변했다면, 묵가는 서민층을 대변했다. 묵자
의 사상은 지극히 소박하고 실용적이다. 그는 근검절약할 것을 주장했고(節用), 장례는 간소하
게 치러야 한다고 주장했으며(節葬), 음악은 낭비가 심하고 쓸모없다 하여 배격했다(非樂). 또
한 묵자는, 차별을 두지 않고 사람들을 평등하게 사랑하는 것이 모든 것의 근본이라고 주장했고
(兼愛), 이웃 나라를 공격해서는 안 된다고 주장했으며(非功), 귀신의 존재를 인정했다(明鬼).
사람들을 평등하게 사랑하자고 하는 묵자의 겸애설에 이의를 제기할 사람은 없을 것이다. 비공
론은 물론이고 절장에 대해서도 마찬가지일 것이다. 그러나 묵자가 의도하는 바의 절용은 지나
친 것으로 간주됐다. 순자荀子는 묵자를 비판하면서, "그는 실용用에 가로막혀 형식文의 가치를 몰
랐다"고 했고, "통일적인 체계는 확립했으나 다양성은 간과했다"고 평가했다.
공자를 아테네에 비유한다면, 묵자는 스파르타에 비유할 수 있을 것이다. 아테네는 문화 그 자
체였다. 그러나 스파르타가 남긴 문화유산은 찾아보기 힘들다. 만일 있다면, 소위 말하는 '스파
르타 정신'만이 문화유산으로 남아있을 뿐이다. _묵자

老子
......

노자는 기원전 500년경의 인물로 도가道家의 창시자이다. 노자는 도道와 덕德에 대해 말했다. 따라서 그가 지은 텍스트를 〈노자 도덕경老子道德經〉이라 한다.

노자가 말하는 도道란, 플라톤의 이데아, 스피노자의 실체實體, 칸트의 물자체物自體와 유사한 개념이거나 이들 모두를 포함하는 개념이다. 플라톤의 최대 업적이 '이데아'라고 하는 보편 개념을 창안한 데 있었다면, 노자의 최대 업적은 '도道'라고 하는 보편 개념을 제시한 데 있다고 말할 수 있을 것이다. _노자

孟子

......

맹자는 이상주의자理想主義者였다. 묵자가 실리를 중시했다면, 맹자는 인의仁義를 중시했다. 그의 성선설性善說은 그의 이상주의를 반영한다. 반면 순자는 '인간의 타고난 본성은 악하다'고 하는 성악설性惡說을 주장했다.

순자는 스피노자처럼 욕망을 인간의 본성으로 보았다. 그러나 인간의 욕망은 노력여하에 따라 얼마든지 다스려질 수 있다. 스피노자는 "이성理性이 욕망을 다스린다"고 말했다. 그리고 순자는 "마음心이 욕망을 다스릴 수 있다"고 말했다. 이에 반해 맹자는 "인간은 누구나 인의예지仁義禮智의 마음, 즉 양심良心을 선천적으로 가지고 태어났으나, 세상을 살아가면서 그러한 본심本心을 상실하게 된다"고 주장하면서 "평범한 사람들(世人)이 잃어버리는 것을 군자君子는 간직한다"고 말했다.

성선설을 주장한 맹자의 시각에서 보면, 인간은 가능성을 상실해 가는 존재이다. 반면 성악설을 주장한 순자의 시각에서 보면, 인간은 가능성을 실현해 가는 존재이다. _맹자

荀子
······

순자는 맹자와는 달리 철인哲人이 아니라 진짜 철학자哲學者였다. 서양의 기준이 아니라 인류의 기준으로 볼 때 그렇다는 것이다. 서양 철학의 문제점이 체계를 세우는 일에 지나치게 집착한 데 있었다면, 동양 철학의 문제점은 '체계'를 가벼이 여기고 체계를 세우는 일을 등한시한 데 있었다고 말할 수 있다. 그러나 순자는 예외였다. 그는 체계론자體系論者이면서도 지혜에 밝았고, 회의론자懷疑論者이면서도 낙관론을 견지했다. 오직 순자만이 고대의 중국 철학자들 가운데 유일하게 아리스토텔레스에 필적할 만한 지적 능력을 지닌 인물이었다고 평가할 수 있을 것이다.

그러나 순자 이후로 동양 철학은 서양 철학이 그랬던 것처럼 관념론觀念論의 수렁으로 빠져들었다. 기독교 교리가 천년동안 중세中世를 암흑시대로 만들었듯이, 불학佛學과 성리학性理學은 천년이 넘는 세월동안 동북아東北亞를 경직시켰다. _순자

李舜臣

최고로 현실적인 불사^{不死}의 논리가 있는데, 그것은 아마도 이런 것임에 틀림없다 — "어떤 인간은 결코 소멸하지 않는다. 왜냐하면 그는 끊임없이 번영^{繁榮}하고 있기 때문이다. 후대의 정신 속에서, 그리고 후대의 일상^{日常} 속에서." 이순신이 그런 존재였다. 그는 타협을 거부했기에 불멸의 특권을 부여받았다. 앙드레 말로의 말처럼, 살아남은 모든 문화는 타협된 과거들로써 이루어진 것이 아니라, 과거에 타협을 불허했던 부분들로써 이루어진 것이다. _이순신

머리말

틈틈이 책을 읽으면서, 그리고 의미 깊은 언어들을 접하면서, 책을 읽어야 하는 이유에 대해 나름대로 생각해 봤습니다. 독서를 통해서 얻게 되는 것은 무엇이고 독서가 가져다주는 위안은 과연 무엇인가? 이 물음에 대해 나는 T.S.엘리엇의 표현을 빌려 답할 수밖에 없습니다. **"언어는 우리에게 즐거움을 준다. 그것은 언어만이 줄 수 있는 즐거움이다"**라고. 영상映像이나 그림 혹은 음악처럼 직접적이고 강렬하지는 않아도, 언어의 매력은, 그것을 아는 사람들에게는 분명히 실재하는 가치임에 틀림없습니다. 엘리엇은 살기 위해 썼고, 조이스는 쓰기 위해 살았습니다. 제임스 조이스에게는 언어가 곧 종교였습니다.

언어는 사상思想을 담는 그릇이기도 합니다. 니체는 "가장 위대한 사상의 출현이야말로 가장 위대한 사건이다"라고 말했는데, '행위의 역사' 못지않게 중요한 것이 '사유思惟의 역사'라고 생각합니다. 사유의 역사가 곧 철학입니다. 동물과 인간의 차이를 구별하기 위해 철학이 필요했던 것은 아닙니다. 동물은 동물일 뿐이고, 인간은 인간일 따름입니다. 2500년 전 공자는 어질 인仁에서 '인간'을 발견하고자 했습니다. 공자의 생각에 따르면, 인仁은 인간의 근본입니다. 그는 말하기를, "사람이 어질지 못하면 예禮가 무슨 소용이 있겠는가!"라고 했는데, 어질지 못한 사람에게 예禮란 의미그대로 허례虛禮일 뿐입니다.

인류를 특징짓는 함축적인 언어들이 있습니다. 예컨대 〈노자老子〉에 이런 말이 나옵니다. "정이 열을 이긴다(靜勝熱)." 또는 "도道의 작용은 약하디 약한 것이다(弱者道之用)." 혹은 "빛은 있으되 반짝이지는 않는다(光而不耀)." 이런 말들은 그 뜻을 이해하거나 혹은 오해하는 자에게 각별한 의미로 다가옵니다. 그리고 결정적인 사상을 제시합니다. 석가, 아리스토텔레스, 디오게네스, 제논, 세네카, 에픽테토스, 스피노자, 쇼펜하우어 같은 사람들이 이런 류類의 사상에 경도傾倒됐습니다.

그리고 2300년 전 사람 에피쿠로스는 이렇게 말했다고 합니다. "다중의 신神을 조롱하는 자가 아니라, 신에 관한 다중의 의견을 수용하는 자가 신을 공경하지 않는 자이다." 물론 이것은 지적知的 귀족주의를 대변하는 말입니다. 실제로 데카르트와 스피노자는 가장 무지한 사람에게도 가장 학식 있는 사람에게와 마찬가지로 천국에의 길이 동일한 기준으로 열려 있다고 하는 기독교의 가르침에 대해 불만을 토로한 적이 있습니다.

그리고 칼 마르크스는 "능력에 따라 개개인으로부터, 필요에 따라 개개인에게"라고 말했는데, 이 말이 지시하는 바의 의미를 음미하면서 우리는 상상 속에서나마 지상地上의 유토피아를 그려볼 수 있습니다. 언어에서 이미지를 보는 사람에게 언어의 영향력은 실로 지대한 것입니다.

음악이나 미술은 양식樣式을 의식하지 않을 수 없습니다. 그러나 언어는 양식에 구애 받지 않습니다. 2500년 전에 공자가 그랬듯이, 그리고 2400년 전에 소크라테스가 그랬듯이, 그들이 즐겨 썼던 언어를 형태만 달리할 뿐 의미에서는 변함없는 그대로 지금의 우리도 즐겨 사용하고 있습니다. 그러나 이것은 언어의 유희遊戲가 아닙니다. 만일 이것이 말장난에 불과하다고 한다면, 예수와 석가와 공자와 소크라테스를 포함하는 인류의 모든 가치는 부정되고 말 것입니다. 그들의 언어 속에 그들이 존재하기 때문입니다.

언어는 시대와 장소를 초월하여 의미를 전달합니다. 예컨대 노자와 아리스토텔레스와 스피노자의 유사성을 발견하면서, 다른 것은 개인에게 속하고, 같은 것은 인류에서 비롯된다는 사실을 깨닫게 되는데, 이 또한 독서를 통해서 얻을 수 있는 즐거움 중에 하나입니다. 노자는 무위無爲를 꿈꾸었고, 아리스토텔레스는 철학적 지혜가 깃든 '관조觀照하는 삶'을 인간에게 가능한 최고의 행복으로 여겼으며, 스피노자는 행위에 우선하여 '인식認識' 그 자체를 최선의 것으로 간주했습니다.

노자에 의하면, 덕德이란 도道를 깨닫고 따르는 것을 말합니다. 그런데 이것은 이른바 '무위'를 행함으로써만 가능한 일입니다. 노자가 말하는 도가 서양에서 말하는 신神에 해당한다면, 덕은 신앙信仰에 해당한다고 볼 수 있습니다. 스피노자의 견해 또한 노자와 다를 바 없는데, "인간의 정신이 인식할 수 있는 최고의 것은 무엇인가?"라는 질문에, '신에 대한 인식'이라고 답합니다. 스피노자에 따르면, 최고의 선은 신에 대한 지식을 갖는 것이며, 최고의 덕은 신에 대한 인식에 다다르는 것입니다. 그리고 아리스토텔레스 역시 스피노자처럼 최고의 인식을 최고의 가치로 보았습니다.

데카르트는 "나는 생각한다, 고로 존재한다(Cogito ergo, sum)"라고 했는데, 이는 사유의 중요성을 강조한 말입니다. 그런데 철학자는 본래 "나는 존재한다, 고로 생각한다"는 식의 입장에 충실해서 탄생한 인간 유형이었습니다.

특히 플라톤은 철학자를 최선의 인물로 부각시켰습니다. 그는 인간 영혼의 불멸성을 자신이 주장한 이데아론^論에서 이끌어냅니다. 플라톤에 의하면, 철학자의 영혼만이 신적^{神的}이며 영원불멸할 수 있습니다. 오직 철학자만이 '이데아'를 인식할 수 있기 때문입니다. 플라톤이 말하는 천국은 애지자^{愛智者}인 철학자들을 위해서 존재하는 곳입니다.[1] 그리고 아리스토텔레스는 자신의 윤리학에서 철학자는 신들로부터 가장 사랑받는 자이며, 따라서 다른 어느 누구보다도 행복한 사람이라고 결론 내립니다.

그러나 예수 그리스도의 생각은 달랐습니다. 플라톤은 천국에 이르는 문^門을 좁히는 데 기여했지만, 예수의 가치는 그 문을 넓히는 데 있었습니다. 한마디로 말해서, 천국에 들어갈 수 있는 요건을 '유능함'에서 '선함'과 '믿

---

1 소크라테스와 플라톤이 꿈꾸었던 천국은, 신들과 호메로스나 아킬레우스 같은 과거의 영웅들이 철학자들과 함께 하는 곳이다. 플라톤이 생각하는 철학자란 가장 이상적인 존재이며, 인간이라기보다는 신에 가까운 인물이다. 그들은 육신과는 무관한 존재이기 때문이다. 플라톤은 〈파이돈〉에서 다음과 같이 말한다.

"육체적인 욕망과 쾌락에 정신이 팔려 더럽혀진 영혼은, 무겁고 둔하고 땅의 성질을 지니고 있어 그 무게로 인해 또다시 가시적(可視的)인 세계로 끌려 내려와 이승에 머물게 되는데, 무덤가를 배회하며 그림자 같은 환영(幻影)으로 모습을 드러내곤 한다. 이는 영혼이 육체를 떠나지 못하고 가시적인 것에 매여서 나타나기 때문이다. 그들은 당나귀 같은 동물로 다시 태어나게 될 것이다. … 그리고 부정한 일과 포악한 일과 도둑질을 일삼은 사람들은 짐승으로 다시 태어날 게 분명하다. 가장 행복한 사람들은, 세상 사람들이 절제와 정의라고 부르는 공공의 덕을 실천한 사람들로, 그들은 비록 지성을 지니지는 못했지만, 노력과 수련으로 덕을 쌓은 결과로 해서 점잖고 절제 있는 존재로 거듭 태어나게 될 것이다. … 그러나 신들의 세계에 들어가 신들과 함께하려면, 그가 생(生)을 떠날 때 완전히 순수한 상태에 있지 않으면 안 되는데, 이는 오직 지혜를 사랑하고 추구해 온 애지자(愛智者)에게만 가능한 일이다. 그들이 철학에 거슬리는 방향으로 나아가지 않고 철학이 제시하는 길을 향하여 나아가는 것은, 그들의 영혼이 철학으로 인해 순수해지고 자유로워져서이다."

음'으로 대체한 것입니다. 하지만 한편으로 언어는 도덕적인 덕에 우선해서 지적인 덕에 보다 충실해왔습니다.[2]

인간은 스스로를 표현함으로써 비로소 자신을 아는 존재입니다 — 여기서 언어는 수단이 됩니다. 그리고 인간은 스스로를 증명함으로써 자신을 표현하는 존재입니다 — 여기서 언어는 목적이 됩니다. 왜냐하면 인간은 보다 더 나아질 수 있는 존재이기 때문입니다. 언어는 인간 정신을 단련시키고, 인간의 행위에 가치와 명분을 부여합니다. 최초의 인간과 최후의 인간은, 그가 표현하는 언어에 의해서 차별됩니다.

'말'은 행동의 언어이고, '글'은 사고思考의 언어라는 주장은 역사를 반영합니다. 소크라테스의 '말'은 플라톤의 '글'보다 분명히 더 역사적입니다. 마찬가지 의미에서 사도 바울의 '글'은 예수의 '말'을 절대 능가하지 못합니다. 옛 사람들 생각에, '글'은 죽은 언어이고, '말'은 살아 있는 언어였습니다. 그럼에도 '글'은 우리의 운명을 지배하고 있습니다. 만일 지식인이 하나의 유익한 존재라면, 지식인이 되게끔 만들고, 어느덧 지식인이 된 그들에 의해서 씌어진 글이나 책 또한 소중한 자산임에 틀림없습니다.

이 글은 철학에 관한 글입니다. 플라톤, 아리스토텔레스, 데카르트, 스피노자, 칸트, 쇼펜하우어, 니체, 공자, 묵자, 노자, 맹자, 순자를 읽으면서 감명 받았던 진솔하고 인상적인 언어들을 함축적으로 요약해서 책으로 엮은 것입니다.

....

2 아리스토텔레스는 덕(德)에는 두 가지 종류가 있다고 했는데, 하나는 도덕적인 덕이고 다른 하나는 지적(知的)인 덕이다.

책을 읽는 목적은, 우선은 자신의 식견識見과
안목을 높이는 데 있고, 궁극적으로는
정신적으로나 정서적으로나 쿨cool해지는 데 있다.
'쿨해진다'는 건 냉정해진다기보다는
냉철해진다는 것을 의미하고,
세상을 등지는 게 아니라 세상과의
충분한 심리적 거리를 유지하는 것을 뜻한다.

1
∵

책을
읽어야 하는
이유

독서讀書를 취미 생활쯤으로 여기는 사람들은 진정한 독서인讀書人이 되지 못할 것이다. 그러나 앙드레 말로가 말한 것처럼, '취미를 갖는다'는 게 전문가가 된다는 걸 의미한다면 예외가 될 수도 있을 것이다. 책을 읽는다는 것은, 이를테면 외국어를 공부하는 것과 같다고 볼 수 있다. 영어를 공부하면서 단어를 모르면 문장을 이해하지 못한다. 책을 읽는 것도 마찬가지다. 예컨대 슈펭글러가 쓴 〈서구의 몰락〉 한글 번역본을 펼치고 단 몇 페이지만 읽어 보라. 취미로 책을 읽어 온 사람들은 무슨 말인지 전혀 이해하지 못할 것이다. 〈서구의 몰락〉은 전문 학술서도 아니고, 난해한 용어들로 나열된 인식론認識論이나 형이상학적인 관념론觀念論과는 거리가 먼 책인데도 불구하고 말이다.

우선 독자는 이 책에 등장하는 다양한 인물들의 이름을 접하면서 난감해 할 것이다. 두 세 페이지만 읽어도, 카이사르, 알렉산드로스, 나폴레옹, 샤를마뉴, 페트라르카, 하드리아누스, 필리포스, 안토니우스, 옥타비아누스, 브루투스, 알키비아데스, 플루타르코스 같은 이름들을 볼 수 있는데, 독자에게 낯익은 이름들도 있겠지만, 생소한 이름들도 적지 않을 것이다. 그런데 이들에 대한 약간의 상식조차도 없다면, 이 책을 읽어나가기가 용이하지 않을 것이다. 토인비의 〈역사의 연구〉나 에드워드 기번의 〈로마제국 쇠망사^史〉 같은 책들도 마찬가지이다.

이들 책들을 읽기 힘든 또 다른 이유는 타의추종을 불허하는 저자^{著者}들의 박학다식^{博學多識}에서 찾을 수 있다. 독자들이 이 책들을 접하면서 곤혹스러워하는 것은, 이들 책의 저자들이 그들 특유의 박학다식을 바탕으로 해서 하나의 주제를 여러 주제들과 한데 묶어 대위법적^{對位法的}으로 동시에 전개해 나가는 데 능숙하기 때문이다. 〈서구의 몰락〉이 그 대표적인 경우이다. "진정한 철학자는 철학적인 영역은 물론이고, 정치적인 영역, 윤리적인 영역, 예술적인 영역을 망라해서 일정한 형식에 밀어 넣어야만 한다"고 니체는 말했는데, 실제로 — 프랜시스 베이컨이 모든 학문을 자신의 영토로 삼았듯이 — 철학·역사·예술을 포함하는 거의 모든 분야의 영역을 깊이 있게 다루고 있다는 점에서 슈펭글러는 니체의 가르침을 그대로 따르고 있다. 대니얼 부어스틴은 슈펭글러를 가리켜, '놀라울 정도의 스케일과 대담함, 그리고 미묘한 차이에 대한 독창적인 견해와 탁월한 미적^{美的} 감수성을 지닌' 인물이었다고 평했는데, 이보다 더 적절한 평가는 없을 것이다. 토인비 역시 슈펭글러에 버금가는 박학다식의 소유자였다. 〈역사의 연구〉에서 토인비는 모든 문명의 발전과 쇠퇴는 '도전과 응전'의 법칙에 따라 결정된다는 자신의 기본 구상을 설명하기 위해 방대한 분량의 자료를 수집해서 소개한다. 슈펭글러가 〈서구의 몰락〉을 저술하는 데 10년이 걸렸다고 한다. 그리고 전 10권에 달하는 토인비의 〈역사의 연구〉는 30년에 걸쳐서 완성된 필생의 역저力著이다. 이 책들을 만만하게 볼 수 없는 이유가 여기에 있는 것이다.

어려운 책이 반드시 좋은 책이라고 말할 수는 없을 것이다. 그러나 본질本質에 대해서 얘기하는 책 치고서 어렵지 않은 책이 없다. 읽기가 어렵다고 해서 역사가 보증하는 고전古典들을 외면한다면, 독자는 본질을 파악하지 못하고 피상적인 지식만을 접하게 될 뿐이다.

반드시 본질에 닿아야만 한다! 본질을 표현하지 못하는 사상思想이나 작품을 역사는 '쓰레기'로 취급해왔다. 예민한 독자라면 앙드레 말로의 소설이 아니라 평론을, 그리고 T.S.엘리엇의 시詩가 아니라 산문을 읽어 볼 필요가 있을 것이다. 무엇보다도 그들은 플라톤에서 니체에 이르기까지 누구도 도달하지 못한 깊이의 심화深化를 이루어냈다. 우리는 앙드레 말로의 소설을 어렵지 않게 읽을 수 있다. 그러나 그의 평론을 이해하는 것은 쉽지 않다. 평론에서의 그의 논조는 슈펭글러의 논조와 거의 유사하기 때문이다. 반면 우리는, 엘리엇의 시詩는 난해해서 쉽게 이해하지 못해도, 엘리엇이 쓴 산문은 얼마든지 이해할 수 있다. 엘리엇은, 앙드레 말로와는 달리, 자신의 견해를 평이한 언어로 정확하게 표현하려 했기 때문이다. 그렇다 해도 엘리엇의 산문을 이해한다는 것은 그 논리의 정연함 때문에 초보자에게는 쉽지 않아 보인다.

좋은 책은 독자로 하여금 많은 생각을 하게 만든다. 그 중에서도 특히 고전은 이른바 '사고思考의 보고寶庫'이다. 고전이 고전이 될 수 있었던 이유는, 역사가 고전을 보증해서라기보다는 고전이 역사를 보증해왔기 때문일 것이다. 고전을 읽음으로 해서 우리는 우리의 일상日常에서 볼 수 없었던 인류 역사의 장대한 파노라마와 삶에 관한 풍부한 에피소드와 의미 깊은 사상을 접할 수 있는 특권을 부여받는다. 그리고 우리는 고전을 통해서 가치의 전도顚倒

를 목격하게 되는데, 이로 인해서 변증법적인 사고가 가능해진다. 이를테면 묵자墨子가 공자孔子에게 이의를 제기했듯이, 예수는 플라톤에 대해 이의를 제기했고, 니체는 전혀 다른 방식으로 플라톤과 예수에 대해 자못 거칠게 이의 제기하는 것을 볼 수 있다. 인류가 수천 년 동안 똑같은 말만 해왔다면 인간은 얼마나 따분한 존재이겠는가!

또한 우리는 책을 읽으면서 비로소 회의懷疑하는 방법을 배우게 된다. 집착은, 중독中毒처럼, 때로는 우리에게 최악을 강요한다. 반면 회의는 개인에게 일종의 자유를 제공한다. "불신不信만큼 확실한 신앙은 없다"고 말한 철학자도 있었다. 철학적인 사고가 가능한 사람들에게 회의주의는 지적知的 편력의 출발점이 된다. 반면 회의를 품는 데 인색한 지식인은 지적 포만감에 만족할 따름이다. 회의주의는 무엇보다도 선입관先入觀을 거부한다. 앙드레 말로의 말처럼, "우리들의 부활은 선입관에 의한 휴머니즘으로는 불가능하다. 그것은, 몽테뉴가 그랬던 것처럼, 지금까지 표현되지 않은 휴머니즘을 필요로 한다."

일상적日常的인 것은 물론 중요하다. 하지만 일상 외의 것도 역시 중요한 것이다. 인간은 일상에서 소모되고 남은 역량力量의 나머지 부분을 운명으로서의 인생에 할애해 왔다. 자신에게 보여 지는 것만이 이 세상에 실재하는 모든 것이라고 생각한다면 문제될 게 없을 것이다. 그러나 문화, 종교, 철학, 예술과 같은 영역의 것들은 형이상학적인 관심사에 속하는 사안이다. 이것은 생리학적인 진화가 아니라, 의식意識의 진화에 따른 산물이다.

그가 어떤 사람인지를 알고 싶다면, 그 사람이 무엇에 감동받는가를 보면 가장 정확하게 판단할 수 있다. '사춘기의 문학소녀'가 스피노자의 고뇌를 이해한다고 말한다면, 아마도 세상은 이를 인정하지 않을 것이다. 스피노자 같은 사람들을 감동시키는 것은 세상 사람들을 감동시키는 것과는 전혀 다른 영역에 속하는 것이기 때문이다. "내일 지구가 멸망할지라도, 오늘 나는 한 그루의 사과나무를 심겠다!" — 이렇게 말할 수 있는 사람이 스피노 자였다. 니체는 스피노자에 대해 말하면서, 그의 철학은 단지 '그 자신의 지혜에 대한 사랑'을 강조한 것에 지나지 않는다고 비난했지만, "영원하고 무한한 진리를 추구하는 것만이 지고至高의 행복을 보장한다"고 한 스피노자의 말을 부정할 사람은 아마 없을 것이다.

마찬가지로 독서의 수준이 '그 사람을 말해 준다.' 헤르만 헤세의 소설 〈데미안〉을 읽은 사람이 앙드레 말로의 소설 〈희망〉을 읽는다면, 그는 성숙해진 자신을 발견하게 될 것이다. 그러나 앙드레 말로의 〈희망〉을 읽은 사람이 헤르만 헤세의 〈데미안〉을 읽고 감동받는 경우는 거의 없을 것이다. 감동은 각자를 위한 것이지만, 감동의 주체는 전혀 동일할 수 없다. 자신의 안목은 그 누구도 아닌 자신만의 책임일 수밖에 없다. "고급의 문화는 소수자에게만 이해된다"고 슈펭글러는 말했다. 그런데 그 소수자는 우연히 '그렇게 태어나는 것'이 아니라, 자신의 노력을 통해서 '그렇게 만들어지는 것이다.'

책을 읽는 목적은, 우선은 자신의 식견識見과 안목을 높이는 데 있고, 궁극적으로는 정신적으로나 정서적으로나 쿨cool해지는 데 있다. '쿨해진다'는 건 냉정해진다기보다는 냉철해진다는 것을 의미하고, 세상을 등지는 게 아니라 세상과의 충분한 심리적 거리를 유지하는 것을 뜻한다. 그것은, T.S. 엘리엇이 말하는 비非개인성과 비非개성성을 성취하는 것이고, 아리스토텔레스가 말하는 아타락시아(마음의 평정)에 이르는 것이며, 보다 심오하게는 불교에서 말하는 니르바나(열반涅槃)에 도달하는 걸 의미하는 것으로, 이들 모두는 그 정도의 차이는 있겠으나 같은 목표를 향한 같은 도정道程에서 얻어지는 결과물이라는 점에서 동일한 맥락에 속하는 것이다. 그렇다면 독서는 일종의 구도求道 행위이다.

루크레티우스는 "그 어떤 즐거움도 진리라는
언덕에서 내려다 보는 것과는 비교할 바가
못 된다"고 말했다. "그곳의 기후는 더없이 청명하고
잔잔하며, 우월한 위치에 있는 만큼
다른 곳으로부터 내려다 보이는 일도 없다."
그런데 '진리의 언덕'은 '성숙'이라는 이름의
등반자에게만 등반길을 제시한다.

2

⋮

정승열
靜勝熱

모든 것을 다 이해한다는 건 모든 것을 다 용서한다는 걸 의미한다. 왜냐하면 '용서한다'는 것은 곧 '이해한다'는 것을 의미하기 때문이다. 공자가 말하는 나이 육십에 이순耳順은 나이 오십에 지천명知天命이 있은 연후에야 비로소 얻어지는 결과물이다. '이순'이란, 모든 것을 이해하기에 모든 것이 거슬리지 않는다는 의미의 말이기 때문이다. 그렇다면 이는 '마음의 평정'을 유지하면서 자기 자신을 더 이상 의식하지 않는 경지에 이른 것을 말한다. 나이 칠십에 종심소욕 불유구從心所欲 不踰矩 역시 같은 맥락에 속하는 결과물이다. 공자에 따르면, 나이는 세월이 주는 게 아니라 세상이 주는 것이다. 젊은이는 자기 자신을 통해서 세상을 바라보지만, 나이 먹은 사람은 세상을 통해서

자기 자신을 바라보기 때문이다. 그렇다면 공자가 말하는 나이 삼십에 이립^{而立}, 혹은 나이 사십에 불혹^{不惑} 또한 세월이 아니라 세상이 주는 나이인 것이다.

석가는 스물아홉 살에 출가^{出家}했다. 석가가 꿈꾸었던 것은 오직 하나, 깨달음을 얻어 세상의 번뇌로부터 벗어나는 것이었다. 석가와 동시대 사람들은 누구나 윤회^{輪廻}의 굴레로부터 벗어나고 싶어 했다. 다시 태어난다는 희망보다 다시 태어나서 죽어야 한다는 두려움이 그들에게는 훨씬 더 고통스러운 것으로 여겨졌기 때문이다. 그러기 위해서는 자아^{自我}로부터 벗어나 니르바나(열반)에 도달해야만 한다. 니르바나에 도달하는 길만이 윤회의 사슬을 끊는 유일한 방법이기 때문이다. 그런데 무^無를 의미하는 니르바나란, 환자가 열병을 앓다가 회복되면 열이 내리듯이, 내 마음속에 있는 모든 욕구의 불을 잠재워 '서늘해진' 상태에 이르는 것을 말한다. 이는 다시 말해서, '쿨해진다'는 걸 의미하는 것으로, '열^熱에 들뜬 삶 뒤에 찾아오는' 해방감을 성취하는 것이고, 한편으로는 자기중심주의의 소멸을 의미하는 것이기도 하다.

석가가 부처가 되기 위해서 니르바나의 경지에 이르는 데 최소한 7년이 걸렸다고 한다. 처음에 석가는 온갖 고행을 몸소 겪어보지만, 결국 그는 고행을 통해서가 아니라 지혜를 통해서 깨달음을 얻게 되는데, 구원은 고통으로부터 얻어지는 것이 아니라 자기 내면^{內面}의 해방으로부터 오는 것이라고 확신했기 때문이다. "진리! 오직 진리만이 의지할 곳이다"라고 석가는 제자들에게 가르쳤다. 그 진리라는 것은 깨어 있는 마음으로 세상과의 거리를 두고 사물^{事物}을 있는 그대로의 모습으로 바라봄으로써 얻게 되는 결과물이다. 요컨대 세상의 속박과 온갖 번뇌로부터 초월해서 해탈하는 것, 이것이 바로 인간에게 가능한 최고의 진리인 것이다. 훗날 니르바나에 도달한 석가는 "나를 보는 자는 곧 진리를 보는 것이요, 진리를 보는 자는 곧 나를 보는 것이다"라고 하는 역사적인 명구名句를 남기기도 했다.

석가는 자비慈悲를 강조하면서 선한 마음은 살리고 악한 마음은 없애라는 가르침을 남겼다. 그렇다면 석가는 자아로부터 벗어나려 한 것이 아니라 새로운 자아를 발견한 것이 된다. 물론 석가는 명상瞑想과 요가수련을 통해서 그와 같은 지고의 경지에 도달했을 것이다. 하지만 우리 같은 보통 사람들은 독서와 사색을 통해서 새로운 자아를 발견하게 된다. 석가는 인간을 변화 불가능한 실체로 보지 않고, 하나의 과정으로 보았다. 자아는 고정되어 있는 어떤 것이 아니라, 끊임없이 변화하는 어떤 것이라고 생각했기 때문이다. 그 '어떤 것'이란 서양 문화에서는 '영혼'이라 이름 지어진 바로 그것이다.

노장老莊 사상 또한 불교와 같은 맥락에서 이해할 수 있다. 노자老子는 "정靜이 열熱을 이긴다"고 했다. 그렇다고 해서 노자가 한 말이 인간의 행위 자체를 부정한다는 의미는 아니었다. 노자는 정승열靜勝熱이라 했지, 정승동靜勝動이라 하지 않았다. 노자에 따르면, 정靜이란 '근본으로 되돌아가는 것'을 말한다. 그렇다면 열熱이란 무엇인가? 근본에서 벗어나 '붕 뜬 상태에 있는 것'을 말한다.

그리고 장자莊子는 세상을 바꾸려 하기보다는 자기 자신을 바꿈으로써 세상과 부합하고자 했다. 세상은 아는 만큼만 보인다고 한다. 이는 다시 말해서, 자신을 변화시키면 세상이 달라 보인다는 의미로 풀이될 수 있다. 천지만물이 아무리 광대하고 다채로울지라도 장자가 으뜸으로 삼은 것은 무심無心이었다. 장자에 따르면, 세상을 잊고(外天下), 사물을 잊고(外物), 삶을 잊으면(外生), 자기를 의식하지 않는 경지(無己)에 이르게 되고, 그런 연후에야 비로소 깨달음에 도달할 수 있기 때문이다. 그래서 장자는 "생生을 죽이는 자는 영원히 죽지 않고, 생生을 살리는 자는 영원히 살지 못한다"고 한 것이다.

루크레티우스는 "그 어떤 즐거움도 진리라는 언덕에서 내려다 보는 것과는 비교할 바가 못 된다"고 말했다. "그곳의 기후는 더없이 청명하고 잔잔하며, 우월한 위치에 있는 만큼 다른 곳으로부터 내려다 보이는 일도 없다." 그런데 '진리의 언덕'은 '성숙'이라는 이름의 등반자에게만 등반길을 제시한다. 냉철해진다는 것, 다시 말해서 '쿨해진다'는 것은 주관성을 배제하고 객관적인 안목을 키움으로써 도달하게 되는 경지로, '성숙해진다'는 걸 의미하는 것이기도 하다.

엘리엇은, 시인詩人은 비非개인성과 비非개성성을 성취해야 한다고 말했다. 그러나 이것은 개성을 죽이는 게 아니라, 개성의 여과 없는 표현을 억제하는 것을 말한다.

이데아란 사물 자체의 본모습을 말하는 것으로,
결과가 아니라 원인이 되는 것이고,
본질인 동시에 자체 선善이다. 다시 말해서,
이데아는 '언제나 똑같은 방식으로' 표현되고
'한결같은 상태로' 나타나는
사물의 본성에 해당하는 것이다.

3

⋮

플라톤 /
아리스토텔레스

철학은 한마디로 말해서 '사유思惟의 역사'이다. 혹은 '사유하는 방법'의 역사이기도 하다. 예컨대 공자는 '태도'를 중시해서 예의禮義를 강조한 반면, 소크라테스는 '행위'를 중시해서 옳고 그름을 판단하는 지혜智慧를 강조했다. 플라톤이 말하는 철학자란 동양의 군자君子에 해당하는 인물이다. 그렇다면 철학은 ― 플라톤이 의도했듯이 ― 학문이 아니다. 서양에서 플라톤과 아리스토텔레스의 계보를 잇는 전통적인 의미에서의 진짜 철학자를 꼽으라면, 프랜시스 베이컨, 데카르트, 스피노자, 볼테르, 그리고 아마도 니체 정도일 것이다. 이에 반해 라이프니츠와 칸트와 헤겔 같은 사람들은 철학자라기보다는 학자에 가깝다고 봐야 옳을 것이다. 무엇보다도 그들 철학에는 '운명'이 배제되어 있기 때문이다. 적어도 데카르트는 자신의 문제를 스스로에게서 얻었다. 반면 칸트는 자신의 주제^{主題}를 선배 철학자들에게서 발견했다.

앙드레 말로는 예술이 자연으로부터가 아니라 예술 자체로부터 태어난다는 사실을 알고 있었다. 마찬가지로 철학은 인생으로부터가 아니라 철학 자체로부터 태어난다는 사실을 인정해야만 한다. 이를테면 플로티노스는 플라톤의 형이상학을 가감 없이 받아들여 자신의 철학을 전개해 나갔다. 그리고 기독교로 개종한 후기 로마시대의 교부^{敎父} 철학과 중세시대 스콜라 철학의 모태가 된 것은 플라톤과 아리스토텔레스로 대표되는 고대 그리스 철학이었다. 근대에 들어와서도 이 점에서는 마찬가지였다. 예컨대 18세기의 칸트는 자신의 관점에서 바라본 존 로크와 데이비드 흄과 루소의 사상에서 〈순수이성비판〉의 주제를 얻었고, 19세기의 쇼펜하우어는 칸트의 기본 사상을 근간으로 해서 자신의 철학 체계를 펼쳐나갔다. 그리고 니체의 철학은 플라톤 철학과 기독교 사상을 반박하기 위해서 씌어진 것이다.

물론 이런 철학들도 중요할 것이다. 왜냐하면 이들 철학에는 나름대로의 역사성이 담겨 있기 때문이다. 그러나 보다 훌륭한 것은 '체계'를 위한 철학이 아니라 삶의 지혜를 밝혀주는 철학이며, 그 중에서도 최고의 철학은 자신의 운명을 냉철하게 바라볼 수 있는 안목을 키워주는 것이라야 한다. 삶의 지혜는 자신의 식견과 안목이 높아지면 당연히 얻어지는 결과물이기 때문이다.

철학의 효용성에 대해 논하는 것은 이제는 진부한 관심사에 속할 것이다. 그러나 만일 철학이라고 하는 것이 수천 년에 걸쳐서 인류가 보여준 사유의 역사라면, 그것은 행위의 역사와 마찬가지로 간과할 수 없는 사안임에 틀림없다. 그렇다면 여기서 간략하게나마 서양 철학과 동양 철학의 역사를 살펴볼 필요가 있을 것이다. 당대에 최고로 명석했던 인물들이 무슨 생각을 하고 살았는지를 아는 것이 책을 읽는 주된 이유 중에 하나이기 때문이다.

동양 철학이 공자에서 출발하듯이, 서양 철학은 플라톤으로부터 출발한다. 플라톤(B.C.427~347)은 기원전 5세기 후반에 태어난 사람이었다. 그가 태어날 무렵 아테네에서 철학자는 폄하의 대상이었다. 당시는 호메로스와 헤시오도스 같은 시인들이 존경받았던 반면, 철학자는 말장난이나 일삼는 소피스트 같은 부류로 여겨지던 시대였다. 그러나 그가 세상을 떠날 무렵인 기원전 4세기 중반에 이르면, 철학자라는 존재는 그의 노력에 힘입어 최고의 인간 유형類型으로 거듭나게 된다.

젊은 플라톤에게 가장 지대한 영향을 미친 것은 스승 소크라테스의 존재와 펠로폰네소스 전쟁(B.C.432~404)에서 조국 아테네가 스파르타에 패배한 사건이었다. 소크라테스에 대한 플라톤의 애정이 어떠했는가는 소크라테스의 최후를 기술한 자신의 저술 〈파이돈〉에 잘 나타나 있다. 소크라테스가 독약을 마시는 것을 지켜보면서 플라톤은 파이돈이라는 인물을 통해 다음과 같이 말한다.

"나는 더 이상 참을 수가 없어서 얼굴을 가리고 나 자신을 위해서 울었다. 확실히 나는 소크라테스를 생각하면서 운 것이 아니라, 이러한 벗을 잃게 된 내 자신의 불행을 생각하면서 운 것이다." 그리고 소크라테스의 죽음을 확인하고 나서 플라톤은 "이것이 내가 만난 사람들 가운데 가장 현명하고 가장 올바르고 가장 훌륭한 사람이라고 진심으로 말할 수 있는 우리들의 벗의 최후였다"고 말을 잇는다.

소크라테스는 자신의 글을 단 한 줄도 남기지 않았다. 따라서 우리는 플라톤과 크세노폰의 작품들을 통해 그의 존재를 어렴풋이나마 짐작할 수 있을 뿐이다. 그를 따르는 제자들에게 소크라테스는 아주 특별한 존재로 여겨

졌던 것 같다. 실제로 플라톤의 저술을 읽어보면, 소크라테스의 충실한 제자 플라톤과 크세노폰은 물론이고 알키비아데스 같은 배덕자^{背德者}에게조차도 소크라테스가 존경의 대상이었음을 확인할 수 있다. 그러나 소크라테스는 민주정치보다는 귀족정치를 선호했기 때문에 민주주의를 옹호하는 세력이 권력을 잡게 되자 청년들을 타락시켰다는 죄목으로 죽임을 당하게 된다.

　소크라테스와 플라톤은 아테네가 민주주의 때문에 스파르타에 패배했다고 생각했다. 따라서 플라톤의 〈국가〉에서 민주주의적인 색채는 찾아보기 어렵다. 플라톤은 국가의 구성원들을 각자의 능력과 자질에 따라 세 계급으로 나눈다. 가장 하층으로 분류되는 세 번째 계급은 나이 20세가 되면 소정의 시험을 치러 걸러진다. 그들은 상인, 노동자, 농부가 된다. 중간 계층인 두 번째 계급은 나이 30세가 되면 재차 시험을 치러 걸러진다. 그들은 통치자를 보조하는 그룹으로 행정관, 군장교 등이 된다. 가장 상류층인 첫 번째 계급은 수호자^{守護者} 그룹으로 30세부터 5년 동안에 걸쳐 철학을 배우고, 그 후 15년 동안은 실무를 경험하게 된다. 통치자는 이들 중에서 배출된다.

　시민들의 투표로 선출되는 지도자가 최선의 인물이라고 어느 누가 보장할 수 있겠는가? 통치자는 다수결에 의해서가 아니라, 어릴 때부터 교육을 통해서 훈육되고 시민들을 다스리는 데 있어 부족함이 없는 인물로 길러져야만 한다고 플라톤은 말한다. "국가가 제대로 운영되기 위해서는 가장 훌륭하고 지혜로운 인물이 통치자가 되어야 한다. 다시 말해서, 철학자가 통치자가 되어야 한다. 만일 그게 안 된다면, 통치자가 철학자가 되어야만 한다." 철인^{哲人} 통치자의 존재는 플라톤 사상의 핵심에 속하는 사안이다.

　플라톤의 윤리학은 그의 정치학에서 기인한다. 플라톤은 국가를 개개인의 인간성들로 구성되는 하나의 유기체^{有機體}로 보았다. 플라톤에 의하면, 인간의 행동은 세 가지 근원, 즉 이성과 감정과 욕망에 의해 결정된다. 그렇다면 시민 개개인들로 구성된 국가나 집단이 제대로 통치되기 위해서는 지혜 (이성)와 용기(감정)와 절제(욕망의 억제)를 필요로 할 것이다. 지혜는 숙의하고 결정하는 사람들, 즉 통치자가 지녀야 할 덕목이고, 용기는 기개가 있으며 격정적인 사람들로 통치자를 보조하는 장군이나 군인들이 지녀야 할 덕목이다. 그리고 절제는 모든 부류의 사람들에게 필요한 덕목이지만, 그 중에서도 특히 돈벌이를 하는 부류의 사람들, 즉 일반 시민들이 지녀야 할 덕목이다.

또한 훌륭한 국가는 정의로워야 한다. 그런데 정의^{正義}란 이 세 가지 덕목이 국가 안에서 확립되고 보전되도록 하는 '의견의 일치' 없이는 존립이 불가능하다고 플라톤은 말한다. 국가는, 그 국가의 구성원들이 자신의 능력과 성향에 따라 자신에게 어울리는 가장 적합한 일에 종사하는 경우에만 정의로울 수 있다. 그리고 불의^{不義}란 남의 일에 참견하거나, 서로의 직분을 바꾸려 하거나, 또는 동일한 사람이 이 모든 일을 동시에 하려고 들 때 생기는 해악을 말한다. '자신의 능력에 어울리는 만큼만 소유하고, 자기에게 주어진 직분에 충실하면서 남의 일에 간섭하지 않는 것' — 이것이 '이상적^{理想的}인 국가'에 적용되는 플라톤의 정의론^{正義論}이다.

그렇다면 선택받은 수호자 그룹이 배우게 되는 철학의 주된 내용은 무엇인가? 바로 그 유명한 이데아론^{論}이다. 플라톤의 최대 업적은 '이데아'라는 보편 개념을 창안한 데 있다고 후세의 철학자들은 평가한다. 이데아란 사물 자체의 본모습을 말하는 것으로, 결과가 아니라 원인이 되는 것이고, 본질인 동시에 자체 선^{善}이다. 다시 말해서, 이데아는 '언제나 똑같은 방식으로' 표현되고 '한결같은 상태로' 나타나는 사물의 본성에 해당하는 것이다.

우리가 바라보는 현실 세계는 감각을 통해서 알게 되는 가시적인 세계로 그림자와도 같은 것이다. 그러나 이데아의 세계는 지성^{知性}에 의해서 파악될 수 있는 세계로, 가시적可視的이 아니라 가지적可知的이며, 신적神的이고 참되면서도 영원하다. 왜냐하면 이데아의 세계는 신이 만들어 놓은 것이기 때문이다. 만일 이데아의 세계가 실재한다면, 다른 것들은 여기에 관여함으로써 그 명칭을 얻게 된다. 예컨대 아름다움은 아름다움 그 자체, 즉 미美의 이데아로 인해 아름답게 보여 진다.

그리고 플라톤은 '의견'과 '인식'을 확연히 구별한다. '의견을 갖는다'는 것은 '꿈꾸는 상태'에 있는 것에 비유되고, '인식한다'는 것은 '깨어 있는 상태'로 있는 것에 비유될 수 있다고 플라톤은 말한다. 의견은 주관적인 것이지만, 인식은 객관적인 것이다. 따라서 인식이 결여된 의견은 맹목적일 수밖에 없다. 그리고 의견과 인식은 각기 자체의 능력에 따라 서로 다른 별개의 대상에 간여한다고 플라톤은 말한다. 인식이란 본성상 '실재하는 것'에 간여하여 사물을 있는 그대로의 모습으로 파악하는 것을 말한다. 그러나 의견은 인식과 무지無知 사이의 중간 상태에서 도출되는 것이다. 따라서 '실재하는 것'이 인식의 대상이라면, '실재하는 것과는 다른 것'이 의견의 대상이 된다. 그런데 이데아는 실재하는 것이며, 따라서 인식의 대상에 속하는 것이다. '의견에 지배당하는' 사람들은, 이를테면 미美 자체의 본모습, 즉 미美의 이데아는 파악하지 못하고 그것으로부터 비롯되는 다양한 형태의 모습을 지닌 미적美的인 것들에 현혹될 뿐이다.

플라톤은, 아리스토텔레스의 견해와는 달리, '선善의 이데아'도 인식의 대상이 될 수 있다고 말한다. 그러나 그것은 인식의 대상인 동시에 인식의 원인이고 또한 진리의 원인이 되는 것이기도 하다. 다시 말해서, 선善의 이데아가 진리와 인식을 제공하는 것이다. 그렇다면 선善의 이데아는 이들보다 한층 더 훌륭한 무엇이라 할 수 있다. 무지가 어두움이라면, 의견은 어두움과 섞인 희미한 상태에서 얻어지는 것이고, 인식은 진리의 빛이 비추는 곳에서만 얻어지는 것이다. 따라서 인식이나 진리는 마치 어두움을 밝혀 주는 빛과도 같은 것이지만 그것을 태양으로 믿는 것은 옳지 않다. 그러나 선善의 이데아는 태양과도 같은 것이다. 플라톤에 의하면 선善의 이데아는 단순히 존재하는 어떤 것이 아니라, 존재를 초월하여 '어떤 상태'에 있는 것을 말한다. 왜냐하면 그것은 인식되는 대상들에 대해 진리의 빛을 제공할 뿐만 아니라 인식하는 자에게 생명력을 불어넣는 태양 그 자체이기 때문이다.

인식은 일종의 능력이다. 그것도 일체의 능력들 중에서 가장 강력한 능력이다. 그리고 철학자는 의견을 사랑하는 사람이 아니라 지혜를 사랑하는 사람이다. '언제나 똑같은 방식으로 한결같은 상태로 있는 것', 즉 이데아를 파악할 수 있는 사람들이 있는 반면에, 본질은 파악하지 못하면서 잡다하고 변화무상한 것들에 현혹되어 이리저리 헤매는 사람들이 있다면, 이들 중 어느 쪽에 속한 사람이 나라를 다스리는 지도자가 되어야 마땅하겠는가? 또한 고매하면서도 일체의 본질을 파악하는 탁월한 지적知的 능력을 지닌 사람은 세속적인 삶에 집착하지 않을 것이고, 따라서 죽음마저도 두려워하지 않을 것이다. 수호자는 전사戰士이면서 철학자이어야 한다.

플라톤은 '보이는 가치'보다는 '보이지 않는 가치'를 더 중요시했다. 현실 세계보다 이데아의 세계를 더 소중한 것으로 간주한 플라톤의 사상은, 훗날 현세現世보다 내세來世에 더 가치를 부여하는 기독교 사상의 모태가 된다.

아리스토텔레스(B.C.384~322)는 위대한 철학자 플라톤의 제자였으며, 동시에 위대한 정복자 알렉산드로스 대왕의 스승이기도 했다. '습관은 제2의 천성'이라는 명언을 남긴 사람이 아리스토텔레스였다. 또한 "예술은 자연의 모방이며, 예술의 역할은 카타르시스를 제공하는 데 있다"고 말한 사람도 그였고, 그 유명한 삼단논법三段論法을 고안해낸 사람도 그였으며, "영혼은 육체의 형상形相이다"라고 말한 사람도 그였다. 그리고 인간은 '사회적 동물'이라고 말한 사람도 아리스토텔레스였다.

아리스토텔레스는 철학자답게 이성의 능력을 확신했다. 인간이 다른 피조물들과 구별되는 것은 이성을 지니고 있기 때문이라고 그는 말한다. 플라톤은 인간 영혼의 불멸성을 자신이 주장한 이데아론論에서 이끌어 냈다. 그러나 아리스토텔레스는 '능동적인 이성理性' 또는 '순수한 사유思惟' 자체를 불멸하는 것으로 보았다. 그리고 그는 스피노자처럼 신에게는 의지도, 욕구도, 목적도 없다고 생각했다. 왜냐하면 신은 목적 그 자체이기 때문이다. 아리스토텔레스가 생각하는 신은 스스로 작용할 뿐, 어떤 작용도 받지 않는 이른바 '부동不動의 원동자原動者'이다. 신은 세계를 창조하지 않고, 다만 움직일 뿐이다.

〈니코마코스 윤리학〉에서 아리스토텔레스는, 모든 선善 가운데 최고의 것은 무엇인가? 라는 물음에, 덕德이 아니라 행복이라고 답한다. 덕이란 어딘지 모르게 궁극적인 것으로 보기에는 부족한 듯이 여겨지기 때문이다. 모든 선에 공통되는 이데아, 다시 말해서 '선善의 이데아'란 있을 수 없다. '선'은 '존재' 만큼이나 많은 의미를 지니고 있기 때문에, 선이란 모든 경우에 한결같이 적용되는 어떤 단일한 것이 아니다. 그러나 모든 선 중에서도 최고의 선은 분명히 존재할 것이다. 아리스토텔레스는 행복을 추구하는 일이야말로 최고의 선이며, '제1의 원리'에 해당하는 거라고 말한다. 행복이 궁극적인 목적으로 여겨지는 것은, 우리가 행복을 추구하는 이유가 행복 그 자체 때문이지, 결코 다른 어떤 이유로 해서 행복을 추구하는 법이 없기 때문이다. 그리고 궁극적인 선은 자족적自足的이라야 한다. 그런데 행복이야말로 부족함이 없이 자족적인 것이며, 따라서 행위의 궁극적인 목적은 행복을 추구하는 데 있다고 아리스토텔레스는 말한다.

아리스토텔레스에 따르면, 선^善이란 '덕에 일치하는 정신의 활동'이다. 그렇다면 덕^德이란 무엇인가?

쾌락이나 고통을 수반하는 감정들에 대하여 말할 때는 우리의 마음이 움직인다는 표현을 쓰지만, 덕에 관하여 말할 때는 우리의 마음이 움직인다고 말하지 않고 우리의 마음이 '어떤 상태에 있다'고 말한다. 그렇다면 덕이란 마음을 움직이는 능력이 아니라, 올바른 태도, 다시 말해서 올바른 마음의 자세로 이해될 수 있을 것이다. 덕이 있는 행위는 그 자체로써 즐거운 것이다. 덕의 보상이 되며 목적이 되는 것이 행복이기 때문이다. 덕은 칭찬할 만한 것이지만, 행복은 존경할 만한 것이다.

아리스토텔레스는 덕^德에는 두 가지 종류가 있다고 말한다. 도덕적인 덕과 지적^{知的}인 덕이 그것이다. 너그러움이나 절제가 도덕적인 덕에 속한다면, 철학적 지혜나 실천적 지혜는 지적인 덕에 속한다고 할 수 있다.

도덕적인 덕은 '쾌락'과 '고통'에 관계되는 것이다. 우리는 쾌락과 고통을 행위의 기준으로 삼고 있기 때문이다. 우리가 나쁜 일을 저지르게 되는 것은 쾌락을 좇기 때문이고, 우리가 고귀한 일을 멀리하는 것은 그것이 고통을 가져다주기 때문이다. 이를 잘 처리하는 사람들은 선한 사람이 될 것이고, 잘못 처리하는 사람들은 악한 사람이 될 것이다. 그렇다면 도덕적인 덕의 실현은 중용^{中庸}을 지키는 데 있다고 볼 수 있다. 쾌락과 고통에 관해서는, 그 중용은 절제이고, 과도는 방종이다. 그러나 쾌락이나 고통과 관련해 부족함은 찾아볼 수 없는데, 쾌락과 고통에 과도함은 있어도 부족함은 있을 수 없기 때문이다. 그리고 돈에 관해서는, 그 중용은 후덕함이고, 과도는 방탕함이며, 부족은 인색함이다. 명예와 불명예에 관해서는, 그 중용은 긍지이고, 과도는 허영이며, 부족은 비굴함이다. 과도와 부족은 악덕의 특징이고, 중용은 덕의 특징이다.

도덕적인 덕이 욕구欲求와 관련해서 추구와 회피를 선택하는 데 관여한다면, 지적인 덕은 사유思惟에 있어서 긍정과 부정을 결정하는 데 관여한다고 볼 수 있다. 그렇다면 도덕적인 행위는 지적知的 기준이 지시하는 바를 따라야 마땅할 것이다.

지적인 덕 중에서도 실천적 지혜를 지닌 사람은 인간에게 있어 좋은 일과 나쁜 일에 관련하여 '진실되고 이성적으로 행동할 수 있는 상태'에 있는 사람으로, 이를테면 페리클레스나 그와 비슷한 사람들이 여기에 해당한다고 아리스토텔레스는 말한다. 이런 사람들은 집안일이나 나랏일을 누구보다도 잘 다스릴 것이다. 반면 철학적 지혜란 본성상 가장 고귀한 것들에 관한 — 직관적 이성이 결부된 — 지적知的 인식을 통해서 얻어지는 것이다. 아낙사고라스나 탈레스 같은 철학자들이 이러한 지혜를 보여준 사람들이라고 아리스토텔레스는 말한다.

실천적 지혜가 개별적이고 가변적인 대상에 관여한다면, 철학적 지혜는 보편적이고 불변하는 대상에 관여한다. 따라서 실천적 지혜는 철학적 지혜보다 못한 것이다. 실천적 지혜는 철학적 지혜를 사용하는 것이 아니라, 철학적 지혜를 가능케 하는 수단으로 제공될 뿐이다.

그렇다면 어떤 삶이 가장 행복한 삶인가? '관조觀照하는 삶'이라고 아리스토텔레스는 말한다. 대부분의 사람들은 선이나 행복을 쾌락과 동일시한다. 그리고 뛰어난 교양을 지닌 사람들은 명예를 선이요, 행복이라고 본다. 그러나 행복이라는 것이 덕을 따르는 활동이라고 한다면, 그것은 당연히 최고의 덕을 따르는 것이라야 할 것이다. 그리고 최고의 덕은 우리들 속에 내재하는 최선의 부분에 속하는 덕이어야 할 것이다.

우리들로 하여금 아름답고 신적神的인 것들에 대해 사유하게 하는 이 부분이 이성에 속하건 아니면 다른 어떤 것에 속하건, 또는 그 자체가 신적이건 혹은 우리 안에 내재하는 가장 신적인 것이건, 그 고유한 최고의 덕에 일치하는 활동이야말로 완전한 행복이라 하지 않을 수 없다. 그런데 이러한 활동이 관조적인 것임은 이미 말한 바 있다. … 덕을 따르는 활동들 가운데 철학적 지혜의 활동이 가장 즐거운 것임은 누구나 인정하는 바다. 철학적 지혜의 추구는 그 무엇보다도 순수성과 견실성에 있어서 가장 놀라운 기쁨을 제공해 주는 것으로 생각된다.

도덕적인 덕은 정념情念과도 관련을 가지고 있는 까닭에 우리의 복합적인 본성에 따르지 않을 수 없다. 이에 반하여 이성의 덕은 독립적이다. 이성의 덕은 외부적인 조건을 거의 필요로 하지 않거나, 도덕적인 덕보다 더 적게 필요로 하기 때문이다. 따라서 관조하는 행위야말로 가장 자족적自足的이라 할 수 있다. 의로운 사람은 자신이 의롭게 행동할 상대를 필요로 하고, 절제 있는 사람이나 용감한 사람이나 그 밖의 다른 어떤 덕의 소유자도 그 대상을 필요로 하지만, 철학자는 자기 홀로 있을 때에도 얼마든지 진리를 관조할 수 있기 때문이다. 인간에 비하여 이성이 신적神的인 것이라고 한다면, 이성을 따르는 생활은 인간적인 생활에 비하여 더 신적神的이라고 하지 않을 수 없다. 불사불멸은 이러한 삶을 추구함으로써 얻어진다고 아리스토텔레스는 말한다. 그리고 그것은 인간 각자가 자기 자신이 되는 유일한 길이기도 하다. 오로지 이성만이 인간을 인간되게 하기 때문이다. 그러므로 이성에 따르는 생활이야말로 인간의 본성에 어울리는 가장 행복한 생활이라 할 수 있다.

우리는 신들이 다른 어떤 존재보다도 축복받고 행복하다고 믿고 있다. 그렇다면 어떤 종류의 덕이 신들에게 속한다고 봐야 하는가? 정의, 용기, 후덕함, 절제와 같은 행위의 덕들이 신들에게 속한다고 생각한다면 그야말로

신들을 모독하는 게 될 것이다. 만일 살아있는 존재로부터 모든 행위를 떼어 내다면, 남는 것은 오직 관조하는 능력밖에 없을 것이다. 그렇다면 다른 모든 것을 능가하는 신의 활동은 관조의 성격을 띤 것이 아닐 수 없다. 행복은 관조에 수반되는 것이 아니라, 관조 속에 깃들어 있다. 그런데 관조하는 능력을 누구보다도 많이 지니고 있는 사람이 철학자 말고 또 누가 있겠는가.

철학자는 신들로부터 가장 많은 사랑을 받는 자이며, 따라서 다른 어느 누구보다도 행복한 사람이라 할 수 있다 — 이것이 바로 철학자 아리스토텔레스가 그의 윤리학에서 주장하는 바의 결론이다.

"즉 '나'라는 존재는 하나의 실체로서
그 본질이나 본성은 오직 '생각한다'는 것 이외의
아무것도 아니며, 존재하기 위해서는 아무런 장소도
필요로 하지 않고 물질적인 어떤 것에
의존하지 않아도 된다는 사실을 깨닫게 된 것이다."

4

⋮

데카르트 /
스피노자

근대 철학의 창시자 데카르트(1596~1650)는 그의 나이 23세 때인 1619년 11월의 어느 날 '영감에 충만되어' 중대한 결심을 하기에 이른다. 그날 이전까지 그는 자연 과학자였다. 그러나 그날 이후로 데카르트는 자기 혼자만의 힘으로 철학 전체의 새로운 지평을 여는 일을 신으로부터 천직으로 부여받았다고 믿게 되었다. 그것은 반드시 단 한 사람의 손에 의해서 이룩되어야만 하는 일이었다. 왜냐하면 "많은 부분들로 구성되고 여러 사람들의 손을 거쳐 완성된 작품보다는 오직 한 사람에 의해서 완성된 작품이 더 완전할 수 있다"고 생각했기 때문이다. 한 순간의 계시가 데카르트의 운명을 바꿔 놓은 것이다. 그리고 그로부터 18년 후 데카르트는 자신의 저서 〈방법 서설方法

^{序說}〉에서 "나는 생각한다, 고로 존재한다(Cogito ergo, sum)"라고 하는 역사적인 명제를 선언하기에 이른다.

〈방법 서설〉은 '진리를 구하기 위한 방법에 대해서의 서설^{序說}'이다. 제1부에서 데카르트는 "내가 여기서 의도하는 바는, 각자가 자신의 이성을 잘 이끌기 위하여 취해야 할 방법을 가르치려는 것이 아니다. 다만 여기서 나는 내가 어떤 방법으로 나의 이성을 이끌려고 노력해왔는가를 제시하고자 할 따름이다"라고 말한다. 데카르트는 젊은 시절 한때 신학^{神學}에 심취했었다. "그러나 천국의 길이 가장 무지한 사람들에게도 가장 학식 있는 사람들에게와 마찬가지로 동일한 기준으로 열려 있다고 하는 기독교의 가르침을 배우고, 또한 우리들을 천국으로 이끄는 바의 진리라는 것이 우리의 이해를 초월하는 어떤 것임을 배운 뒤로는 그러한 진리를 나의 빈약한 이해력으로 추구하겠다는 마음이 없어지고 말았다. 그러한 진리의 탐구를 꾀하여 성공하려면 비정상적인 신의 도움을 필요로 하며 이는 인간 이상의 존재가 되어야만 가능한 일이라고 생각했기 때문이다."

결국 데카르트는 자신이 명증적^{明證的}으로 참된 것이라고 인정하지 않는 어떤 것도 참된 것으로 받아들이지 않겠다고 마음먹고 이를 자신의 출발점으로 삼았다. '회의^{懷疑}를 품을 여지도 없는' 진리를 발견하는 것, 이것이 그의 바람이었다. 그러기 위해서 "나는 성년이 되어 선생들의 손에서 해방되자 '서적의 학문'을 버리기로 마음먹었다. 나의 내부에서 발견할 수 있는 학문, 그리고 세상이라는 커다란 서적 속에서 발견할 수 있는 학문 외에는 어떠한 학문도 찾지 않겠다고 결심한 것이다."

데카르트는 조금이라도 의심이 가는 것은 거짓이라 보고, 감각을 통해서 자신의 사고^{思考}를 지배하고 있는 참이 아닌 일체의 것을 배제하려고 노력했다. "그렇게 하고서부터 얼마 지나지 않아 내가 이처럼 모든 것은 허위라고 생각하는 동안에도 그렇게 생각하는 '나'는 필연적으로 무엇인가임을 깨닫게 되었다. 그리하여 '나는 생각한다, 고로 존재한다'라고 하는 이 진리만큼은 회의론자들의 어떤 회의적인 비판으로부터도 흔들림이 없이 견고하고 명확한 것임을 확신했기 때문에, 나는 이 진리를 내가 추구하고자 하는 철학의 제1원리로 삼아 이제는 마음 놓고 받아들여도 좋다고 결론 내렸다." 내가 신체를 갖고 있지 않고 세계라는 것도 존재하지 않는다고 가상할 수는 있으나, '내'가 존재하지 않는다고 가상할 수는 없는 일이다. 한편 내가 생각하는 것을 중지한다고 하면, 생각을 중지한 동안만큼은 내가 존재하고 있다고 믿을 만한 아무런 이유도 발견할 수 없는 것이다. "이런 사실들을 확인하면서 나는 다음과 같은 점을 알게 되었다. 즉 '나'라는 존재는 하나의 실체로서 그 본질이나 본성은 오직 '생각한다'는 것 이외의 아무것도 아니며, 존재하기 위해서는 아무런 장소도 필요로 하지 않고 물질적인 어떤 것에 의존하지 않아도 된다는 사실을 깨닫게 된 것이다." 따라서 "이 '나'라는 것, 즉 나로 하여금 나일 수 있게 하는 바의 '정신'은 물질과 완전히 분리된 것이며, 또한 정신은 물질보다 인식되기 쉬운 것이고, 설령 물질이 존재하지 않는다 해도 정신은 존재하는 것을 그치지 않는다"고 하는 것이 데카르트가 주장하는 바의 요점이다. 생각하기 위해서는 반드시 존재해야만 하는 것이다.

데카르트가 살던 시대는 스콜라적 영향이 지배적이어서 신이 세계의 중심에 있다고 굳게 믿고 있었다. 그러나 데카르트는 신 대신에 자아自我를 세계의 중심에 자리하게 했다. 그리고 정신과 물질을 구분하여 이른바 '데카르트의 이원론二元論'을 확립했다. 데카르트에 따르면, 정신은 사유思惟하는 것이고, 물질은 연장延長하는 것, 다시 말해서 '공간적인 크기'로 구성되고 오직 그것에만 의존하는 것이다. 데카르트의 기계론적 세계관은 생명체도 하나의 물체로 간주하여 물질의 본성을 길이와 폭과 깊이를 나타내는 '크기'와 물리적이고 기계적인 '운동運動'으로 보는 시각에서 출발한다.

그러나 무엇보다도 중요한 것은 데카르트가 주장하는 바의 '코기토^{Cogito}'가 정신을 물질보다 더 확실한 실체로 생각하도록 만들었다는 점일 것이다. 버트런드 러셀은 데카르트를 다음과 같이 평가했다.

"그는 스콜라 철학자들이 세워놓은 기반을 받아들이지 않고 하나의 완전하고도 새로운 철학 체계를 세우고자 했는데, 이는 아리스토텔레스 이후로 일찍이 없었던 일이었다. 뿐만 아니라 근대과학의 발달에서 비롯된 자신감의 표시는 그의 사상에 생기生氣를 불어넣었는데, 이는 플라톤 이후로 어떤 철학자에게서도 찾아볼 수 없었던 그의 업적이라 할 만 하다."

스피노자(1632~1677)는 그의 사상보다는 고매한 인품으로 인해 존경받아 온 철학자였다. 인간은 누구나 자신이 믿는 바대로 살지 않는다. 이 점에 관해서는 철학자라고 해서 예외가 될 수 없을 것이다. 그러나 스피노자는 여느 철학자들과는 달리 자신이 내세운 철학을 생활의 기준으로 삼아 생生을 산 철학자였다.

스피노자에게 신神은 특별한 존재였다. 스피노자에 따르면, '신은 영원하고 무한한 실체實體이다.' 그리고 유일무이한 실체이기도 하다. 따라서 오직 신만이 홀로 '자기 원인'이다. 자연 안에는 실체와 그것의 변용變容인 양태樣態 이외에 아무것도 존재하지 않는다. 양태란 실체가 아니라 실체가 변용되어 나타나는 한시적인 현상을 말한다. 반면 실체는 필연적으로 무한하다. 유한하다는 것은 '시초를 지닌' 어떤 사물에 대한 부분적 부정이고, 무한하다는 것은 '시초를 지니지 않는' 영원한 존재에 대한 절대적 긍정이다.

인간의 정서情緒가 어떻게 우리들 정신 안에서 생겨나는지를 알지 못하는 사람들은 신의 본성과 인간의 본성을 혼동하여 신에게 인간의 정서를 부여하려고 한다. 그러나 실체는 '자기 원인'이며 절대적으로 제1원인이고, 따라서 다른 것으로부터 산출될 수 없다는 점을 이해하는 사람은 실체를 양태와 혼동하지 않을 것이다. 그들은, 자기 안에서만 존재하는 것, 그리고 자기 자신에 의해서만 파악되는 것, 다시 말해서 그것을 인식하는 데 있어 다른 어떤 인식도 필요로 하지 않는 것을 '실체'로 이해하기 때문이다. 신은 자연의 양태가 아니라 자연의 내재적 원인이다. 따라서 존재하는 모든 사물은 신 안에 있으며, 신이 없이는 아무것도 존재할 수 없고 파악될 수도 없다. 왜냐하면 양태는 실체 없이는 존재할 수도 없고 파악될 수도 없기 때문이다.

신은 피조물을 위해서가 아니라 자기 자신을 위해서 모든 것을 행한다고 스피노자는 말한다. 그러나 대부분의 사람들은 일반적으로 자연 안의 모든 사물이 신의 의지에 따라, 어떤 목적을 위해 움직인다고 생각한다. 왜냐하면 그들은 신이 인간을 위해서 만물을 창조했다고 믿고 있기 때문이다. 그러나 자연에 목적 같은 것은 없다. 아마도 목적에 관한 것이 아니라, 단지 도형圖形의 본질과 성질에만 관계하는 수학이 인간에게 진리의 새로운 규범을 제시하지 않았더라면 진리는 우리에게 영원히 은폐되고 말았을 것이다. 신은 목적을 위해 어떤 자유의지도 행사하지 않는다. 신은 우연에 의한 의지의 자유로 인해 작용하는 것이 아니라, 자기 자신에 의한 원인으로서 작용하기 때문이다. 따라서 의지意志는 신의 본성에 속하지 않는다.

그리고 스피노자에 따르면, 자연 안의 모든 사물은 최고의 완전성과 영원한 필연성에서 비롯되는 것이다. 그러나 **자연에 목적이 있다는 주장은 신의 완전성을 소멸시킨다. 왜냐하면 만일 신이 어떤 목적을 위해 작용한다면 신은 그 목적을 이루기 위해 자신에게 결여된 부분을 필연적으로 욕구慾求해야만 하기 때문이다.** 그렇다면 그것은 신이 아닐 것이다. 욕구는 인간에게 속하는 것이지, 신에게 속하는 게 아니기 때문이다.

또한 사람들은 신이 모든 사물을 질서 있게 창조했다고 말하면서 자신들도 모르는 사이에 신에게 표상表象을 귀속시킨다. 그러나 대중이 자연을 설명하려고 할 때 사용하는 모든 개념은 사물의 본성을 표시하는 것이 아니라, 단지 사물이 보여주는 표상의 상태를 표시할 뿐이다. 왜냐하면 그들은 외부의 사물로부터 자극 받는 정도에 따라 그 사물의 본성이 선하다 또는 악하다, 아름답다 또는 추하다고 파악하기 때문이다. 스피노자는 이것을 이성의 유類가 아니라 표상의 유類라고 부른다. 그렇다면 혹자는 다음과 같이 물을 것이다. "만일 모든 만물이 신의 가장 완전한 본성에서 필연적으로 생겨났다면 자연 안의 그토록 많은 불완전성은 도대체 어디에서 생겨나는 것인가?"라고. 그러나 이 질문에 답하는 것은 어려운 일이 아니다. 사물의 완전성은 사물의 본성에 의해서만 평가되어야 한다. 왜냐하면 인간의 감각을 통해서 전달되는 사물의 표상이 인간의 본성에 적합하다거나 거슬린다고 해서 그 사물이 더 완전하다거나 덜 완전하다고 생각할 수 없기 때문이다. 그리고 신은 왜 모든 인간을 오직 이성적으로 행동하도록 창조하지 않았느냐고 묻는다면 다음과 같이 답변할 수밖에 없을 것이다. 왜냐하면 신에게는 최고의 정도에서부터 최저의 정도에 이르기까지 모든 것을 포괄하는 무한한 속성屬性이 속해 있기 때문이라고.

그리고 많은 사람들은 신의 능력을 '신의 권능'으로 이해한다. 그러나 그들 생각대로라면 존재하는 모든 것은 우연한 것이 되고 만다. 왜냐하면 그들은 신이 모든 것을 파괴하여 무無로 만들 수 있는 힘을 지니고 있다고 믿고 있기 때문이다. 그러나 신의 의지에 의해 파괴될 수 있는 세계라면, 그것은 필연에 의해 창조된 세계가 아닐 것이다. 그리고 그들은 흔히 신의 능력을 왕王의 능력과 비교한다.

그러나 신의 능력은 신의 본질 자체에서 기인起因하는 것이다. **스피노자**

는 "무한히 많은 것을 무한히 많은 방식으로 사유思惟할 수 있는 존재는 필연적으로 사유하는 능력이 무한하다"고 말한다. 이러한 존재가 곧 신이다. 따라서 신 안에는 모든 것의 관념이 존재한다. 왜냐하면 신은 무한히 많은 것을 무한히 많은 방식으로 사유할 수 있기 때문이고, 또한 신은 신의 본질에서 필연적으로 생겨나는 모든 것의 관념을 형성形成할 수 있기 때문이다. 그리고 "관념의 질서는 사물의 질서와 동일하다"고 스피노자는 말한다. 왜냐하면 결과에 대한 인식은 원인에 대한 인식에 의존하기 때문이다. 다시 말해서 결과로써 생긴 사물에 대한 관념은 그 결과를 생기게 만든 원인에 대한 인식에 의존하기 때문이다. 따라서 사유思惟하는 실체와 연장延長된 실체는 동일한 실체이며, 때로는 이런 속성으로 때로는 저런 속성으로 파악될 따름이다. 그렇다면 정신과 물질은 둘 다 신의 무한한 속성 가운데 일부에 속하는 것이며 따라서 동일한 것이다. 이렇게 해서 정신과 물질을 구분한 데카르트의 이원론二元論은 스피노자에 의해 반박된다.

인간은 누구나 자신이 자유롭다고 여긴다. 왜냐하면 사람들은 자신의 욕구와 충동은 의식하지만, 그들로 하여금 욕구와 충동에 사로잡히게 하는 원인이 무엇인지는 모르기 때문이다. 행동의 원인을 모른다는 데서 일반 사람들이 생각하는 자유에 대한 관념이 형성된다.

그러나 인간의 정신 안에 자유의지自由意志 같은 것은 없다고 스피노자는 말한다. 오히려 정신은 이것 또는 저것을 의지하도록 만드는 어떤 원인에 의하여 움직일 따름이다. 따라서 의지는 자유 원인이 아니라 필연적 원인이라고 할 수 있다. 스피노자에 따르면, 의지意志와 지성知性은 동일한 것이다. 왜냐하면 스피노자는, 의지를 어떤 것을 추구하거나 기피하게 하는 욕구가 아니라, 참인 것을 긍정하거나 그릇된 것을 부정하는 능력으로 이해하기 때문이다. 그런데 정신 안에는 관념 이외에 사물을 긍정하거나 부정하는 어떤 의지의 작용도 존재하지 않는다. 다만 — 의지를 갖거나 의지를 갖지 않는 절대적인 선택의 능력이 아니라 — 개별적인 의지의 작용(의욕)만이 존재할 뿐이다. 의지는 지성과 마찬가지로 단지 사유의 한 양태이다. 왜냐하면 이런 의욕이나 저런 의욕에 대한 의지의 관계는, 이 관념이나 저 관념에 대한 지성의 관계와 마찬가지로 개별적이고 추상적이기 때문이다. 따라서 모든 의지의 작용은 관념에 지나지 않는다.

그렇다면 우리의 사고思考와 행동을 결정하는 것은 무엇인가? '자기 보존을 위한 욕구와 충동'이 인간의 사고와 행동을 결정짓는 작용 원인이라고 스피노자는 말한다. **스피노자에 따르면, 욕망이야말로 인간의 본질 자체이다.** 오직 인간만이 자신의 충동을 의식할 수 있기 때문에, 인간에게 있어 욕망이란 의식을 수반하는 충동으로 정의될 수 있다. 따라서 우리는 어떤 사물을 좋은 것이라고 이성적으로 판단해서 그것을 욕구하는 것이 아니라, 우리가 그것을 욕구하기 때문에 막연히 그것이 좋은 거라고 판단하는 것이다.

스피노자는 정서情緖도 일종의 관념으로 본다. 스피노자에 따르면, 기쁨이나 슬픔은 욕망과 마찬가지로 인간의 가장 기본적인 정서 중에 하나이다. 그런데 정서는 정신을 수동 상태로 만든다. 정신은 정서에 의해 자극 받는 정도에 따라 어떤 것을 다른 것보다 한층 더 많이 사유하도록 작용 받기 때문이다. 정신의 능동은 타당한 관념에서 생긴다. 그러나 정신의 수동은 타당하지 않은 관념에 의존하다. 따라서 정서는 타당하지 않은 관념이며, 혼란스런 관념이다. 인간은 신체와 정신으로 존재하기 때문에, '자기 보전'은 신체에 관한 것과 정신에 관한 것으로 구분되어야 마땅할 것이다. 그런데 정서는 신체에 관계되는 것이다. 왜냐하면 정서란 신체의 변용變容을 나타내는 것이기 때문이다. 따라서 각각의 정서는 신체의 상태를 표시하는 표상에 지나지 않는다.

그렇다면 '자기 보존'이란 무엇을 말하는 것인가? 한마디로 말해서 자신의 유(有)를 유지하려는 노력으로 이해될 수 있다. 신체의 유(有)를 보존하는 것은 생명을 유지하는 일로 일반적인 사항에 속한다. 그러나 정신의 유(有)를 보존하는 것은 인간의 고유한 본성의 법칙, 즉 이성의 명령에 따르지 않고서는 불가능한 일이라고 스피노자는 말한다. 스피노자는 덕(德)과 능력을 동일한 것으로 이해한다. 그런데 인간의 능력은 오로지 이성(理性)에만 기초한다. 그렇다면 덕에 따라 행동하는 것은 곧 이성에 따라 행동하는 것이라고 말할 수 있을 것이다. 다시 말해서 덕의 첫 번째 기초는 자기를 보존하는 것, 그것도 이성의 지시에 따라 자기를 보존하는 데 있다고 할 수 있다. 그런데 이성이 하는 일은 오직 '인식하는 것'이다. 그 외의 것은 어떠한 것도 이성의 능력에 속하지 않으므로 인간의 덕에도 속하지 않는다. 인간은 인식의 주체로 머물러 있는 한에서만 외부의 원인으로부터 작용 받지 않고 '작용하며' 능동적으로 될 수 있기 때문이다.

정신의 본질은 사물을 인식하는 데 있다. "선(善)은 인식에 도움이 되는 것으로, 그러나 악(惡)은 인식에 방해가 되는 것으로 이해된다"고 스피노자는 말한다.

정서 혹은 감정은 외적(外的) 원인에 의해 규정된다. 그러나 정신의 힘은 오직 인식하는 능력에 의해서만 정의될 수 있다. 모든 오류나 허위가 인식의 결핍에서 생기듯이, 정신의 수동과 무능 또한 인식의 결핍에서 생긴다. 그리고 인간은 감정에 예속되어 있을 때 서로 대립하게 된다. 서로 비난하고 서로 미워하게 되는 것이다. 반면 인간은 이성에 따라 생활하는 한 본성상 자기 자신과 필연적으로 일치한다. 왜냐하면 이성은 인간의 본성에 속하기 때문이다. "인간에게는, 이성의 명령에 따라 생활하는 인간보다 더 유익한 어떤 개체도 자연 안에 존재하지 않는다"고 스피노자는 말한다. 때문에 "인간은 인간에게 신이다"라는 말이 사람들의 입에 오르내리는 것이다.

그렇다면 인간의 정신이 인식할 수 있는 최고의 것은 무엇인가? '신에 대한 인식'이라고 스피노자는 말한다. 인간의 정신은 신의 무한한 지성의 일부이다. 그러나 인간의 정신은 사물을 참으로 인식하는 한에서만 신의 무한한 지성의 일부가 되며, 신의 영원하고 무한한 본질에 관한 타당한 인식을 소유하게 된다.

스피노자는 "덕 자체와 신에 대한 봉사만이 최고의 행복과 최대의 자유를 보장한다"고 말한다. 그런데 스피노자가 말하는 신에 대한 봉사란 최고의 인식에 도달하는 것을 의미한다. 따라서 **최고의 선은 신에 대한 지식을 갖는 것이며, 최고의 덕은 신에 대한 인식에 다다르는 것이다.** 신에 대한 지적 사랑은 진리를 파악하는 기쁨과 더불어 참다운 사유 속에 깃들어 있다. 그렇다면 신에 대한 사랑은 우리의 정신 안에서 중요한 위치를 차지해야 마땅할 것이다. "지고至高의 선은 정신과 자연, 즉 신과의 합일合一을 인식하는 것이다." 따라서 인간의 지복至福은 신에 대한 인식이 없이는 성취가 불가능한 것이다.

스피노자는 자유의지를 부정하고, 결정론決定論을 정당화시켰다. 그러나 스피노자의 결정론은 아우구스티누스가 말하는 원죄原罪의 개념에서 비롯된 게 아니다. 스피노자는 인간의 죄가 아니라 자연의 필연성으로부터 결정론을 이끌어냈다.

"어떤 작용을 하도록 결정된 사물은 신에 의해 필연적으로 그렇게 만들어진 것이다" — 이것이 스피노자가 말하는 결정론이다.[1]

그러나 인간은, '자유의지'는 행사하지 못하더라도 '자유로운 정신'은 얼마든지 소유할 수 있다고 스피노자는 말한다. 그런데 스피노자에 의하면, 이성에 의해 인도되는 사람만이 자유로울 수 있다. 왜냐하면 정신은 사물을 필연적인 것으로 인식하면 할수록 외적 원인에 의한 정서情緒로부터 지배당하지 않고 자유로울 수 있기 때문이다.

　자유로운 정신의 소유자는 죽음을 거의 의식하지 않는다. 그의 지혜는 죽음이 아니라 삶을 성찰하기 위한 것이기 때문이다. 그리고 "지복至福은 덕에 대한 보상이 아니라 덕 자체에 있다"고 스피노자는 말한다. 우리들은 쾌락을 억제하기 때문에 지복을 누리는 것이 아니라, 그와 반대로 지복을 누리기 때문에 쾌락을 억제할 수 있게 된다. 왜냐하면 우리의 정신은 신에 대한 지적 사랑에 의해서, 그리고 지복을 누림으로써 쾌락을 억제하는 힘을 가질 수 있기 때문이다. 스피노자에 따르면, 이성理性은 정서情緒에 대해 절대적인 힘을 행사하지 못한다. 그럼에도 우리는 가능한 한 우리의 본성에 속하는 지성이나 이성을 완전한 것으로 만들기 위한 노력을 게을리 해서는 안 된다. 이러한 노력만이 인간의 지복을 가능케 하는 유일한 척도가 되기 때문이다. 이것이 스피노자가 말하는 '자유에 도달하는 방법에 관한 윤리학'의 결론이다.

　행복의 추구는 고통에서 벗어나면서부터 시작된다. 그런데 우리를 고통스럽게 하는 것은 대개의 경우 열정熱情이나 수동적인 정서에서 기인한다고 볼 수 있다. 하지만 열정이나 수동적인 정서는 그것의 원인을 정확하게 파악하기만 하면 더 이상 우리를 지배하지 못한다. 스피노자는 사물을 냉철하게 인식하는 것만이 우리들로 하여금 고통이나 괴로움으로부터 벗어나게 하는

----

1 "미래를 바꿀 수 있다는 생각은 무지(無知)에서 비롯되는 것"이라고 스피노자는 말한다. 인간의 정신은 일체의 사물을 필연적인 것으로 인식하는 범위 내에서 자유로울 수 있다고 생각했기 때문이다. 스피노자에 따르면, 희망은 두려움과 마찬가지로 악(惡)이다. 왜냐하면―스피노자가 볼 때―시간은 비(非)실제적이기 때문이다. **"미래와 관련된 모든 희망은, 그것이 감정에 속하는 한, 이성(理性)에 거슬린다."** 감정의 낭비를 극도로 싫어했던 스피노자는 그렇게 생각할 수도 있었다. 절대 이성을 선(善)으로 규정하고, 감정을 악(惡)으로 간주한 스피노자는 인간이라기보다는 신에 가까운 인물이었다.

유일한 방법이라고 말한다. 그렇다면 우리는 누구나 할 것 없이 어느 정도는 철학자가 될 필요가 있을 것이다. 왜냐하면 철학자는 느끼지 않고, 인식하기 때문이다.

스피노자는 인간의 능력에 한계가 있음을 인정하면서도 고귀하게 살아 갈 수 있는 방법을 우리에게 제시하고자 했다. 그의 주저主著〈에티카〉의 맺음 말은 다음과 같다.

> 이상으로 나는 감정(혹은 정서)을 극복하는 정신의 능력과 그에 따르는 정신의 자유에 대하여 제시하려고 했던 모든 것을 완성했다. 이것으로 쾌 락에 지배당하는 무지한 자에 비해 현명한 자가 얼마만큼 강하고 우월한 가 하는 것이 분명해진다. 무지한 자는 외부의 원인에 의해 동요될 뿐만 아니라 자기 자신과 신과 사물의 본질을 거의 의식하지 못한 채 생활하며, 수동적인 삶이 끝나면 그 존재도 끝이 난다. 반면 현명한 자는 외부의 원 인으로부터 지배당하지 않고 정신의 동요 없이 자기 자신과 신과 사물의 본질을 영원한 필연성에 따라 인식하며, 비록 삶이 끝난다 하더라도 존재 하는 것을 멈추지 않고 항구적으로 참다운 정신적인 만족을 소유한다. 여 기에 이르는 방법으로서 내가 제시한 길은 드물게 발견되는 만큼 매우 힘 든 길이 아닐 수 없다. 구원의 길이 지척에 있어서 어렵지 않게 발견할 수 있다고 한다면 누구나 이를 소중히 여길 리 없을 것이다. 고귀함에 이르는 것은 희귀한 일인 동시에 어려운 일이다.

신에 대한 지적知的 사랑은 항구적이며 영원하다. 반면 인간의 불행은 변화무상한 것을 지나치게 사랑하는 데서 생긴다. 집착이야말로 모든 악의 근원이라 할 수 있다. 따라서 우리는 현실의 표상表象과 충분한 거리를 두고 '영원한 상相 아래에서' 사물을 있는 그대로의 모습으로 파악하는 능력을 키워야만 한다고 스피노자는 말한다. 이것이 구원救援에 이르는 유일한 방법이기 때문이다.

물자체物自體는 공간과 시간 속에 존재하는 것이 아니다.
그것은 실체가 아니며, 따라서 칸트가 범주라고
부르는 일반 개념으로도 파악될 수 있는 게
아니다. … "대상 자체가 어떤 것인지 우리로서는
알 수 있는 방법이 없다. 다만 우리는 대상을 지각하는
우리들의 방식을 알 수 있을 뿐"이라고
칸트는 말한다

5

.
.
.

칸트

칸트를 이해하기 위해서는 먼저 칸트 이전의 철학자들, 특히 데이비드 흄이라는 철학자에 대해 알 필요가 있다. 니체의 말처럼, 칸트는 그의 존재로 인해 높이 서게 된 철학자였다. 윌 듀런트는 〈철학 이야기〉에서 존 로크와 버클리와 흄과 루소를 거쳐 칸트에 이르는 과정을 요약해서 설명하고 있는데, 이과정은 유물론과 무신론이 대두되던 시대에 정신과 물질과의 관계를 규명하고자 했던 일련의 작업으로 볼 수 있다.

존 로크(1632~1704)는 경험론^{經驗論}의 창시자이다. 그는 "인간의 모든 지식은 자신의 감각과 경험을 통해서만 얻어진다"고 주장했다. 선험적^{先驗的}으로 알 수 있는 것은 아무 것도 없다. 먼저 감각 속에 없었던 것은 오성^{悟性} 속에도 없기 때문이다. 우리의 관념은 두 가지 근원, 즉 사물을 느끼는 감각感覺과 정신의 작용인 지각知覺에 의해서 생긴다. 지각이란 앎의 시작이요, 첫 번째 단계이다. 지각은 감각으로부터 오는 것이고, 관념은 지각에 의해서 만들어지는 것이다. 그렇다면 어떤 사물에 대한 인식은 그 사물에 대한 감각으로부터 생긴 관념이다. 정신은 스스로 어떤 관념도 만들어 내지 못한다. 왜냐하면 정신은 감각과 지각을 통해서만, 다시 말해서 사물들의 작용에 의해서만 관념을 만들어낼 수 있기 때문이다. 만일 감각이 사고의 재료라면, 물질은 정신의 질료가 아닐 수 없다. 물질이 곧 정신이고, 정신이 곧 물질이다. 결국 로크는 유물론唯物論에 도달하게 된다.

버클리(1685~1753)는 성직자였고, 따라서 성직자답게 물질의 존재를 부인하고 정신을 부각시켰다. 존 로크는 '사물을 오직 감각과 지각을 통해서만 안다'고 말하지 않았던가? 그렇다면 물질은 정신의 형태로만 존재한다. 왜냐하면 물질은 오직 정신의 작용인 지각에 의해서만 우리에게 인식되기 때문이다. 물질적인 실체란 존재하지 않는다. 우리는 사물의 실체를 지각하는 것이 아니라 다만 사물의 성질을 지각할 뿐이다. 이를테면 우리는 어떤 물체의 속성을 보는 것이지, 그 물체의 원인을 보는 것은 아니다. 그러므로 감각적인 속성을 제외하면 우리가 감각할 수 있는 대상은 전혀 남아 있지 않게 된다. 감각할 수 있는 사물이라는 것은 감각적인 속성이거나 혹은 감각적인 속성들의 결합 이외에 아무 것도 아니다. 또한 지각이 감각을 통해서 만들어진다면, 감각된 사물의 실질은 당연히 지각된 것으로 이루어져야 마땅할 것이다. 가령 몹시 뜨거운 것은 고통을 준다. 그런데 이것은 정신 속에서 일어나는 현상이다. 그러므로 뜨겁다는 것은 정신적인 것이다. 따라서 뜨겁고 차갑다는 느낌은 결국 우리 마음속에 있는 감각에 지나지 않는다. 사물은 감각의 다발일 뿐이며, 마음의 상태에 불과하다. 그렇다면 물질은 정신의 형태이고, 따라서 실재하는 유일한 것은 오직 정신뿐이다. 버클리에 의해서 정신은 살아남고 물질은 파괴된다.

흄(1711~1776)은 로크와 버클리의 경험론을 벼랑 끝까지 몰고 갔다. 그는 "물질을 아는 것과 동일한 방식으로 정신을 안다"고 말한다. 요컨대 지각에 의해서 아는 것이다. 이 경우 우리는 결코 '정신'이라는 실체를 지각하는 것이 아니며, 단지 개별적인 관념, 인상, 감정 등을 지각할 뿐이다. 정신은 하나의 실체 혹은 하나의 독립된 기관이 아니라 일련의 관념들에 대한 추상적인 명칭에 지나지 않는다. 물질이 감각의 다발이라면, 정신은 지각의 다발에 불과하다. **지각, 기억, 인상, 관념 등이 곧 '정신'이다.** 우리는 사유 작용의 배후에서 '영혼'이라고 부를만한 어떤 실체도 찾아볼 수 없다. 그리고 인간에게 영혼이 없다면 신의 존재도 부정될 수밖에 없을 것이다. 버클리가 물질을 파괴한 것처럼, 흄은 정신을 파괴해 버렸다.

또한 우리는 정확한 추론에 의해서가 아니라 단지 경험에 의해서만 원인과 결과를 알 수 있을 뿐이라고 흄은 말한다. 만일 원인과 결과에 대한 지식을 주는 것이 경험이라고 한다면 인과관계는 논리적인 관계가 될 수 없으며, 따라서 '필연성'이란 존재할 수 없게 된다. 인과법칙의 확실성 같은 것은 존재하지 않는다. 단지 개별적이고 개연적인 사실들만이 존재할 뿐이다. 따라서 우리가 안다고 확신할 수 있는 것은 아무 것도 없다고 흄은 주장한다.

루소(1712~1778)는 거의 혼자서 18세기 계몽주의 산물인 유물론과 무신론에 대항해 싸운 인물이었다. 루소는 이성보다 감성이 우월하다고 주장했다. 버클리와 흄의 주장은 충분히 논리적이다. 그러나 그것은 다만 논리적일 뿐이다. 상식이 거부하는 것을 논리는 인정한다. 혹은 상식이 터무니없다고 여기는 사실을 논리는 증명해낸다. 버클리의 주장대로, 내가 지각하지 않는다고 해서 물질세계가 실제로 존재하지 않는 것이 되는가? 그리고 흄은 자아自我라는 것이 설사 존재한다 하더라도 우리는 결코 이것을 지각하지 못하고, 따라서 자아에 대한 아무런 관념도 가질 수 없다고 말했는데, 내가 지각하지 못한다고 해서 '나'를 의미하는 자아로서의 정신이라는 실체가 정말로 존재하지 않는다고 할 수 있는가?

　감성은 이성보다 심오한 것이다. 이성은 신의 존재를 근거 없다고 부정하지만, 그 정반대의 논리로 이성은 무슨 근거로 신이 존재하지 않는다고 확신하는가? 이것은 이성의 한계를 넘어서는 일이라고 칸트는 말한다. 종교는 이해의 대상이 아니라 믿음의 대상이라고 사람들은 말해 오지 않았는가. "우리의 정신 안에는 이성이 전혀 이해할 수 없는 마음의 도리가 내재하고 있다"고 파스칼은 말했다. 그리고 루터는 단호하게 말했다. "그토록 많은 분노와 악의를 내보이는 신이 얼마나 은혜롭고 정의로운지를 우리가 이성을 통해서 이해할 수 있다면 무엇 때문에 신앙이 필요하겠는가!" 불합리하기 때문에 믿는 것이다. 합리성을 추구하는 종교는 종교라기보다는 과학이라고 해야 옳을 것이다. 종교적 신앙은 '믿어야만 받아들일 수 있다'는 식의 주장을 처음으로 펼친 사람이 루소였다. 이성이 신과 영혼의 존재에 대해 인식하지 못해도 감성은 얼마든지 느낄 수 있다. 이성은 전능하지 못하다. 이성을 비판할 때가 온 것이다.

　칸트(1724~1804)는 인식론認識論을 한층 더 심화시켰다. 그는 인식이 반드시 감각으로부터 오는 것은 아니라고 말한다. 로크와 버클리와 흄은 '우리가 아는 모든 지식은 감각과 경험으로부터 오는 것'이라고 주장했다. 그러나 만일 감각과 경험으로부터 독립된 인식이 가능하다면, 다시 말해서 선험적先驗的(a priori) 인식이라는 것이 실재한다면 어떻게 될까? 경험은 우리의 오성을 한정짓는 유일한 요소가 아니다. 보편적 인식은 경험으로부터 독립되어 그 자체로써 명확하고 경험에 앞서서 선험적으로 참되지 않으면 안 된다. 예를 들어 수학적 인식은 필연적이다. 내일 태양이 서쪽에서 뜬다는 가정은 있을 수 있어도, 2×2가 4 이외의 다른 수^數가 된다는 가정은 있을 수 없다. 이러한 진리는 과거나 현재 또는 미래의 어떤 경험에도 의존하지 않고 참되기 때문에 선험적이다. 그렇다면 우리는 어디서 이러한 절대적이고 필연적인 지식을 얻게 되는가? 경험으로부터는 아니다. 진리의 필연적 성격은 정신의 고유한 구조에 의해 파악되는 것이다. 흄은 영혼도 인과법칙도 존재하지 않으며, 우리의 정신은 하나의 관념이거나 혹은 여러 관념들의 연속적인 결합에 지나지 않는다고 말했다. 그러나 칸트는 인간의 정신을 한낱 추상적인 명칭이 아니라 외부로부터 오는 경험을 선택하고 재구성해서 지각된 사물을 개념으로 만들고 조정하는 능동적인 기관으로 이해해야 한다고 말한다. 칸트는 대상 자체보다는 대상에 대한 우리들의 선천적 사고^{思考} 능력과 관계되는 인식을 선험적이라고 규정한다.

인간의 어떤 지식도 경험을 초월할 수 없다. 그러나 부분적으로는 선험적으로 인식되는데, 이는 경험에서 귀납적으로 추리되는 것은 아니다. 감각은 그 자체로서는 단지 자극에 지나지 않는다. 외계^{外界}는 감각의 재료만을 제공할 뿐이며 우리의 정신 기관이 이를 공간과 시간의 틀 속에 배열하여 대상을 지각하게 되는 것이다. 공간과 시간은 주관적인 것으로 우리들의 지각 기관의 일부를 이루고 있다. 이를테면 우리는 공간과 시간이라는 안경을 쓰고 이를 통해서 외계^{外界}를 바라보는 것이다. 공간과 시간은 어떤 관념일 수 없다. 그것은 지각된 사물이 아니라, **선험적 직관의 형식**^{形式}이기 때문이다. 우리의 지각에 나타나는 현상은 두 부분으로 이루어진다. 첫 번째 부분은 대상에서 비롯되는 감각이다. 그리고 두 번째 부분은 현상의 형식으로서, 그 자체가 감각은 아니다. 전자는 경험에 의존하지만, 후자는 경험에 의존하지 않는다는 점에서 선험적이다. 그리고 선험적 직관의 형식에는 두 가지가 있는데, 공간과 시간이 바로 그것이다. 공간은 외감^{外感}의 형식이고, 시간은 내감^{內感}의 형식이다. 이를테면 외부의 경험은 오직 공간의 표상^{表象}을 통해서만 얻어지는데, 공간이 없으면 어떤 사물도 인식할 수 없기 때문이다.

공간과 시간이 선험적 직관의 형식이라면, 범주^{範疇}는 **선험적 사고^{思考}의 형식**이다. 범주는 공간과 시간의 테두리 안에서 얻어진 지각을 사고의 개념으로 만드는 판단 형식의 체계이다. 우리가 경험하는 모든 것에 이 범주가 적용된다. 요컨대 범주는 오성의 본질이고 성격이다. 우리는 오성이 보여주는 능동성에 주목할 필요가 있다. 감각된 외부의 사물은 공간과 시간이라는 직관의 형식에 의해 우리에게 지각되고, 지각된 대상은 범주라는 선험적 사고의 형식에 의해 우리에게 인식된다. 그렇다면 이러한 통일성은 어디서 생기는 것인가? 사물 자체로부터는 아니다. 외부로부터 오는 무질서한 자극을 질서정연한 개념으로 인식되게끔 만드는 것이 바로 오성이 하는 역할이다. 세계는 저절로 질서를 갖게 되는 것이 아니라, 세계를 인식하는 사고 자체가 조정 작용을 하기 때문에 질서를 갖게 되는 것이다. 그렇다면 사고의 법칙은 동시에 사물의 법칙이 된다. 인과법칙은 궁극적으로는 과거와 현재와 미래의 모든 경험에 포함되고 전제되는 사고의 법칙이기 때문에 필연적인 것이다. 따라서 과학은 절대적이고 진리는 영속적이다.

그러나 '감각의 원인이 되는 물자체^{物自體}'는 결코 인식되지 않는다고 칸트는 말한다. 물자체^{物自體}는 공간과 시간 속에 존재하는 것이 아니다. 그것은 실체가 아니며, 따라서 칸트가 범주라고 부르는 일반 개념으로도 파악될 수 있는 게 아니다. 범주 또한 공간이나 시간과 마찬가지로 주관적인 것이기 때문이다. "대상 자체가 어떤 것인지 우리로서는 알 수 있는 방법이 없다. 다만 우리는 대상을 지각하는 우리들의 방식을 알 수 있을 뿐"이라고 칸트는 말한다. 따라서 궁극적으로 실재하는 것이 무엇인지를 탐구하려는 과학과 신학의 온갖 시도는 무의미한 것이 되고 만다. 신은 존재할 수도 있고, 존재하지 않을 수도 있다. 그러나 순수 이성은 신이 존재한다는 사실을 판단할 능력이 없다. 종교가 신학과 과학을 기초로 삼을 수 없다면 종교는 어디에 기초를 두어야 마땅한가? 바로 도덕이다. 가능한 오직 하나의 이성 신학理性神學은 도덕의 법칙에 의거하거나 도덕 법칙의 지도를 요구하는 것이라야 한다. 신과 영혼 불멸과 인간의 자유의지 — 이것이 이성이 파악해야 할 세 가지 이념이라고 칸트는 말한다. 그러나 순수 이성은 이 이념들의 실재를 입증하지 못한다. 그런데 이 이념들의 중요성은 실천적이라는 데 있다. 다시 말해서 이 세 가지 이념은 도덕과 관련지어져 있는 것이다. 버트런드 러셀은 이에 관한 칸트의 견해를 다음과 같이 요약했다.

> 도덕의 법칙은 우리에게 정의正義를 요구한다. 다시 말해서, 우리는 우리의 덕德에 비례하는 행복만을 요구해야 하는 것이다. 그런데 이 것은 오직 신의 섭리만이 보증해 줄 수 있다. 그러므로 신은 존재해야 하고, 따라서 내세도 존재해야 한다. 또한 자유의지도 있어야 한다. 자유의지가 없으면 덕德은 존재 의미를 상실하기 때문이다.

우리 마음속의 도덕률은 정언적定言的이고 무조건적이라고 칸트는 주장한다. 그렇다면 궁극적으로 선한 것은 오직 '선한 의지(善意)'뿐이다. 그 외의 것은 절대적일 수가 없기 때문이다. 그리고 칸트는 "순수 이성은 실천적일 수 있다"고 말한다. 다시 말해서 순수 이성은 그 자체로 경험적인 것으로부터 독립해서 우리의 의지를 규정할 수 있다. 모든 도덕 개념은 선험적인 이성 속에 그 근원을 두고 있기 때문이다. 칸트는 '도덕의 형이상학'을 확립하고자 했다.

"미래의 철학자들은 단지 인식하는 것 이상의 것을
해내야만 한다. 그들은 어떤 새로운 존재가
되어야만 하고, 새로운 것을 해석할 뿐만 아니라
새로운 가치를 표현해 내지 않으면 안 된다"
— 이것이 미래의 철학자에 대한 니체의 견해였다.

6
:

쇼펜하우어 /
니체

쇼펜하우어(1788~1860)는, 플라톤의 이데아, 데카르트의 코기토^{Cogito},
스피노자의 실체^{實體}, 칸트의 물자체^{物自體} 반열에 '살려는 의지^{意志}'를 올려놓
았다. "세계는 나의 표상^{表象}이고, 따라서 세계는 나의 의지^{意志}이다"라고 쇼
펜하우어는 단호하게 말한다. 의지가 없으면 표상도 세계도 없기 때문이다.
다른 철학자들과는 달리 쇼펜하우어는 이성이 아니라 의지를 인간의 지배
적인 특성으로 보았다. "역사적으로 볼 때, 쇼펜하우어는 두 가지 점에서 중
요하다. 하나는 그의 염세주의이고, 다른 하나는 의지가 이성보다 우위에 선
다는 그의 학설이다"라고 버트런드 러셀은 말했는데, 염세주의는 '살려는
의지'가 지배하는 세계에서 당연히 이르게 되는 귀결이다. 내가 '의지^{意志}한

다'는 것은 내가 무엇인가를 '원한다'는 것이고, 이는 다시 말해서 '욕구한다'는 걸 의미하는 것이다. 따라서 세계가 나의 의지라면, 세계는 고난의 장소일 수밖에 없을 것이다. 욕구는 무한하고 충족은 한정되어 있기 때문이다. 인간이 의지의 노예로 머무는 한, 삶은 투쟁의 연속이며 본질적으로 괴로운 것이다.

세계의 실체는 의지意志이고, 따라서 인간의 본질 역시 의지意志이다. 의지는 '눈은 보이지만 두 다리가 없는 사람을 등에 업고 가는 힘센 장님'이다. 이성이 의지를 선도하는 것처럼 보이지만, 단지 이성은 안내자로서 주인(의지)을 인도할 뿐이다. 이처럼 의지가 우리를 지배하는 세계라면, 한마디로 말해서 우리가 사는 세계는 욕구와 결핍의 세계이다. 인간은 욕구가 구체화된 존재이지만, 욕구의 완전한 충족이라는 것은 실제로 불가능한 일이기 때문이다. 이것이 우리에게 주어진 운명이라고 한다면 인생은 손해 보는 장사일 수밖에 없을 것이다. 쇼펜하우어는, 의지가 정신의 지배적인 요소인 한, 우리가 노력한다고 해서 달라질 것은 아무것도 없다고 말한다. 하나의 형상形相으로서의 생존 의지가 — 칸트가 말하는 — 물자체物自體로서 영원불멸하는 반면에, 그 의지의 현상現象에 불과한 인간의 노력은 공허하기 짝이 없기 때문이다.

평안과 행복은 소극적인 것이지만, 고통과 괴로움은 적극적인 것이다. 우리의 의지가 요구하는 대상은 하나같이 우리에게 저항하기 때문이다. 설령 욕구가 충족되었다 하더라도, 다음에는 권태가 우리를 괴롭힌다. **"곤궁이 하류층의 재앙인 것처럼, 권태는 상류층의 재앙이다."** 우리의 생존 의지가 적극적인 가치와 참된 의미를 지니고 있다면 거기에 권태가 따를 리가 만무하며, 단지 살아 있다는 사실만으로도 우리는 만족해야 할 것이다. 그러나 실제로는 어떠한가? 생존을 요구하면 궁핍에 시달리고, 요구하지 않으면 권태에 사로잡힌다. 결국 우리의 삶은 고통과 권태 사이를 시계추처럼 왔다 갔다 할 따름이다. 아마도 세상의 온갖 고통과 괴로움을 지옥으로 옮겨 놓은 다음에는 틀림없이 천국에는 오직 권태만이 남게 될 것이다. "일찍이 현실에 직면해서 자신의 처지를 정말로 행복하다고 느낀 사람은 단 한 사람도 없었다. 만일 그런 사람이 있었다면, 그는 술에 취해 있었을 것이다." 이런 세상에서는 "**오직 돈만이 절대적으로 선한 것이다. 돈은 하나의 욕구를 구체적으로 만족시켜 줄 뿐만 아니라, 욕구 일반을 추상적으로 만족시켜 주기 때문이다. 돈 이외의 수단은 단지 하나의 소망, 하나의 욕망만을 만족시켜 줄 뿐이다.**" 인간은 자신의 욕망을 감추기 위해 철학이나 신학을 만들어 냈다. 세계는 지옥이다.

의지가 인식과 지성에 완전히 종속되지 않는 한, 불행을 극복한다는 것은 불가능한 일이라고 쇼펜하우어는 말한다. 예컨대 천재는 인식이 대부분이고 의지는 적다. 인식 능력이 의지에 비해 훨씬 발달한 자를 우리는 천재라고 말한다. 천재는 최고의 객관성 그 자체이다. 천재는 본질적인 것과 보편적인 것을 분명하게 간파한다. 따라서 주관적인 의지의 우월성이 그를 지배하지 못한다. 그리고 쇼펜하우어는 불교를 최고의 종교로 보았다. 지고至高의 선善은 열반涅槃에 도달하는 것, 다시 말해서 의지의 욕구를 최소화하는 것이다. 살려는 의지의 극복, 세상의 고통으로부터의 해탈, 이것이 구원에 이르는 확실한 복음福音이다. 오직 관조觀照만이 있을 뿐, 의지意志는 없기 때문이다.

니체(1844~1900)는 한마디로 말해서 골난 철학자였다. 그가 선의善意의 악동惡童이기를 자처했던 것은 플라톤 철학과 기독교 사상에 대한 강한 불만 때문이었다. 칸트가 이성을 비판했다면, 니체는 도덕을 비판했다. 그러나 그것은 도덕의 속성에 대한 비판이었지, 도덕의 가치에 대한 비판은 아니었다. 가치에는 항상 양면성이 있다. 하지만 니체의 경우에는 강점만을 살펴보자. 그리고 단점은 무시해 버리자. 그러면 니체에게 다가가기가 훨씬 수월해질 것이다. 니체는 분명히 단점보다는 강점이 돋보이는 철학자였다.

무엇보다도 우선해서 니체의 가치는 철학의 언어를 일신一新한 데 있었다. 그의 사상에서 구태적인 철학 용어들, 이를테면 감각, 지각, 오성, 관념, 선험적(a priori), 인과법칙, 범주, 시간과 공간, 충족이유율 같은 비非현실적인 표현들을 찾아볼 수 없다는 점이 여간 다행스런 일이 아니다. 드디어 철학은 니체로 인하여 새로운 길을 모색하게 된 것이다. 그리고 니체는 관점주의를 표방했다. 관점주의는 체계를 거부한다. 이 점이 또한 니체의 철학이 가치가 있는 이유 중에 하나일 것이다.

> 형이상학자들의 근본적인 믿음은 가치들이 대립한다는 인식에서 비롯된 것이다. 그러나 실제로 가치의 대립이라는 게 존재하기나 하는 것인가? 다만 모든 생명의 근본 조건인 '관점주의적인 시각'만이 존재할 뿐이다. … 진리가 가상假象보다 더 가치가 있다고 믿는 것은 단지 도덕적인 선입견에 지나지 않는다. 관점적인 평가와 가상성假象性에 바탕을 두지 않는 한, 삶이란 결코 존립할 수가 없는 것이다. "나의 판단은 나의 판단이다. 이에 대해 다른 누구도 자신의 권리를 주장해서는 안 된다"— 미래의 철학자는 이렇게 말할 것이다.

철학자들은 진리의 중요성만 알았지, '사실'의 중요성은 이해하지 못했다. 진리는 목표를 제시할 뿐이지만, '사실'은 운명을 관장한다. "삶의 조건으로 비非진리를 용인하는 것, 이것이야말로 위험한 방식으로 습관화된 가치 감정에 저항한다는 것을 의미한다. 이 일을 감행하는 철학은 그것만으로

도 이미 선과 악의 저편에 서게 된다."

플라톤은 이데아 이론을 내세워 철학자인 자신을 지고至高의 존재로 만들려고 의도했다. 그리고 칸트는 터무니없게도 정언적定言的 명령에 입각한 '도덕의 형이상학'을 세우고자 했다. 그러나 "인간이 뭔가를 더 이상 볼 수도 붙잡을 수도 없는 곳에는 인간이 탐구할 만한 것도 더 이상 없다"고 니체는 말한다. "온갖 오류 가운데 가장 나쁘고 지루하며 위험한 것은 독단론자들이 저지른 오류, 즉 플라톤에 의해 확립된 순수 정신과 선善의 실체를 고안해 낸 일이었다. … 플라톤은 현실을 외면하고 사물들을 오로지 빛바랜 관념적인 상像으로만 보려고 했다." 니체는 인간의 이성을 신격화하고 영혼의 독립성과 능력을 과신했던 플라톤 철학과 기독교 사상을 맹렬히 비난했다. "기독교는 대중을 위한 플라톤주의이다." 플라톤이 말하는 이데아나 기독교가 주장하는 바의 천국 같은 것은 존재하지 않는다.

"도덕이란 '생명 현상'이 발생하는 데 따르는 지배 관계에 관한 학설로 이해된다"고 니체는 말한다. 생명 그 자체는 곧 '힘에의 의지意志'이다. 어떤 개인들의 지배적인 '의지'는 집단의 표시인 '계급'을 초월한다. 그들은 쇼펜하우어가 말하는 '자기 보존'에 그치지 않고, 자신의 행복과 사회 공동체의 성취를 동일시한다. "도덕적인 현상이란 존재하지 않는다. 현상에 대한 도덕적인 해석만이 있을 뿐이다. … 의도된 도덕은 선입견이며 경솔함이고, 아마도 일시적인 것일 테고, 따라서 어떤 경우에든 극복되어야만 하는 그 무엇이다." 니체는 소극적인 도덕이 아니라 적극적인 도덕을 강조했다. 기독교에서 말하는 죄의식 대신에 긍지를, 자기연민 대신에 자부심을 가지고 헛된 이상이나 내세를 꿈꾸기보다는 현세의 행복을 추구하는 것이 삶을 사는 바람직한 자세이다. "세계 전체가 그에게서 행복을 빼앗으려 할 경우, 그는 세계 전체에 대항해 싸운다."

니체는 투키디데스와 에픽테토스와 스탕달을 우러러 보았다. 그들은 철저한 현실주의자였으며, '실상을 있는 그대로 정확히 바라보는 안목'을 지니고 있었다고 니체는 평가했다. 니체는 '비할 바 없이 대담하고 생명력이 넘치며 세계를 긍정하는 인간'을 최선의 인물로 보았다. "도덕적 가치의 표시가 어디에서나 먼저 인간에게 붙여지고 나서 비로소 파생되어 행위에 붙여졌다는 점은 명백하다. 고귀한 부류의 인간은 스스로가 가치를 결정하는 자라고 느낀다. 그에게는 타인으로부터 인정받는 게 필요치 않을 것이다. 그는 가치를 창조하는 자이기 때문이다." 반면 니체는 이상주의자들을 가리켜, 그들이 주장하는 바의 '현대적인 이념'이라는 것은 인간의 평등을 내세워 인간을 무능하고 나약한 '무리 집단'으로 전락시킬 뿐이라고 비난했다.

> 전통과 혈통에 대한 깊은 외경^{畏敬} ― 모든 법^法은 이 이중의 외경 위에 서 있다. 조상에게는 관대하게, 그리고 후손에게는 단호하게 대하는 마음가짐과 선입견은 강한 자들의 도덕에서 보이는 전형적인 특징이다. 이에 반하여 '현대적 이념'의 인간이 거의 본능적으로 '진보'나 '미래'만을 중시하고 그들의 '과거'인 나이든 사람에 대한 존경심을 잃어간다면, 이것만으로도 충분히 그들이 주장하는 바의 '이념'의 유래가 고상하지 못하다는 걸 드러내는 것이다.

"미래의 철학자들은 단지 인식하는 것 이상의 것을 해내야만 한다. 그들은 어떤 새로운 존재가 되어야만 하고, 새로운 것을 해석할 뿐만 아니라 새로운 가치를 표현해 내지 않으면 안 된다" ― 이것이 미래의 철학자에 대한 니체의 견해였다.

제임스 조이스가 소설의 형식을 파괴하고, T.S. 엘리엇이 고전적인 시^詩의 형태를 파괴했다면, 니체는 철학 자체를 파괴해 버렸다. 니체가 플라톤의 철학과 기독교 사상에 대해 이의를 제기했다는 것은, 고대 그리스 철학과 중세의 스콜라 철학을 포함하는 모든 철학을 부정^{否定}한다는 것을 의미하기 때문이다. 가치의 전도^{順倒}를 주장하는데 기존의 철학이 무슨 소용이 있겠는가!

적어도 니체는 쇼펜하우어보다는 훨씬 더 진지했다. 이는 다시 말해서, 비관주의가 염세주의보다 더 심오하다는 걸 의미하는 것이다. 니체의 말처럼, "그것이 쾌락주의든 염세주의든 공리주의든 행복지상주의든 관계없이, 쾌락과 고통, 즉 '수반된 상태'나 '부차적인 것'에 의해 사물의 가치를 판단하는" 이러한 모든 사유 방식은 단순하고도 표면적인 사유 방식에 지나지 않기 때문이다.

반면 비관주의는 인간이 무능한 데 대한 깊은 혐오감에서 출발한다. 쇼펜하우어의 염세주의는 삶도 세상도 악^惡이라고 규정하면서 모든 가치를 부정한다. 그러나 니체의 비관주의는, 인간을 가능성이 아니라 도덕의 잣대로만 판단함으로써 인간을 나약하게 만드는 기존의 가치 체계를 대신해서, 인간을 보다 강하고 탁월한 존재로 만들 수 있는 새로운 가치 체계를 조직^{組織}하자고 주장하고 있다는 점에서 염세주의보다 한층 더 긍정적이다. 키에르케고르의 싸움이 권태와의 싸움이었다면, 니체의 싸움은 인간을 나약하고 무능하게 만드는 모든 것과의 싸움이었다.

'신은 죽었다'라는 니체의 선언과 초인^{超人} 사상과 '차라투스트라'라는 존재의 의미와 '영원회귀^{永遠回歸}'라는 과장된 견해를 배제하고서 니체를 대면해 보자. 그러면 어떤 이유로 해서 니체가 슈펭글러나 앙드레 말로 같은 예민한 지성^{知性}을 감동시켰는가를 알게 될 것이다. 니체는 서양 철학자들 중에서는 드물게도 천재였다. 그러나 무엇보다도 중요한 것은 역시 인간미^{人間味}일 것이다. 니체는 진솔한 사람이었다. 칸트와 쇼펜하우어의 철학에서는 문사^{文思}

만이 보일 뿐이지만, 니체를 읽으면 우리는 그의 사상뿐만 아니라 그의 처절한 인생도 함께 엿볼 수 있다. 도덕에 두 가지 종류가 있다고 한다면, 그 하나는 '행위의 도덕'이고, 다른 하나는 '태도로서의 도덕'일 것이다. **아마도 니체는 '행위의 도덕'이 아니라 '태도로서의 도덕'을 강조하려 했던 것 같다.**

월 듀런트는 자신이 저술한 〈철학 이야기〉에서 니체를 거의 정신병자 취급했는데, 실제로 니체가 미치기 일 년 전인 1888년에 씌어진 작품들은 분명히 정신 분열의 징후를 보여준다. 그러나 그의 전성기 때 씌어진 작품들, 예컨대 〈아침놀〉과 〈선악의 저편〉을 읽어보면 얘기가 달라진다. 니체 같은 사상가들을 과소평가한다는 것은, 가치의 전도顚倒까지는 아닐지라도, 새로운 가능성의 가치에 대한 외면을 의미하는 것이다. 인간은 반드시 변해야만 하는 존재이다. 니체의 말처럼, 인간은 아직 '확정되지 않은 동물'이기 때문이다. 변모變貌를 꿈꾸는 일이야말로 인간에게 가능한 최고의 덕목 중에 하나일 것이다.

니체의 철학을 그의 기질과 어투語套의 문제만으로 국한해서 폄하하는 것은 옳지 않다고 본다. 이 점에 관해서는 니체의 사상을 완곡하게 표현한 슈펭글러 역시 같은 결론에 도달하는 것을 볼 수 있다. 니체는 가치의 전도顚倒를 주장했지만, 새로운 가치 체계를 제시하지는 못했다. 다만 니체가 기대했던 세상은 스파르타의 훈육訓育과 아테네의 문화가 병존하는 그런 이상적理想的인 세계였던 것 같다. 그렇다면 그것은 새로운 가치의 발견이 아니라 과거의 가치를 재발견하는 것으로 이해될 수 있을 것이다.

서양 철학은 니체 이후로 더 이상 강력한 철학자를 배출해 내지 못했다. 혹자는 서양 철학을 읽으면서 '명석함은 있으나, 내용은 빈약하다'고 생각할 수도 있다. 그러나 내용만큼 중요한 것이 형식이다. 바로 그 명석함으로 인해서 서양의 합리주의는 태동했고, 그 명석함을 바탕으로 해서 서양의 과학은 경이로운 발전을 거듭해 왔다.

그러나 또 한편으로 독자들은 서양 철학을 읽으면서 이렇게 생각할 것이다. "데카르트의 코기토^{Cogito}나 칸트의 독일 관념론이 우리 인생하고 무슨 관련이 있는가?"라고. 이것은 충분히 현실적인 의문임에 틀림없다. 데이비드 흄 자신부터도 자기가 주장한 철학을 진심으로 받아들이지 않았다. "인식론의 대大 경기競技는 데카르트에서 라이프니츠, 로크, 버클리와 흄을 거쳐 칸트로 이어지면서 근대 철학을 자극하는 동시에 황폐하게 만든 '3백년 전쟁'으로 확대되었다"고 윌 듀런트는 말했다. 그리고 키에르케고르는 헤겔 철학을 비판하면서 다음과 같이 말했다.

모든 체계론자들은 거대한 궁전을 건축하면서 그 곁에 붙어 있는 외양간에서 사는 사람과 비슷하다. 그들은 그들의 위대한 체계적인 구조 속에서 살지 않는다. … 사유思惟의 체계는 존재할 수 있지만, 삶의 체계라는 것은 존재할 수가 없는 것이다.

소크라테스가 역사의 순교자였다면,
공자는 인류의 스승이었다.
공자는 학문을 좋아했고(好學),
옛것을 존중했으며(崇古),
무엇보다도 인간을 사랑했다(愛人).

7

...

공자

공자孔子(B.C.551~479)는 유가儒家의 창시자이면서, 동시에 선비 계급의 창시자였다. 공자는 **예**禮와 **악**樂을 문화文化라고 보았다. 여기서 **예**란 인간관계에서의 예절禮節과 도의道義를 말하는 것이고, **악**이란 소크라테스 시대의 헬라스에서 시가詩歌에 해당하는 것으로, 요즘으로 말하면 문예文藝를 뜻하는 것이다.

묵자墨子는 실천을 강조했다. 그러나 행위는 태도에서 기인하는 것이다. 한 개인과 그 개인의 행위는 불가분의 관계에 있다고 볼 수 있다. 그런데 행위 그 자체만을 놓고 본다면 바라보는 시각에 따라서 선이 될 수도 있고 악이 될 수도 있다. 행위의 기준이란, 입장의 차이를 고려하지 않더라도 지극히 애매모호하기 때문이다. 뿐만 아니라 우연을 배제할 수 없다는 점에서 행위에 대한 판단은 신중을 기하지 않으면 안 된다. 악하기 짝이 없는 사람일지라도 어쩌다 한번쯤은 우연히 선행善行을 행할 수도 있을 것이다. 마찬가지로 평소에 선한 사람이라도 경우에 따라서는 본의 아니게 악행惡行을 저지를 수도 있다. 이런 이유 때문에 아리스토텔레스는 인간의 행위 자체를 불신했고, 니체는 도덕적 가치의 표시가 먼저 인간에게 붙여지고 나서 비로소 파생되어 행위에 붙여졌다는 점을 강조했다.

행위에 우선하는 것이 바로 인간 자신이다. 공자는 묵자와는 달리 태도를 중시해서 **예**를 강조했고, 성품性品을 중시해서 **악**을 강조했다. "**예**는 인간의 외면外面을 다스려 주고, **악**은 인간의 내면內面을 다스려 준다. 따라서 **예**로써 행실을 바로잡고, **악**으로써 화합을 이루어야 한다"는 것이 유가儒家의 근본 사상이었다.

공자의 사상은 〈논어論語〉에 고스란히 담겨져 있다. 그러나 〈논어〉는 공자가 직접 저술한 책이 아니라 그의 제자들이 적어 놓은 공자의 어록語錄이다. 따라서 우리는 소크라테스를 이해하는 방식으로 공자를 이해하지 않으면 안 된다. 다시 말해서, 그의 제자들이 쓴 글을 통해서만 그를 이해할 수 있는 것이다.

옛 사람들 생각에, '글'은 죽은 언어이고, '말'은 살아 있는 언어였다. '글'에 대한 소크라테스의 생각은 이랬다.

살아 있는 말에는 생명력이 있지만, 썩어진 말, 즉 글은 그것의 그림자에 불과하다. 철학자는 책을 통해서가 아니라 대화를 통해서 정신을 단련시키고 지혜를 전달한다. 생각의 단편斷片들을 주워 모아 일부는 더하고 일부는 빼고 하는 식으로 짜깁기하여 자기의 주장을 전달하려고 하는 사람은 시인이나 연설가 혹은 입법자라고 불려야 마땅할 것이다.

그래서 소크라테스는 단 한 줄의 글도 남기지 않았고, 굳이 글을 써야만 했던 플라톤은 대화체對話體 형식을 빌어서 글을 쓸 수밖에 없었다. 그러나 공자 시대 때의 사람들은 아예 언어 자체에 큰 의미를 두지 않았던 것 같다. 〈좌전左傳〉에는 다음과 같이 적혀 있다.

> 가장 좋은 일은 덕을 수립하는 것이고(立德), 그 다음은 공을 세우는 것이며(立功), 그 다음이 주장을 확립하는 것이다(立言).

여기서 말하는 덕德이란 아리스토텔레스가 강조한 지적知的인 덕과는 거리가 먼 것이다. 고대 그리스 철학이 도덕적인 덕에 못지않게 지적인 덕을 중시했다면, 유가儒家 사상은 도덕적인 덕을 보다 중시했다. 요컨대 그들이 꿈꾸었던 것은 철학자哲學者가 아니라 철인哲人이었다. 그들은 스스로 군자君子가 되고자 했던 것이다. 공자 역시 언어(立言)보다는 행실(立德)을 강조했다. 따라서 공자의 사상 체계를 논한다는 것은 쉬운 일이 아니다. 그의 언행言行이 제자들에게는 곧 가르침이었다는 점에서, 공자는 위대한 사상가라기보다는 위대한 스승이었다고 해야 옳을 것이다. 그는 이렇게 말했다.

> 도道에 뜻을 두고, 덕德에 의거하여, 인仁에 의지하며, 예藝에서 노닌다.

굳이 공자의 사상을 논한다면, 이 한마디에 그의 사상이 함축되어 있다고 보는 게 합당할 것이다. 여기서 특히 어질 인仁은 인간의 근본이며, 따라서 예禮의 근본이다. 공자가 말했다.

> 사람이 어질지 못하면 예禮가 무슨 소용이 있겠는가!

사람이 어질지 못하면 악樂이 무슨 소용이 있겠는가!

자하子夏가 공자에게 물었다.

"〈시경詩經〉에 이르기를, '우아한 미소 예쁜 보조개로다! 아름다운 눈동자 흑백이 뚜렷하구나. 새하얀 바탕이라야 색깔을 칠할 수 있다!' 하였는데, 이는 무엇을 말하는 것입니까?"

"채색은 흰 바탕이 있은 연후에야 가능하다는 말이다."

"**예**란 연후에 행한다는 말씀입니까?"

공자는 그렇다고 답했다. 채색은 흰 바탕이 있은 연후에 가능하듯이, "**예**란 어질고 순수한 마음이 바탕이 된 연후에 행하여진다"는 뜻에서 공자는 그렇게 말한 것이다.

인仁에는 정직直이 포함된다. "정직한 사람은 안으로 자신에게 물어보는 사람이고, 부정한 사람은 밖으로 남을 의식하는 사람"이라고 풍우란馮友蘭은 말했는데, 이는 허례虛禮를 경계하는 말이다. 공자는 말했다.

듣기 좋은 말이나 골라서 하고, 보기에 좋게 얼굴빛이나 꾸미는 자들 중에는 어진 이가 드물다. (巧言令色, 鮮矣仁.)

그리고 인仁은 충忠과 서恕를 포함한다. **충**이란 성실한 자세를 말하는 것이고, **서**란 남을 배려하는 마음을 말하는 것이다. 예컨대 충신忠臣이라 함은 사심私心을 버리고 성실한 자세로 임금을 보필하는 신하를 일컫는 말이다. 그러나 **충**은 서보다 미약한 개념이다. 자공子貢이 공자에게 물었다.

"평생 동안 실천할 만한 것을 한마디로 요약한다면 무어라 하시겠습니까?"

"바로 서恕이다! 서란 자기가 싫어하는 것을 남에게 강요하지 않는 것이다."

또 말하기를, "어진 자는 자기가 서고 싶으면 남부터 세워 주고, 자기가 뜻을 이루고 싶으면 남부터 뜻을 이루게 한다. 자신의 처지를 미루어 남의 처지를 헤아리는 것이 인仁을 행하는 방법이다"고 했다.

인仁에는 효孝도 포함된다. 맹자는 "어진 사람이 부모를 버리는 경우란 없다"고 말했는데, 이는 상식에 속하는 사항이다.

번지樊遲가 인仁에 대해서 묻자, 공자가 말했다.

"남을 사랑하는 것이다(愛人)."

안연顔淵이 인仁에 대해서 묻자, 공자가 말했다.

"자기를 극복하고 예를 실천하는 것이다(克己復禮). 하루라도 사심邪心을 떨쳐버리고 예로 돌아간다면 이 세상 누구로부터도 어질다는 말을 들을 것이다. 인仁을 행하는 일이 내게 달려 있지 남에게 달려 있겠는가?"

"그 조목을 말씀해 주십시오."

"예가 아니면 보지도 말고, 예가 아니면 듣지도 말고, 예가 아니면 말하지도 말고, 예가 아니면 움직이지도 말아야 한다."

자장子張이 인仁에 대해서 묻자, 공자가 말했다.

"세상을 살아가면서 다섯 가지를 실천할 수 있으면 그것이 인仁이다."

"그 내용을 말씀해 주십시오."

"공손함(恭), 너그러움(寬), 미더움(信), 민첩함(敏), 은혜로움(惠)이다. 공손하면 남에게 무시당하지 않고, 너그러우면 많은 사람들의 마음을 얻을 수 있고, 미더우면 사람들의 신임을 받게 되고, 민첩하면 공功을 세울 수 있고, 은혜로우면 사람들을 부릴 수 있게 된다."

또한 인仁에는 지혜(智)와 용기(勇)와 의리(義)도 포함된다. 요컨대 인仁

은 공자 사상의 용광로이다. 그러나 어진 자도 **예**를 지켜 행동하지 않으면 다음과 같은 폐단이 따른다.

공손하면서도 **예**가 없으면 수고스럽기만 하고, 신중하면서도 **예**가 없으면 두려움으로 비치게 되고, 용감하면서도 **예**가 없으면 난폭한 사람으로 간주되고, 정직하면서도 **예**가 없으면 각박하다는 말을 듣게 된다.

공자는 "지혜로운 사람은 미혹되지 아니하고(知者不惑), 어진 사람은 걱정하지 아니한다(仁者不憂)"고 했는데, 공자가 말하는 군자君子란 지자知者보다는 인자仁者에 더 가까운 인물이다. 사마우司馬牛가 군자에 관해 묻자, 공자가 말했다.

"군자는 걱정하거나 두려워하지 않는다. 속으로 반성해도 아무 잘못이 없는데, 무엇을 걱정하고 무엇을 두려워하겠느냐?"

그리고 말하기를,

"군자는 의로움을 바탕으로 삼아, **예**로써 행동하며, 겸손하게 자신을 드러내고, 신의로써 뜻을 이룬다. 그래야 군자라 할 수 있다!"고 하면서, 군자에 대한 정의定義를 내렸다.

공자는 군자를 소인과 대비시켜 말하기를 좋아했다.

"군자는 의리에 밝고, 소인은 잇속에 밝다."

"군자는 화합하나 뇌동하지 않고, 소인은 뇌동할 뿐 화합하지 않는다."

"군자는 위로 발전하나, 소인은 아래로 발전한다."

"군자는 자기 탓을 하고, 소인은 남의 탓을 한다."

그리고 군자는 "일에는 민첩하고 말은 신중히 한다"고 했다.

자공子貢이 공자에게 물었다.

"가난해도 아첨하지 않고, 부유해도 교만하지 않으면 어떻겠습니까?"

"괜찮기는 하나, 가난하면서도 **도**를 즐기고, 부유하면서도 **예**를 좋아하는 것만은 못하다."

공자가 자로^{子路}에게 말했다.

"유^由야! 네게 안다는 것에 대해 가르쳐 줄까? 아는 것은 안다고 하고 모르는 것은 모른다고 하는 것이 바로 아는 것이다."

공자는 배우는 것을 누구보다도 좋아해서 제자들에게 이렇게 말하곤 했다.

"세 사람이 같이 길을 걸어가면 그 중에 반드시 내 스승이 될 만한 사람이 있다."

"열 집이 있는 마을이면 충의와 신의에 있어서는 반드시 나만한 사람이 있을 것이나, 나만큼 배우기를 좋아하는 사람은 아마 없을 것이다."

"안다는 것은 좋아하는 것보다 못하고, 좋아한다는 것은 즐겨하는 것보다 못하다."

그리고 진리를 깨우치는 걸 즐기하여 말하기를, "아침에 **도**를 깨달으면 저녁에 죽어도 여한이 없다"고 했다.

자로^{子路}가 귀신^{鬼神} 섬기는 일에 대하여 묻자, 공자가 대답했다.

"사람도 제대로 섬기지 못하는데, 어찌 귀신을 섬길 수 있겠느냐?"

그리고 덧붙여 말하기를, "귀신은 공경하되 멀리하는 것이 지혜이다"라고 했다.

자공^{子貢}이 남을 비방하자, 공자가 말했다.

"자공은 현명한 것인가? 나는 그럴 겨를이 없는데."

또 공자는 이렇게 말했다.

"어찌하면 되는가, 어찌하면 되는가 하고 고민만 하고 노력하지 않는 사람이라면 나도 그를 어쩔 수가 없다."

"배우기만 하고 사색하지 않으면 아둔해지고, 사색만 하고 배우지 않으면 외곬로 빠질 위험이 있다."

"사람이 도를 넓히는 것이지, 도가 사람을 넓히는 것이 아니다."

그리고 말하기를, "누가 문門을 통하지 않고 나갈 수 있겠느냐? 어찌하여 올바른 도를 따르지 않는 것인가?"라고 했다.

그러면서도 한편으로는 융통성을 강조했다.

"중용中庸의 덕은 지극한 것이다."

"지나친 것은 모자라는 것이나 같다."

"꼭 그래야만 한다는 것도 없고, 반드시 그래서는 안 된다는 것도 없다."

또한 공자는 네 가지를 금했는데, 억측하지 말 것(毋意), 독단하지 말 것(毋必), 고집하지 말 것(毋固), 자기를 내세우지 말 것(毋我) 등이 그것이다.

그리고 공자는 피타고라스처럼 습관의 중요성을 강조했다. 습관이 운명을 결정한다. 습관은 삶을 위대하게 만들 수도 있고, 낭비로 가득 찬 인생으로 전락시킬 수도 있다.

> 타고난 품성은 서로 비슷하나, 습관이 서로를 차이 나게 만든다. (性相近也, 習相遠也.)

제齊나라 경공景公이 정치에 대해서 묻자, 공자가 대답했다.

올바른 정치가 행해지기 위해서는, "임금은 임금답고, 신하는 신하답고, 부모는 부모답고, 자식은 자식다워야 합니다." (君君, 臣臣, 父父, 子子.)

이것이 공자가 의도했던 이른바 '정명론正名論'이다. 실상(實)이 명분(名)에 부합해야 한다는 것이 공자의 생각이었다. 그런데 공자의 정명론正名論은 플라톤의 정의론正義論을 연상시킨다. 수호자 계급과 일반시민 계급으로 구분되는 플라톤의 '이상 국가理想國家'에서 정의正義란, "자신의 능력에 어울리는 만큼만 소유하면서 자기에게 주어진 직분에 최선을 다하는 것이다."

계강자季康子가 공자에게 "만약 무도한 자를 죽여서 백성이 올바른 길로 나아가게 한다면 어떻겠습니까?"하고 묻자, 공자가 대답했다.

"정치를 하면서 어찌 살인을 저지르려 하십니까? 공公께서 선善을 추구하면 백성들도 따라서 선해질 것입니다. 군자의 덕은 바람과 같고, 소인의 덕은 풀잎과 같으니, 풀 위로 바람이 불면 풀은 저절로 수그리기 마련입니다."

초楚나라 섭공葉公이 정치에 대해서 묻자, 공자가 대답했다.

"정치란 가까이 있는 사람들은 마음으로부터 따르게 하고, 먼 데 있는 사람들은 흠모하여 찾아오게 만드는 것입니다."

또 공자는 말하기를,

"덕으로 정치를 하는 것은, 비유하자면 북극성은 제자리에 있고 여러 별들이 이를 떠받들며 따르게 하는 것과 같다"고 했다.

공자는 겸양謙讓의 덕을 강조하면서도, 자부심에서 만큼은 결코 소크라테스에 뒤지지 않았다. 소크라테스는 '아테네의 등에'임을 자처했는데, '등에'란 동물의 피를 빨아먹는 곤충을 말한다. 아테네는 거대하고 기품 있는 군마軍馬와 같아서 행동이 둔하고 무딘 탓에 자극이 필요하다고 소크라테스는 생각했고, 자신이야말로 아테네를 위해서 신이 보내준 일종의 '등에' 같은 존재라고 주장했다. 그리고 공자는 자신이 주周나라 문화의 계승자임을 자처했다. 위衛나라 땅 광匡에서 위태로운 일을 당하자, 공자가 말했다.

"문왕文王께서 이미 돌아가셨으나, 그 문화文化는 바로 내게 있지 않느냐? 하늘이 이를 없애려 했다면, 나와 같은 후세인들은 아예 선대의 문물文物을 접할 수도 없었을 것이다. 하늘이 이를 없애려고 하지 않을진대, 광匡 땅 사람들이 감히 나를 어찌하겠느냐?"

또 한 번은 송宋나라 사람 환퇴桓魋가 자신을 죽이려 한다는 말을 듣고, 공자가 말했다.

"하늘이 나에게 덕德을 부여해 주셨거늘, 환퇴가 나를 어찌하겠는가!"

공자는 "지자知者는 동적動的이고, 인자仁者는 정적靜的이다"고 말했는데, 이 문장이 지시하는 바의 내용 속에 서양 철학과 동양 철학의 근본적인 차이점이 함축되어 있다고 볼 수 있다.

또 공자는 말하기를, "옛것을 배워 전하기는 하되, 창작하지는 않는다(述而不作)"[1]고 했고, 자공子貢은 "선생님의 여러 가르침은 들을 수 있었으나, 선생님께서 자연의 이치理致와 만물의 본성本性에 대해 말씀하시는 것은 들을 수 없었다"고 했는데, 이는 창작創作에 열중하고 형이상학적인 문제에 집착했던 서양 철학자들의 입장과 정면으로 배치되는 것이다. 이것은 물론 지적知的 전통의 차이에서 비롯된 것임에 틀림없다. 그러나 언어言語의 성격에서도 기인하는 바가 적지 않았을 것이다.

이를테면, "인仁이란, 사람을 사랑하는 것(愛人)"이고, "앎(知)이란, 다름 아닌 사람에 대해 아는 것(知人)"이라고 공자는 말했는데, 바로 이러한 문사文辭에 한자漢字의 묘미가 함축되어 있다고 볼 수 있다. 그리고 그것은 가장 공자다운 어투語套이기도 했다. 예컨대 이런 식이다.

"問仁?" 子曰, "愛人."

"問知?" 子曰, "知人."

....

1 공자 시대 때의 사람들은 예악(禮樂)과 같은 문물제도(文物制度)는 성인(聖人)이 아니면 창작해서는 안 된다고 생각했다.

지적知的 능력만을 놓고 본다면, 소크라테스는 공자와 비교가 되지 않는다. 누가 보더라도 공자의 박학다능博學多能은 타의 추종을 불허하는 것이었다. 그러나 그것만이 아니었다. 공자는, 소위 말하는 이른바 경지境地에 도달한 인물이었다. 소크라테스가 역사의 순교자였다면, 공자는 인류의 스승이었다.

공자는 학문을 좋아했고(好學), 옛것을 존중했으며(崇古), 무엇보다도 인간을 사랑했다(愛人).

공자가 주나라에서 노자를 만나고 돌아와
제자들에게 말했다.

"나는 새가 잘 난다는 것을 알고, 물고기는 헤엄을
잘 친다는 것을 알며, 짐승은 잘 달린다는 것을 안다.
달리는 짐승은 그물을 쳐서 잡을 수 있고,
물고기는 낚시를 드리워 낚을 수 있고,
날아다니는 새는 화살을 쏘아 잡을 수 있다.
그러나 용(龍)이 어떻게 바람과 구름을 타고
하늘 위로 올라가는지 나는 알 수 없다.
나는 오늘 노자를 만났는데, 마치 용과 같은 존재였다."

_사마천의 〈사기(史記)〉 중 노장신한 열전(老莊申韓列傳) 노자 편에 나오는 내용

공자를 아테네에 비유한다면,
묵자는 스파르타에 비유할 수 있을 것이다.
아테네는 문화 그 자체였다.
그러나 스파르타가 남긴 문화유산은 찾아보기 힘들다.
만일 있다면, 소위 말하는 '스파르타 정신'만이
문화유산으로 남아 있을 뿐이다.

8
⋮

묵자

묵자墨子(B.C.475?~396?)는 묵가墨家의 창시자이다. 유가儒家가 귀족층을 대변했다면, 묵가墨家는 서민층을 대변했다. 묵자의 사상은 지극히 소박하고 실용적이다. 그는 근검절약할 것을 주장했고(節用), 장례는 간소하게 치러야 한다고 주장했으며(節葬), 음악은 낭비가 심하고 쓸모없다 하여 배격했다(非樂). 또한 묵자는, 차별을 두지 않고 사람들을 평등하게 사랑하는 것이 모든 것의 근본이라고 주장했고(兼愛), 이웃 나라를 공격해서는 안 된다고 주장했으며(非功), 귀신의 존재를 인정했다(明鬼).

묵자의 사상은 '군사부일체君師父一體'라 하여 유가儒家가 내세웠던 절대적 가치를 부정하면서부터 시작된다. 우선 묵자는 법도法道가 없이는 세상이 바로 설 수가 없다고 말한다. 그렇다면 무엇으로 천하를 다스리는 법도를 삼으면 좋을까? 흔히들 부모를 본받아야 한다고 말한다. 그러나 천하에 부모 노릇을 하는 사람은 많지만 어진 이는 드물다. 만약 저마다 자신들의 부모를 본받는다면, 이는 어질지 않음을 본받는 것이 된다. 어질지 않음을 본받아서 법도로 삼을 수는 없는 일이다.

만약 모두가 자신의 스승을 본받는다면 어떻게 될까? 천하에 스승 노릇을 하는 사람은 많지만 어진 이는 드물다. 만약 모두가 자신들의 스승을 본받는다면, 이는 어질지 않음을 본받는 것이 된다.

부모나 스승을 본받을 수 없다면 모두가 너나 할 것 없이 자신들의 임금을 본받으면 어떠할까? 천하에 임금 노릇을 하는 사람은 많지만 어진 이는 드물다. 만약 모두가 그의 임금을 본받는다면, 이는 어질지 않음을 본받는 것이 된다. 어질지 않음을 본받아서 법도로 삼을 수는 없는 일이다. 그러므로 부모와 스승과 임금을 나라를 다스리는 법도로 삼아서는 안 된다고 묵자는 주장한다.

그렇다면 무엇으로 나라를 다스리는 법도를 삼으면 좋을까? "하늘(天)을 법도로 삼는 것보다 더 좋은 것은 없다"고 묵자는 말한다. 하늘의 운행은 광대하면서도 사사로움이 없고, 그 광채는 장구長久하면서도 쇠하지 않으며, 베푸는 은혜는 두터우면서도 은덕으로 내세우지 않는다. 그러므로 성왕聖王께서는 하늘을 법도로 삼았던 것이다. 하늘을 법도로 삼으면 자신이 하는 행동과 하는 일은 반드시 '하늘의 뜻(天志)'을 따르게 될 것이다. 하늘이 바라는 것이면 행하고 하늘이 바라지 않는 것이면 그만둔다.

그렇다면 하늘은 무엇을 바라고 무엇을 바라지 않는가? 하늘은 사람들이 서로 사랑하며 서로 이롭게 하는 것을 바라고, 서로 미워하며 서로 해치는 것을 바라지 않는다. 무엇을 근거로 하늘이 서로 사랑하며 서로 이롭게 하는 것을 원하고 서로 미워하며 서로 해치는 것을 원하지 않는다는 걸 아는가? 하늘이 모든 것을 아울러 사랑하고 아울러 이롭게 하는 것으로써 알 수 있다. 무엇을 근거로 하늘이 일체의 사물을 사랑하고 이롭게 하는지를 알 수 있는가? 하늘이 천지만물을 아울러 보존하고 아울러 먹여 살리는 것으로써 알 수 있다.

하늘은 남을 사랑하고 이롭게 하는 사람에게는 반드시 복을 내리지만, 남을 미워하고 해치는 자에게는 반드시 재앙을 내린다. 무슨 근거로 그렇다는 것을 아는가? 옛날의 성왕聖王들과 폭군暴君들의 삶을 비교해 보면 알 수 있다. 성왕으로 일컬어지는 하나라의 우禹임금, 은나라의 탕湯임금, 주나라의 문왕文王·무왕武王 같은 분들은 위로는 하늘을 섬기고 아래로는 백성들을 사랑하여 이롭게 하는 일이 많았다. 그러므로 하늘은 그들에게 복을 내려 천자天子의 자리에 오르게 했고, 천하의 제후諸侯들을 거느리게 했다. 반면 폭군으로 일컬어지는 하나라의 걸왕桀王, 은나라의 주왕紂王, 주나라의 유왕幽王·여왕厲王 같은 이들은 위로는 하늘을 욕되게 하고 아래로는 백성들을 미워하여 해치는 일이 많았다. 그러므로 하늘은 그들에게 화禍를 내려 마침내는 그들의 나라들을 잃게 했고 목숨마저도 앗아갔다.

하늘은 이처럼 상벌賞罰로써 사람을 다스리는 것이다. 이는 하늘이 사람을 사랑하시기 때문이다. 무고한 사람을 죽이는 자는 누구인가? 바로 사람이다. 사람에게 재앙을 내리는 존재는 누구인가? 바로 하늘이다. 만약 하늘이 천하의 백성을 사랑하지 않는다면 어째서 사람끼리 서로 죽이고 해친다고 해서 재앙을 내리겠는가? 이로써 하늘이 천하의 백성을 사랑한다는 것을 알 수 있는 것이다.

하늘은 또한 무엇을 좋아하고 무엇을 싫어하는가? 하늘은 의로움을 좋아하고 불의不義를 싫어한다. 그렇다면 무엇으로 하늘이 의로움을 좋아하고 불의를 싫어한다는 것을 알 수 있는가? 의로움이 있으면 살아남고 의로움이 없으면 죽임을 당하게 되며, 의로움이 있으면 부유해지고 의로움이 없으면 가난해지며, 의로움이 있으면 다스려지고 의로움이 없으면 어지러워지기 때문이다. 이것이 바로 하늘이 의로움을 좋아하고 불의를 싫어한다는 걸 아는 근거가 되는 것이다. 하늘의 뜻이 의로움의 기준이다.

천자天子란 천하에서 가장 고귀한 존재이다. 그러나 천자도 자기 마음대로 정치를 해서는 안 되며, 하늘이 있어 그를 다스린다. 하늘은 천자가 선善을 행하면 상을 주고, 포악한 짓을 하면 벌을 내린다. 그래서 예로부터 천자와 천하의 백성들은 제물과 젯밥과 술과 감주를 마련하여 하느님(上帝)과 귀신에게 제사를 지내 온 것이다. 천자가 하늘에 복을 빌었다는 말은 들어본 적은 있으나, 하늘이 천자에게 복을 빌었다는 말은 들어본 일이 없다. 그래서 하늘이 천자와 천하의 백성들을 다스리고 있다는 걸 아는 것이다.

성인聖人이란 천하를 다스리는 일을 하는 사람이다. 혼란이 어디에서 일어나는지를 반드시 알아야만 천하를 다스릴 수 있고, 혼란이 일어나는 까닭을 알지 못하면 천하를 다스릴 수가 없는데, 비유를 들자면 마치 의원이 사람의 병을 고치는 이치와 같다. 일찍이 살펴보건대 어디에서부터 혼란이 야기되고 있는가? 서로가 사랑하지 않는 데서 야기된다. 신하와 자식이 자기만을 사랑하고 자신의 임금과 부모를 사랑하지 않기 때문에 어긋나는 짓을 저지르게 되고, 그래서 혼란이 일어나는 것이다. 어째서 그런가? 남을 해치면서 자신을 이롭게 하기 때문이다. 이는 어째서인가? 서로가 서로를 사랑하지 않기 때문이다. 남 사랑하기를 자기 몸 사랑하듯이 한다면, 세상 어느 누가 도리에 어긋나는 짓을 저지르겠는가? 온 천하 사람들 모두가 아울러 서로 사랑하게 되면 세상이 바로 서고, 서로 미워하면 세상이 어지러워진다. 그래서 묵자가 말하기를, "남을 사랑하라고 권하지 않을 수 없다"고 한 것이다.

남 보기를 나를 보듯이 한다면 남을 해치지 못할 것이다. 반면 남 보기를 나를 보듯이 하지 않는다면 남을 해치게 될 것이다. 마찬가지로 남의 나라를 내 나라 보듯이 한다면 남의 나라를 공격하지 못할 것이고, 남의 나라를 내 나라 보듯이 하지 않는다면 남의 나라를 공격하게 될 것이다. 이는 어째서인 가? 차별을 두기 때문이다. 그래서 묵자가 말하기를, "차별을 두는 것은 그 릇된 짓이다"라고 한 것이다.

천하의 어진 사람들은 자신이 하고자 하는 일의 목표를 세상에 이익을 가져다주고 폐해를 제거하는 데 둔다. 그렇다면 천하의 이익이란 무엇이고 천하의 폐해란 무엇인가? 차별을 두지 않고 서로가 서로를 사랑하며 이롭게 하는 것이 천하의 이익이고, 차별을 두어 서로가 서로를 미워하며 해치는 것 이 천하의 폐해이다. 필요와 이익이 모든 사물의 존재 근거가 된다고 묵자는 말한다. 겸애주의는 이익을 가져다주기 때문에 필요한 것이다. 반면 차별주 의는 해악을 초래하기 때문에 배척되어야 마땅하다. 그래서 묵자가 말하기 를, "겸애주의로 차별주의를 대신한다(兼以易別)"고 한 것이다.

그러나 천하의 군자들은 말하기를,

"그렇다. 차별을 두지 않고 모두를 아우른다는 것은 훌륭한 일이다. 그러 나 실행으로 옮길 수 없는 일이니, 비유를 들자면 마치 태산泰山을 겨드랑이 에 끼고 황하黃河나 장강長江을 뛰어 건너는 것과 같다"고 하며, 겸애주의를 비 현실적인 것으로 간주했다.

이에 묵자가 답하였다.

"그것은 합당한 비유라고 볼 수 없다. 예로부터 지금에 이르기까지 태산 泰山을 끼고서 황하黃河나 장강長江을 건너뛸 정도로 재빠르고 힘이 있는 자는 아무도 없었다. 이는 모두를 평등하게 사랑하고 모두를 이롭게 하는 것과는 다른 것이다. 모든 이를 차별을 두지 않고 이롭게 하는 것은 옛날 성왕들께서 이미 행하시던 일이었다."

또한 천하의 선비들 가운데 이런 말을 하는 자가 적지 않다.

"훌륭한 일이기는 하다. 그러나 어찌 실천할 수가 있겠는가? 남의 부모
는 남의 부모이고, 내 부모는 내 부모이다. 어떻게 남의 부모를 차별을 두지
않고 내 부모와 똑같이 대할 수 있겠는가? 이는 인지상정人之常情에 맞지 않는
것이다."

그러나 묵자는 말하였다.

"실천할 수 없는 일이라면 나 역시도 마다할 것이다. 그러나 어찌 좋은
일인 줄 알면서도 실천하지 않을 수 없는 게 있겠는가?"

또한 전쟁을 옹호하는 사람들은 이렇게 주장한다.

"남쪽으로는 초나라와 오나라의 임금을 보고, 북쪽으로는 제나라와 진
나라의 임금을 보면, 그들이 처음에 임금으로 봉해졌을 때 토지는 수 백리에
불과했고 백성들은 수십만에 지나지 않았다. 그러나 이웃 나라를 공격하고
전쟁을 거듭하여 토지는 수 천리에 이르게 되었고, 백성들은 수백만 명에 이
르게 되었다. 그러므로 이웃 나라를 공격하여 정벌하는 것이 반드시 나쁜 일
이라고만 볼 수 없다."

그러나 묵자는 말하였다.

"옛날 천자께서 처음에 제후로 봉했던 사람들은 만여 명이 넘었다. 그러
나 지금은 다른 나라들을 합병했기 때문에 만여 개의 나라들이 모두 멸망하
고 네 나라만이 남게 되었다. 이것은 비유를 들자면, 마치 의원이 만 명이 넘
는 환자에게 약을 주어 병을 치료했는데 단 네 사람만이 나았다는 것과 같은
예이다. 이는 올바른 치료 방법이라고 할 수 없을 것이다."

성인聖人이 한 나라의 정치를 맡으면 국가의 역량을 배로 늘릴 수 있다. 그
가 나라의 부富를 배로 늘리는 것은 밖에서 땅을 빼앗다가 늘린다는 의미

가 아니다. 절용節用을 실행함으로써 나라를 두 배로 부유하게 만드는 것이다. 옛날의 성왕들은 비용만 많이 들고 백성들의 이익에 보탬이 되지 않는 일은 하지 않으셨다.

집을 지을 줄 몰랐을 때 옛날 백성들은 언덕에 굴을 파고 살았다. 그래서 성왕께서 세상에 나와 집을 지어주셨던 것이다. 집을 짓는 방법은 이랬다. 집의 높이는 습기를 피하기에 충분한 정도이고, 가장자리의 벽은 바람과 추위를 막기에 충분한 정도이며, 지붕은 눈·서리·비·이슬을 막기에 충분한 정도이고, 담의 높이는 남녀가 예의를 지키기에 충분한 정도였다. 그러나 지금의 임금이 집을 짓는 방법은 이와 다르다. 백성들로부터 재물을 함부로 거둬들여 궁실과 누각을 이리저리 모양을 내어 화려하게 짓고 온갖 색칠을 하며 조각으로 장식을 한다. 임금이 자신의 집을 이와 같이 지으니 신하들도 하나같이 임금을 본뜨게 된다. 임금과 신하들이 그러하다보니 나라는 가난해지고 백성들은 피폐해져 다스리기가 어렵게 되는 것이다.

의복을 만들 줄 몰랐을 때 옛날 백성들은 짐승 가죽을 옷 대신 입었고 마른 꼴풀로 띠를 둘렀다. 성왕께서는 이것이 인정人情에 맞지 않는다고 생각하여 부인들에게 실을 짜서 무명과 비단 천으로 백성들의 옷을 짓게 하고 의복의 법도를 마련하였다. 겨울에는 비단으로 만든 속옷을 입어 편하고도 따스했으며, 여름이면 굵고 가는 베로 지은 속옷을 입어 가벼우면서도 시원했다. 성왕께서 처음으로 의복을 마련하실 적에는 몸에 편하고 살갗에 쾌적한 것으로 만족하였지, 화려하게 차려입고 어리석은 백성들에게 뽐내려고 했던 것이 아니었다.

음식을 요리할 줄 몰랐을 때 옛날 백성들은 날것을 그대로 먹었고 제각기 따로따로 흩어져 살았다. 그래서 성인聖人께서 세상에 나와 남자들을 한데 모아놓고 밭을 갈고 씨를 뿌려 심게 하고 수확하는 법을 가르쳐 백성들의 양식을 마련하도록 하였다. 이는 음식으로 허기를 채워주어 배를 부르게 하고, 기운을 북돋아 주어 몸을 튼튼히 하기 위함이었다. 그러나 지금은 그렇지 않다. 백성들에게 재물을 거둬들여 소·양·개·돼지고기를 찌고 굽게 하고, 물고기나 자라까지 잡아다가 음식을 장만한다. 큰 나라는 백 개의 음식그릇을 상 위에 늘어놓고, 작은 나라는 열 개의 음식그릇을 늘어놓는다. 눈으로는 이를 다 볼 수가 없고, 손으로는 이를 다 만질 수가 없으며, 입으로는 이를 다 맛볼 수도 없다. 겨울에는 남은 음식이 얼어붙고 여름이면 쉬어빠져 못 먹게 된다. 임금이 이러하니 신하들도 본받는다. 양식은 나라의 보배이고, 병력은 나라의 발톱이며, 성곽은 나라를 지키는 수단이다. 이 세 가지는 나라의 용구^{用具}이다. 나라에 삼년 치 양식이 없으면 나라라고 하더라도 그의 나라가 아니다. 집안에 삼년 치 양식이 없으면 자식이 있다 해도 그의 자식이 아니다.

임금과 신하들이 사치를 즐기면 즐길수록 백성들은 헐벗고 굶주리게 된다. 그래서 백성들이 간사^{奸邪}해지는 것이다. 백성들이 간사해지면 형벌^{刑罰}이 일반화되고, 형벌이 일반화되면 나라가 어지러워진다. 절용^{節用}은 성왕의 도^道이며 천하의 이익이 되는 것이다.

그리고 군자의 도^道란 가난해도 청렴함을 보여주고, 부유해도 의로움을 보여주며, 살면서는 사랑을 보여주고, 죽음 앞에서는 슬픔을 보여주는 것이다. 선비에게는 학문이 있다고 하지만 실천을 근본으로 삼는다. 상^喪을 치름에는 예의가 있다고 하지만 슬픔을 근본으로 삼는다. 그러나 천하의 선비들이 상^喪을 치르는 것을 보면 슬픔을 근본으로 삼지 않고 형식에만 치우쳐 보기에 안쓰러울 정도이다. 실제로 그들의 치상^{治喪}은 어떠한가? 곡^哭을 함에 있어서는 소리 내고 흐느끼는 것이 보통 때와는 달라야 하며, 거친 삼베옷을 걸치고 삼베 띠를 머리와 허리에 두르고 움막에 거처하면서 거적자리 위에서 흙덩이를 베고 잠을 자야 하고, 억지로 먹지 않고 굶주리며, 옷은 일부러 얇게 입고 추위를 견뎌야 한다. 그렇게 며칠을 하다 보면 얼굴은 앙상히 여위고 낯빛은 검어지며, 귀와 눈은 흐릿해져 보고 듣는 것도 힘들어지고, 손발은 힘을 쓰지 못해 아무 일도 할 수 없게 된다. 남의 부축을 받아야만 일어설 수 있고 지팡이를 짚어야만 걸음을 옮길 수 있다. 이렇게 3년을 계속한다.

임금이 죽으면 3년 동안 복상服喪을 하고, 부모가 죽어도 3년 동안 복상을 하며, 처와 맏아들이 죽어도 3년 동안 복상을 한다. 그 외에도 백부와 숙부, 그리고 형제들과 자식들이 죽어도 1년을 복상해야 하고, 가까운 친족들이 죽어도 몇 달씩 복상을 해야 한다. 이래서는 집안이 가난해질 수밖에 없을 것이다. 뿐만 아니라 남녀의 교제도 끊겨 인구는 줄게 될 것이고, 따라서 나라가 부강해지는 것은 기대할 수 없게 된다.

천하의 선비들은 후장厚葬과 구상久喪이야말로 성왕의 도道라고 주장한다. 그러나 묵자는 그렇지 않다고 말한다. 옛날에 요堯임금을 장사지낼 때 수의壽衣는 세 벌이었고, 닥나무 관을 칡덩굴로 묶었으며, 하관下棺을 한 뒤에야 곡哭을 했고, 봉분封墳이 없이 구덩이만 흙으로 메워 매장이 끝나자 소와 말들이 그 위에서 놀았다. 순舜임금을 장사지낼 때도 역시 수의는 세 벌이었고, 닥나무 관을 칡덩굴로 묶었으며, 매장이 끝나자 저자 사람들이 그 위에서 놀았다. 우禹임금의 경우도 수의는 세 벌이었고, 세 치 두께의 오동나무 관을 칡덩굴로 묶었으며, 구덩이는 관이 들어갈 수 있을 만큼만 얕게 팠지 깊게 파지는 않았다. 땅의 깊이는 아래로는 지하수에 닿지 않도록 했고, 위로는 냄새가 나지 않을 정도로 했으며, 매장이 끝난 뒤에는 구덩이를 덮고 남은 흙을 모아 봉분을 만들었는데 넓이는 세 이랑을 넘지 않았다.

부모의 상喪을 3년 동안이나 치러야 하는 이유에 대해, 공자는 "자식은 태어나서 3년이 지나야 비로소 부모의 품에서 벗어난다. 그래서 삼년상三年喪

은 세상의 합의된 예의이다"라고 말했다. 부모의 품에서 벗어나는 데 3년이 필요했듯이, 부모를 떠나보내는 데 역시 3년이 필요하다는 의미에서 공자는 그렇게 말한 것이다.

이에 대해 묵자가 말하였다.

"어린아이의 지혜는 오직 부모를 사모할 줄만 안다. 그래서 부모가 옆에 없을 때는 계속 울기만 하는데, 그 이유가 무엇 때문이겠는가? 생각이 모자라기 때문이다. 그렇다면 유자儒者들의 지혜가 어찌 어린아이의 지혜보다 낫다고 할 수 있겠는가?"

묵자는 귀신의 존재를 인정했다. 묵자에 따르면, 귀신은 하느님(上帝)과 마찬가지로 상벌賞罰로써 인간을 다스린다. 그럼에도 묵자는 운명론運命論을 인정하지 않았다. "운명이 있다고 주장하는 자들은 어질지 못한 자들이다"라고 묵자는 말한다. 운명론은 위로는 하늘에 이롭지 못하고, 중간으로는 귀신에게 이롭지 못하며, 아래로는 사람들에게 이롭지 못하다. 운명론은 인간의 노력을 부정하기 때문이다. 이는 세상의 의로움을 뒤엎는 것이다. 그러면 어찌해야 하는가? "반드시 표준을 세워야 한다"고 묵자는 말한다. 묵자에 따르면 표준에는 세 가지가 있는데, 우선은 근본이 되는 게 있어야 하고, 근원이 되는 게 있어야 하며, 실용을 증명하는 것이 있어야 한다. 그렇다면 무엇에다 근본을 두어야 하는가? 하늘의 뜻(天志)과 성왕의 행적에 근본을 둔다. 무엇에서 근원을 찾아야 하는가? 세상 사람들이 보고 들은 사실에서 근원을 찾아야 한다. 무엇으로 실용을 증명하는가? 그것을 실행하여 백성들의 이익에 부합하는가를 확인하는 것으로 실용을 증명한다.

옛날 걸桀이 어지럽혔던 것을 탕湯임금이 다스렸고, 주紂가 어지럽혔던 것을 무왕武王이 다스렸다. 세상이 바뀌지 않고 백성이 달라지지 않았는데도 윗사람이 하는 정치가 바뀜으로써 백성들이 교화되고 세상이 바로 서게 된 것이다. 그런데 어찌 운명 같은 것이 있다고 주장하는가? 운명이 있다고 주장하는 것은 천하에 해害가 되는 것이다. 그래서 묵자가 말하기를, "운명이 있다고 하는 것은 포악한 임금이 지어내고 궁한 사람들이 얘기한 것이지 어진 사람의 말이 아니다"고 한 것이다.

그리고 묵자는 음악(樂)이 백성들의 생활에 도움이 안 된다고 여겨, "음악을 연주하는 것은 그릇된 일이다"고 하였고, 성인聖人이 아니더라도 백성들에게 도움이 되는 것이면 문물文物을 창작創作해야 한다고 주장했으며, 유자儒者들이 고복고언古服古言하는 것을 비난했다. 이는 유가儒家를 비판한 것이다.

공자는 이렇게 말했다.

> 실질(내용)이 형식에 비해 두드러지면 거칠어지고, 형식이 실질에 비해 두드러지면 모양새만 좋아진다. 형식(文)이 실질(質)과 잘 어우러져야 군자라 할 수 있다. (文質彬彬, 然後君子.)

그러나 묵자는 이렇게 말했다.

> 실질(質)을 앞세우고 형식(文)은 뒤로하는 것, 이것이 바로 성인聖人의 업무이다. (先質而後文, 此聖人之務.)

묵가墨家는 피타고라스 학파를 연상시키는데, 묵자의 사상이 철학적이라기보다는 종교적인 가르침에 더 가깝기 때문일 것이다. 그들은 절제를 미덕으로 삼아 정해진 규율에 따라 한 몸처럼 행동했다. 그러나 행위의 준칙을 정하는 것은 철학의 일이 아니다.

묵자의 겸애설兼愛說에 이의를 제기할 사람은 없을 것이다. 비공론非攻論은 물론이고 절장節葬에 대해서도 마찬가지일 것이다. 그러나 묵자가 의도하는 바의 절용節用은 지나친 것으로 간주됐다. 순자荀子는 묵자를 비판하면서, "그는 실용(用)에 가로막혀 형식(文)의 가치를 몰랐다"고 했고, "통일적인 체계는 확립했으나 다양성은 간과했다"고 평가했다. 그리고 〈장자莊子〉는 이렇게 말했다.

묵가墨家는 너무 지나치게 실천했고, 너무 고지식하게 추구했다. 그들은 음악(樂)을 배격하면서 절용節用을 명분으로 삼았다. 살아서는 노래를 부르지 않았고, 사람이 죽어도 복상服喪을 하지 않았다. 묵자는 모든 사람들을 평등하게 사랑하고, 서로 싸워서는 안 된다고 주장했다. 그의 사상에는 분노가 없었다. 그는 학문을 좋아하여 해박했고, 기이한 주장은 하지 않았으나 선왕先王의 가르침에는 동조하지 않았으며, 예악禮樂의 가치를 부정했다. … 그러나 이러한 법도를 다른 사람에게 가르치는 것은 진정 그 사람을 사랑하는 것이 아니며, 이러한 법도를 스스로 실행하는 것은 정녕 자신을 사랑하는 것이 아니다. … 묵자의 도道는 실천에 옮기기에는 실로 어려운 것들이었다. 그리고 너무나도 각박하여 사람들을 근심케 만들었고 한편으로는 서글프게 했다. 살아서는 고생이요, 죽어서는 쓸쓸했다. 그러므로 필경 성인聖人의 도道라고는 할 수 없을 것이다. 이는 세상 인심에 반反하기 때문에 사람들은 감당하지 못한다. 묵자 자신은 감내할 수 있을지 몰라도 세상 사람들은 어찌하란 말인가? 세상의 인심과 동떨어진 이상, 왕도王道로부터도 심히 동떨어진 것이다.

묵자의 예술관藝術觀은 플라톤의 그것과 유사하다. 묵자는 예술을 사치로 보았고, 플라톤은 예술을 인간을 나약하게 만드는 해악害惡으로 보았다. 이것은 문화에 대한 몰이해에서 비롯된 것이다. 실제로 플라톤은 자신이 저술한 〈국가〉에서 당시 아테네에 기존하던 문화의 본질 자체를 바꾸려고 의도했다. 그 목적은 나약한 아테네 시민들을 강인하게 만들어 전쟁에서 승리하는 데 있었다. 플라톤의 〈국가〉에서는 그 당시 문화의 주류主流로 인정되던 호메로스와 아이스킬로스의 시詩조차도 상당 부분 허용되지 않았다. 음악(詩歌)의 경우도 마찬가지였다. 시민들에게 용기를 북돋아줄 수 있는 음악은 장려했으나, 시민들을 나약하게 만드는 음악은 금지했다. 한편 묵자는 음악(樂) 자체를 배격했다. 뿐만 아니라 모든 조형예술造形藝術, 장식裝飾, 최저 수준을 넘는 의식주衣食住 등을 사치로 보고 배격했다. 이래서는 예술이 들어 설 여지가 없을 것이다. 니체는 프랑스인들의 '예술을 위한 예술'에 대한 열정까지도 높이 샀다. 예술에 목적이란 없기 때문이다.

공자를 아테네에 비유한다면, 묵자는 스파르타에 비유할 수 있을 것이다. 아테네는 문화 그 자체였다. 그러나 스파르타가 남긴 문화유산은 찾아보기 힘들다. 만일 있다면, 소위 말하는 '스파르타 정신'만이 문화유산으로 남아 있을 뿐이다.

노자가 말하는 도道란, 플라톤의 이데아, 스피노자의
실체實體, 칸트의 물자체物自體와 유사한 개념이거나
이들 모두를 포함하는 개념이다. 플라톤의 최대 업적이
'이데아'라고 하는 보편 개념을 창안한 데 있었다면,
노자의 최대 업적은 '도道'라고 하는
보편 개념을 제시한 데 있다고 말할 수 있을 것이다.

9

…

노자

노자老子는 기원전 500년경의 인물로 도가道家의 창시자이다. 노자는 도道와 덕德에 대해 말했다. 따라서 그가 지은 텍스트를 〈노자 도덕경老子道德經〉이라 한다.

　노자가 말하는 도란, 플라톤의 이데아, 스피노자의 실체, 칸트의 물자체物自體와 유사한 개념이거나 이들 모두를 포함하는 개념이다. 한비자韓非子에 따르면, 도란 만물의 본래적인 모습, 즉 실체를 나타내는 말이다. 원리가 사물을 구성하는 형식이라면, 도는 만물 생성의 근본이 되는 법칙이다. 따라서 도란 만물이 생성되는 원리의 총체이다.

　마찬가지로 이데아란 사물 자체의 본모습을 나타내는 것으로, 결과가 아니라 원인이 되는 것이고, 따라서 신적神的이며 참되고도 영원하다. 반면 우리가 바라보는 현실 세계는 감각을 통해서 알게 되는 가시적인 세계로 그림자와도 같은 것이다. 노자는 무위無爲에 가치를 두고 인위적人爲的인 모든 노력은 헛된 것이라고 귀결지었다. 무위의 세계는 이데아, 즉 지성知性에 의해서 파악될 수 있는 가지적可知的인 세계이다. 반면 허무虛無는 감각을 통해서 알게 되는 가시적可視的인 세계의 특징을 나타낸다. 노자가 말했다.

도라고 일컬어지는 도는 진정한 도가 아니다. (道可道, 非常道.)

왜냐하면 도란 사물事物이 아니기 때문이다. 도는 사물의 원인이 되는 것이다. 따라서 도는 인식의 대상이 될 수 없다. 칸트에 따르면, 물자체物自體는 지각知覺의 원인이 되는 것으로 분명히 존재하기는 하나 인식할 수는 없다. 그것은 시간과 공간 속에 존재하는 것이 아니기 때문이다. 마찬가지로 도는 실체를 나타내지만 도의 실체가 어떤 것인지 우리로서는 알 수 있는 방법이 없다. 다만 우리는 도를 인식하는 우리들의 방식을 알 수 있을 뿐이다. 노자가 생각하는 도란 이런 것이다.

"태초의 혼돈 속에서 생겨나, 하늘과 땅보다도 앞서 존재하는 것이 있다. 고요하고 텅 빈 채, 천지만물로부터 독립해 홀로서만 영원불멸하며, 두루 세상에 작용하면서도 그치는 법이 없으니, 가히 천하의 모체母體라 할 만하다. 나는 그 이름을 알지 못하나, 군이 자字를 붙여 도道라 명명했다."

여기서 말하는 의미의 도는 스피노자가 말하는 신神과 여러모로 동격同格이다. 스피노자에 따르면, 신만이 유일무이한 실체이다. 따라서 "오직 신만이 홀로 '자기 원인'이다. 자연 안에는 실체實體와 그것의 변용變容인 양태樣態 이외에 아무것도 존재하지 않는다. 양태는 실체가 아니라 실체가 변용되어

나타나는 한시적인 현상이다. 반면 실체는 필연적으로 무한하다. 유한하다는 것은 '시초를 지닌' 어떤 사물에 대한 부분적 부정이고, 무한하다는 것은 '시초를 지니지 않는' 영원한 존재에 대한 절대적 긍정이다."

만물은 제각기 번성하나, 결국에는 저마다의 근본으로 되돌아 간다. 근본으로 되돌아 가는 것을 이른바 정靜이라 하는데, 이것을 일컬어 '운명에 순종하는 것(復命)'이라 말한다. 운명에 순종하는 것을 일컬어 '영원불변하는 법칙(常)'을 따르는 것이라 하고, 영원불변하는 법칙을 아는 것을 명明이라 한다. '진리를 깨닫는다'는 것이 바로 이를 두고 한 말이다. 영원불변하는 진리를 깨닫지 못하면 망령된 짓을 저지르게 된다. 반면 이것을 깨달으면 모든 것을 포용하게 되고, 포용하면 공평무사하게 되고, 공평무사하면 천하의 왕자王者가 될 자격이 있다. 천하의 왕자王者가 되면 하늘과 부합하게 되고, 하늘에 부합하면 도와 부합하게 되며, 도에 부합하면 영원불멸할 수 있으니, 평생토록 위태롭지 아니하다.

노자가 말하는 도의 성격은 남성적이라기보다는 여성적이다.

"골짜기의 신(谷神)은 죽지 않으니, 이를 일러 현묘玄妙한 암컷이라 한다."

"수컷의 강함(雄性)을 알고서 암컷의 연약함(雌性)을 지키면 천하의 만물이 귀착하는 골짜기와 같은 존재가 된다. 골짜기와 같은 존재가 되면 변함없는 덕이 그에게서 떠나지 않게 되어 어린아이와 같은 상태로 되돌아가게 된다."

한편 노자는 배우는 행위 자체를 인위적인 것이라 보고 학문의 가치를 부정했다.

"배운다는 것은 날로 더하는 것이요, 도를 깨우친다는 것은 날마다 덜어내는 것이다. 덜어내고 또 덜어내어 무위無爲에 이르게 되면, 늘 무사無事하여 하는 일은 없으나 이루어지지 않는 것이 없게 된다. … 그러므로 나는 무위가 유익한 것임을 아는 것이다."

노자의 철학은 '역설逆說의 철학'이다.

"귀한 것은 천한 것을 근본으로 삼고, 높은 것은 낮은 것을 기초로 삼는다."

"복귀는 도가 지향하는 목표이다(反者道之動)."

"작위作爲하는 자는 그르치고, 집착하는 자는 상실한다."

"자애롭기 때문에 용감할 수 있고, 검약하기 때문에 널리 베풀 수 있으며, 감히 남 앞에 나서려 하지 않기 때문에 만인의 우두머리가 될 수 있다."

"숭고한 덕(上德)은 마치 계곡처럼 낮아 보이고, 광대한 덕(廣德)은 부족한 듯 보이며, 바탕이 참된 것은 더러운 듯이 보인다."

"천하에 규제와 금령이 늘어나면 늘어날수록 백성들은 더욱 더 빈궁해지고, 문명의 이기利器가 많아지면 많아질수록 국가는 더욱 더 혼란스러워지며, 사람들의 기술이 공교로워질수록 유해한 기물은 더욱 더 많아지고, 법령이 정비되면 될수록 도적은 더욱 더 늘어난다."

그리고 노자의 철학은 '유약柔弱의 철학'이다. 노자는 이렇게 말했다.

> 사람이 살아 있을 적에는 부드럽고 연약하지만, 죽고 나서는 단단하게 굳고 강해진다. 만물초목들도 살아 있을 적에는 부드럽고 여리지만, 죽고 나서는 말라서 뻣뻣해지기 마련이다. 굳고 강한 것은 죽음의 무리이고, 부드럽고 약한 것은 삶의 무리이다. 그래서 군대가 강하기만 하면 오히려 멸하고, 나무가 곧고 단단하면 꺾여서 부러지는 것이다. 강대强大한 것이 아래쪽에 위치하고, 유약柔弱한 것이 위쪽에 위치한다.

도의 작용은 약하디 약한 것이다(弱者道之用). 그러나 "세상에서 가장 유약한 것이 세상에서 가장 강한 것을 다스린다"고 노자는 말한다. 욕망과 탐욕은 세상에서 가장 강한 감정이다. 반면 도와 진리는 사람들을 강하게 끄는 힘이 없다. 그러나 도와 진리를 끊임없이 추구함으로써 어떤 경지에 도달한 사람은 얼마든지 자신의 욕망과 탐욕을 다스릴 수 있다. 그는 이른바 자타가 인정하는 '자유인自由人'이기 때문이다.

그래서 순자荀子는 "욕망을 없앨 수는 없으나 다스릴 수는 있다"고 말한 것이다. 따라서 성인聖人이라고 해서 인간적인 감정이 전혀 없을 수는 없다. 예컨대 하안何晏(190~249)이라는 사람은 성인에게는 희로애락의 감정이 없을 거라고 말했는데, 왕필王弼(226~249)의 생각은 달랐다.

왕필은 말하기를, "성인이 보통 사람들과 다른 것은 빼어난 신명神明을 지니고 있기 때문이요, 보통 사람들과 같은 것은 오정五情을 지니고 있기 때문이다. 성인은 신명神明이 빼어나므로 무심하면서도 조화로운 마음으로 무無에 이를 수는 있으나, 오정五情이 있는 까닭에 희로애락의 감정을 가지고 사물을 대하지 않을 수 없다. 실질이 그러한데, 성인이 감정을 지니고 사물에 응하는 데도 사물에 매이지 않는 것을 두고서, 사물에 매이지 않는 것이 곧 사물에 응하지 않는 것이라고 하니, 이는 크게 잘못된 것이다"고 하였다.

성인聖人이란 자기 수련의 결과로 해서 어떤 경지에 이른 사람을 말한다. 하지만 그 과정은 더없이 유약柔弱하고 더디며, 그렇다고 해서 남의 도움을 받을 처지도 못된다. 왜냐하면 도란 스스로 받아들이는 것이지 남으로부터 전수되는 게 아니기 때문이다.

그런데 도는 덕을 거처로 삼는다. 다시 말해서, 덕이란 도가 사물에 깃들어 작용하는 것이다. 도는 소중하고 덕은 귀중한 것이다. 도는 만물 생성의 총원리이고, 덕은 개별적인 사물이 생성하는 데 필수불가결한 모태母胎가 되기 때문이다. 노자가 말했다.

"도는 만물을 생성하고, 덕은 만물을 양육하니, 사물이 모습을 형성하면 자연의 형세가 그것을 완성한다. 그러므로 만물은 **도**를 존중하지 않을 수 없고 덕을 귀하게 여기지 않을 수 없다."

덕이란 도가 작용하는 것을 말한다. 이를 달리 표현하면, 덕이란 도의 작용을 깨닫고 그것을 따름으로써 성취되는 것이다.[1] 그런데 노자에 따르면, 도는 무위無爲로써만 행하여질 수 있다. 따라서 "상덕上德은 덕을 의식하지 않는다. 그래서 덕을 지니게 된다. 하덕下德은 덕을 잃지 않으려 한다. 그래서 덕을 상실하게 된다. 상덕上德은 무심코 행하여지므로 행위에 목적이 있을 수 없다. 반면 하덕下德은 인위적으로 행하여지므로 행위에 목적이 없을 수 없다."

자기를 의식하고 욕심을 버리지 못하면, 다시 말해서 유위有爲하고 유욕有慾하면 덕이 깃들지 않는다. 덕은 득실得失을 따지지 않는다. 그래서 한비자는 "덕德이란 내적인 것이고, 득得이란 외적인 것이다"라고 한 것이다.

노자가 말하는 도와 덕은, 유가儒家에서 말하는 인仁·의義·예禮·지智를 초월하는 가치이다. 노자가 말했다.

"도를 잃은 뒤에야 덕이 드러나고, 덕을 잃은 뒤에야 **인**이 드러나며, 인을 잃은 뒤에야 **의**가 드러나고, 의를 잃은 뒤에야 **예**가 드러난다."

또 말하기를,

"위대한 도大道가 사라지자 인의仁義가 생겨났다. 지혜가 생겨나면서 거짓도 생겨나게 되었다. 가족 간에 불화不和가 생기자 효孝와 자애慈愛를 내세우게 되었다. 나라가 어지러워지자 충신이 생겨났다"고 하였다.

이에 대한 한비자의 견해를 요약하면 이렇다.

---

1 노자가 말하는 **도**가 서양에서 말하는 신(神)에 해당한다면, **덕**은 신앙(信仰)에 해당하는 것이다.

"인仁이란 마음속으로 흔연히 다른 사람을 사랑하는 것을 말한다. 의義란 임금과 신하, 아버지와 자식 간에 상하차별을 두어 대하고, 친소내외 간의 관계를 신분에 따라 구별하여 가리는 것을 말한다. 그리고 예禮란 정情을 바깥으로 드러내는 수단이며, 의義를 수식修飾하는 형식이고, 군신부자君臣父子 간에 서로를 대하는 방법이며, 귀천에 따라 차등을 두고 현명한 이와 어리석은 자를 구분하는 근거가 되는 것이다.

도란 쌓이는 것이며, 도가 쌓이면 효과(功)를 드러내 보인다. 덕이란 도가 쌓여 효과를 나타내는 것이다. 효과가 내실이 있으면 빛을 발하게 되는데, **인이란 덕**이 빛을 발하는 것을 말한다. **의란 인**이 드러나 실현되는 것이다. 그리고 **예란 의**를 수식하는 것이다. 그러므로 노자가 말하기를 '도를 잃고 난 뒤에야 **덕**을 잃게 되고, 덕을 잃고 난 뒤에야 **인**을 잃게 되며, **인**을 잃고 난 뒤에야 **의**를 잃게 되고, **의**를 잃고 난 뒤에야 **예**를 잃게 된다'고 한 것이다."

노자가 얘기하는 성인聖人은 이런 사람이다.

"성인은 무위無爲·무욕無慾·무사無事한다. 곧기는 하지만 지나치게 뻗지는 아니한다. 빛은 있으되 반짝이지는 않는다(光而不耀)."

"성인은 불언不言의 가르침을 행한다." 도란 이심전심以心傳心하는 것이지 말로 가르칠 수 있는 게 아니기 때문이다.

"성인은 스스로 뒤에 처하기 때문에 항상 앞서고, 스스로를 도외시하기 때문에 몸이 온전히 보존된다. 이는 그가 사심邪心이 없기 때문이 아니겠는가? 그래서 자신이 목적하는 바를 성취할 수 있는 것이다."

"성인은 자연을 따를 뿐 자신을 드러내지 않는다. 스스로 드러내는 사람은 널리 알려지지 않는다. 성인은 스스로 드러내려 하지 않기 때문에 분명히 드러나고, 스스로 옳다고 주장하지 않기 때문에 항상 두드러지며, 자신을 내세우지 않기 때문에 공功이 인정되고, 재주를 뽐내지 않기 때문에 장구長久하게 된다. 성인은 다투지 않으므로 이 세상 누구도 그와 다툴 수 없다."

"오색伍色은 사람의 눈을 어둡게 하고, 오음伍音은 사람의 귀를 멀게 하며, 오미伍味는 사람의 입맛을 버리게 한다. 성인은 본능을 충족시키기 위해 주린 배를 채우기는 하지만, 욕망에 이끌려 눈을 즐겁게 하는 일은 하지 않는다. 실속을 중시할 뿐, 겉모양에 현혹되지 않는다."

욕망을 다스리는 방법은 욕망의 대상을 줄이는 데 있다고 노자는 말한다. "만족할 줄 알면 욕을 당하지 않고, 멈출 줄 알면 위태롭지 않게 된다."

"만족을 모르는 것보다 더 큰 재앙은 없으며, 탐욕을 부리는 것보다 더 큰 허물은 없다. '만족을 아는 만족'이야말로 진정한 만족이라 할 수 있다."

그래서 성인은, 욕망이 없기를 욕망하기 때문에 재물을 귀하게 여기지 않으며, 배움이 무용지물이라는 사실을 잘 알고 있기 때문에 근본(自然)으로 되돌아가고자 하는 것이다.

그리고 성인은 정해진 마음이 없이 백성들의 마음을 자신의 마음으로 삼는다. 무위로써 세상을 다스리는 것이다(無爲之治). 노자가 말했다.

"천하를 차지하고서 인위人爲로 그것을 다스린다는 것은 불가능한 일이라고 나는 알고 있다. 천하란 신묘한 그릇과 같아서 인위로써 다스려질 수 있는 게 아니다. 인위로 다스리려 하면 천하를 망치고, 집착하면 천하를 잃게 된다. … 그러므로 성인께서 이르기를, '내가 무위를 실천하고 스스로 솔선수범하여 모범을 보이면 백성들은 스스로 교화되고, 내가 홀로 고요한 것을 좋아하여(好靜) 스스로를 드러내지 않으면 백성들은 스스로 올바르게 되며, 내가 무사無事하면 백성들은 저절로 부유해지고, 내가 무욕無慾하면 백성들은 저절로 순박해진다'고 한 것이다."

또 노자는 말하기를,

"뛰어난 이가 임금 자리에 있으면 백성들은 그가 존재함을 알 따름이다. 그보다 못한 임금이면 백성들은 그를 친근히 여기고 그를 기린다. 그보다 못한 임금이면 백성들이 그를 두려워한다. 그보다 못한 임금이면 백성들이 그를 업신여긴다. 임금이 믿어주지 않으니, 아랫사람들이 믿지 않게 되는 것이다"고 하였다.

유가儒家가 중시했던 가치가 예절과 의로움, 윤리 도덕, 신분에 의해 지배되는 사회제도와 같은 전통과 관련 깊은 것이었다면, 도가道家가 중시했던 가치는 오직 하나, 자유 그 자체였다. 그 수단이 되는 것이 무위無爲이고, 자연自然으로 돌아가는 것이 그 목표였다. 그래서 왕필은 "무위란 자연을 따르는 것"이라 하였고, 노자는 "정靜이란 근본으로 되돌아가는 것"이라고 말하면서 "정靜이 열熱을 이긴다"고 한 것이다. 근본으로 되돌아간다는 것은 곧 자연으로 돌아간다는 것을 의미하기 때문이다. 노자가 말했다.

> 인간은 대지大地를 본받고, 대지는 하늘(天)을 본받고, 하늘은 도를 본받고, 도는 자연自然을 본받는다.

묵가墨家는 유가儒家를 비판했지만, 도가道家는 인간에게 가능한 행위 일체를 부정했다. 도가道家 역시 불가佛家와 마찬가지로 '행위의 철학'이 아니라 '태도의 철학'을 강조하고 있기 때문이다. 하지만 서양 철학에서 '인식'을 하나의 행위로 보았듯이, 그리고 불교에서 열반涅槃에 이르기 위한 자기 수련을 하나의 행위로 여겼듯이, 마찬가지 의미에서 노자가 말하는 '무위' 또한 하나의 행위로 간주될 수 있을 것이다. 〈노자〉에서 말하는 도란 우주 만물의 근원이 되는 것이다. 그리고 덕이란 도를 깨닫고 도를 따르는 것을 말한다. 그런데 이것은 이른바 '무위'를 행함으로써만 가능한 것이다. 그렇다면 분명히 무위는 하나의 행위로 간주될 수밖에 없을 것이다.

〈노자〉는 한마디로 말해서 은자隱者의 철학이고, 자기 수양을 위한 철학이며, 따라서 세상과 충분한 심리적 거리를 두는 데 절실히 필요한 철학이라고 볼 수 있다. 석가가 자기 수련을 통해서 부처가 될 수 있었듯이, 도를 깨닫고 덕을 쌓으면 언젠가는 소위 말하는 '도사道士'가 될 가능성도 없지 않을 것이다. 왜냐하면 〈노자〉에서 말하는 덕이란, 고대 그리스 철학에서 주장하는 바처럼, 행위의 덕이 아니라 지적인 덕에 해당하는 것이기 때문이다. 〈장자莊子〉 '천하天下편'에서 언급한 노자는 이런 사람이었다.

> 그는 말하기를, "웅성雄性을 알되 자성雌性을 지켜 기꺼이 천하의 계곡이 되고, … 올곧음이 좋은 것인지 모르지 않으나 욕된 일을 몸소 행하여 기꺼이 천하의 골짜기와 같은 존재가 된다"고 하였고, 남들은 모두 선두를 다투었지만, 그 자신은 홀로 뒤에 처하면서 "천하의 오욕을 받아들인다"고 했다. 남들은 너나없이 실속을 추구했으나, 그 자신은 홀로 허심虛心을 추구했다. 애써 모아둔 것이 없으므로 남음이 있었고, 초연했으므로 부족함이 없었다. 느긋한 처신으로 심신을 소모하지 않았으며, 무위無爲를 행하면서 온갖 기교를 비웃었다. 남들은 하나같이 행복을 추구했건만, 그 자신은 홀로 굽힘으로써 온전하기를 간구하며 "재앙을 면하기만 하면 그만이다"고 하면서 스스로를 위안했고, 심원함을 근본으로 삼고 검약을 준칙으로 삼으며 "단단하면 깨어지고 예리하면 꺾인다"고 하였다. 항상 만물을 관용으로 대하고 남에게 모질지 않았으니, 가히 지극한 경지에 도달한 고대의 진인眞人이라 할 만하다.

그러나 인간 '노자'는 부재不在의 존재이다. 다만 〈노자〉라는 텍스트가 실재할 뿐이다.[2] 〈노자〉는, 노자老子라고 일컬어지는 춘추시대 때 사람 노담老聃으로부터 시작해서 오랜 세월동안 후세 사람들이 가필加筆을 거듭하여 완성된 작품이다. 따라서 〈노자〉를 읽으면서 일관성을 기대하기란 어렵다. 그럼에도 불구하고 〈노자〉는 분명히 동양 철학에서 형이상학의 신기원을 이룬 최초의 저술임에 틀림없다. 플라톤의 최대 업적이 '이데아'라고 하는 보편 개념을 창안한 데 있었다면, 〈노자〉의 최대 업적은 '도道'라고 하는 보편 개념을 제시한 데 있다고 말할 수 있을 것이다.

숱한 해석을 낳게 한다는 점에서 〈노자〉는 원문의 내용보다는 그 해석이 가치를 돋보이게 하는 작품이다. 실제로 두 명의 걸출한 천재, 한비자韓非子와 왕필王弼이 〈노자〉의 해석에 참여했다. 그럼에도 불구하고 〈노자〉에 대한 새로운 해석은 앞으로도 끊임없이 이어질 것이다.

....

2 공자는 '그가 말했던 것' 그 이상의 존재였다. 반면 노자는 '그가 말했던 것' 그 이상도 그 이하도 아니었다. 공자에게는 인생이 보이지만, 노자에게는 문사(文思)만이 보일 뿐이다.

"사람은 누구나 타고난 바탕대로만 살아간다면
얼마든지 선해질 수 있다. …
사람이 악해지는 것은 자질資質이 부족해서가 아니다.
인의예지仁義禮智는 밖으로부터 나에게 주어지는 것이 아니라
본래부터 내가 가지고 있는 것이다.
다만 사람들이 이를 마음속에 두고 있지 않을 뿐이다."

10

:
:

맹자

맹자孟子(B.C.372~289)는 이상주의자理想主義者였다. 묵자가 실리를 중시했다면, 맹자는 인의仁義를 중시했다. 위魏나라 양양왕梁襄王이 "누가 천하를 통일할 수 있을까요?" 하고 묻자, 맹자는 "사람 죽이기를 좋아하지 않는 사람이 천하를 통일할 겁니다"라고 대답했다. 그러나 전국시대戰國時代 7웅雄 중 천하를 통일한 사람은 포악하기 그지없었던 진시황秦始皇이었다.

　맹자는 정치를 왕도王道정치와 패도覇道정치로 구분한다. 왕도정치란 인의仁義로 나라를 다스리는 정치를 말하고, 패도정치란 힘으로 나라를 다스리는 정치를 말한다. 옛말에 "어진 사람에게는 대적할 자가 없다"고 했다. 제齊나라 선왕宣王이 희생에 바쳐질 소가 끌려가는 것을 보고 측은히 여겨 풀어 준 일이 있었는데, 맹자는 이를 높이 사 "군자는 금수禽獸를 대함에 있어서도 살아 있는 모습을 보고서는 차마 그것이 죽어 가는 것을 보지 못하고, 애처롭게 우는 소리를 듣고서는 차마 그 고기를 먹지 못한다. 그래서 군자는 주방을 멀리하는 것이다"하고 말하면서 "제선왕齊宣王은 백성들을 잘 보살필 것이다"고 하였다. 은혜를 베풀면 천하를 보존할 수 있고, 은혜를 베풀지 않으면 처자식조차도 보존하기 어렵다. 덕이 아니라 힘으로 백성들을 다스리면서 나라가 잘 되기를 바라는 것은 '나무에 올라가 물고기를 잡는 것(緣木求魚)'과 다를 바 없다. 왕업王業을 이루는 것은 하늘의 뜻에 달려 있다. 다만 임금된 자는 어진 정치(仁政)를 몸소 실천하는 데 힘쓸 뿐이다.

왕도정치의 근본은 백성들의 생업生業을 보장하여, 위로는 부모를 섬기기에 부족함이 없게 하고, 아래로는 처자식을 먹여 살리기에 부족함이 없게 하는 데 있다고 맹자는 말한다. 먹고 사는 데 부족함이 없어야 예의禮義를 익힐 수 있기 때문이다. 오로지 선비만이 고정적인 생업이 없이도 항상적恒常的인 마음을 지닐 수 있다. 하지만 일반 백성들의 경우에는 그렇지 못하다. 고정적인 생업이 없어서 마음이 불안해지면 백성들은 편벽되어지고 방탕해지며 간사해진다. 백성들로 하여금 죄를 저지르게 한 연후에 붙잡아서 형벌을 내린다면, 이는 백성들을 그물질해 잡는 것과 다를 바가 없다. 어찌 어진 사람이 임금의 자리에 있으면서 백성들을 그물로 잡는 짓을 할 수 있겠는가? 백성이 가장 귀하고, 사직社稷이 그 다음이며, 임금은 가볍다. 백성들과 더불어 근심을 같이 하고, 백성들과 더불어 즐거움을 함께 나눈다면, 천하를 다스리는 일이 손바닥 위에서 움직이는 것처럼 쉬울 것이다.

제자 만장萬章이 맹자에게 물었다.

"요임금이 천하를 순임금에게 주었다고 하는데, 그런 일이 있었습니까?"

"아니다. 아무리 천자^{天子}라 해도 천하를 다른 사람에게 줄 수는 없다."

"그러면 순임금이 천하를 차지했는데, 누가 주었습니까?"

"하늘이 주셨다."

"하늘이 주셨다는 것은 말로써 천명^{天命}을 내렸다는 것입니까?"

"아니다. 하늘은 말을 하지 않고 그 사람의 행적과 행실을 통해서 보여줄 뿐이다. 천자^{天子}는 어떤 사람을 하늘에 천거할 수는 있어도, 하늘이 그에게 천하를 주도록 할 수는 없다. 옛날에 요임금이 순임금을 하늘에 천거하자 하늘이 그를 받아들였고, 백성들에게 드러내어 보여주자 백성들이 그를 받아들였다. 옛말에 '하늘은 백성들의 눈을 통해서 보고, 백성들의 귀를 통해서 듣는다'고 하였다."

백성들의 마음을 얻으면 천하를 얻는다고 했다. 하늘의 뜻은 알 수 없고 알 수 있는 것은 민심^{民心}뿐이다. 민의^{民意}로써 하늘의 뜻^{天意}을 대신하는 것이다.

신하였던 은나라의 탕왕^{湯王}이 임금이었던 하나라의 걸^桀을 내쫓았고, 신하였던 주나라의 무왕^{武王}이 임금이었던 은나라의 주^紂를 정벌했다. 신하가 임금을 시해하는 것이 옳은 일인가? 이에 대해 맹자는 이렇게 말했다.

"인^仁을 해치는 자를 흉포하다고 하고, 의^義를 해치는 자를 잔학하다고 한다. 흉포하고 잔학한 인간을 한 사내라고 한다. 한 사내인 걸^桀과 주^紂를 처벌했다는 말은 들었으나, 임금을 시해했다는 말은 듣지 못했다. … 정벌(征)의 말뜻은 바로 잡는다(正)는 것이다."

천명^{天命}은 고정되어 있지 않다. 재앙과 복은 스스로가 부르는 것이다. 옛말에 "하늘이 내린 재앙은 피해갈 수 있어도, 스스로가 만든 재앙은 비켜갈 수 없다"고 하였다.

"걸왕과 주왕이 천하를 잃게 된 것은 백성을 잃었기 때문이다. 백성을 잃었다는 것은 그들의 마음을 잃었다는 것이다. 탕왕과 무왕에게 백성들을 몰아다 준 것은 걸桀과 주紂이다. 천하의 군주 중에서 인仁을 좋아하는 이가 있으면, 천하의 모든 제후들이 그를 위해서 백성을 몰아다 줄 것이다. 그렇게만 된다면 천하에 군림하는 임금이 되지 않으려 해도 되지 않을 수 없을 것이다."

제자 공손추公孫丑가 맹자에게 물었다.

"선생님은 어떤 점에서 뛰어나십니까?"

"나는 남의 말을 잘 이해하고, 나의 호연지기浩然之氣를 잘 기른다."

"호연지기란 무엇인지요?"

"말로 설명하기는 어렵다. 기氣라고 하는 것은 지극히 굳세고 지대至大해서, 그것을 해치지 않고 올바르게만 기른다면 하늘과 땅 사이를 가득 채우고도 남는다. 기氣는 의義와 도道에 부합해야 한다. 의義를 저버리고 도道를 추구하지 않으면 기氣는 위축되고 만다. 호연지기란 의義가 오랜 기간 동안 축적되어서 저절로 생겨나는 것이지, 어쩌다가 한번 의로운 행동을 했다고 해서 갑자기 생겨나는 것이 아니다. 행동하면서 마음이 흡족하지 않으면 호연지기는 위축된다. 반드시 의義를 실천하되 결과에 집착해서는 안 되고, 의義를 행하려는 마음을 버려서는 안 되지만 그렇다고 해서 억지로 조장해서도 안된다."

"남의 말을 잘 이해한다(知言)는 것은 무슨 뜻입니까?"

"편파적인 말(詖辭)을 들으면 그 말을 하는 사람이 자신의 의도를 감추고 있음을 안다. 방탕한 말(淫辭)을 들으면 그 말을 하는 사람이 미혹되어 있음을 안다. 사특한 말(邪辭)을 들으면 그 말을 하는 사람이 도리道理에서 벗어나 있음을 안다. 애써 둘러대는 말(遁辭)을 들으면 그 말을 하는 사람이 궁지에 몰려 있음을 안다. 이러한 말들이 마음으로부터 생겨나면 정치에 해를 끼치게 되고, 이러한 말들이 나라를 다스림에 있어 횡행하면 국가의 대사를 그르치게 된다. 성인聖人이 다시 출현한다 해도 반드시 내 말에 동의할 것이다."

맹자는 "인간의 본성은 착하다"고 하는 성선설性善說을 주장했는데, 그 내용을 요약하면 이렇다.

"사람들은 누구나 차마 남의 고통을 외면하지 못하는 마음을 지니고 있다. 만약 지금 어떤 사람이 갑자기 어린아이가 우물 속으로 빠지려 하는 것을 목격했다면, 누구나 할 것 없이 아연실색하며 측은하게 여기는 마음을 가지고서 어린아이를 구해 낼 것이다. 이는 어린아이의 울부짖는 소리가 거슬려서가 아니고, 어린아이의 부모와 교분을 맺고 있기 때문도 아니며, 마을 사람들로부터 어린아이를 구해 냈다는 칭찬을 듣기 위함도 아니다.

이를 통해서 보건대, 측은하게 여기는 마음(惻隱之心)이 없으면 사람이 아니다. 또한 부끄러워하는 마음(羞惡之心)이 없으면 사람이 아니고, 사양하는 마음(辭讓之心)이 없어도 사람이 아니며, 옳고 그름을 판단하고자 하는 마음(是非之心)이 없어도 사람이 아니다.

측은하게 여기는 마음은 인仁의 단서(端)이고, 부끄러워하는 마음은 의義의 단서이며, 사양하는 마음은 예禮의 단서이고, 시비를 가리려는 마음은 지智의 단서이다. 사람이 이 네 가지 단서(四端)를 가지고 있는 것은 마치 그가 사지四肢를 가지고 있는 것과 같다. 인의예지仁義禮智의 네 가지 단서를 가지고 있으면서도 선善을 실천할 수 없다고 말하는 사람은 자신을 해치는 자이다. 내 안에 내재하는 인의예지仁義禮智의 네 가지 단서를 최고로 발휘하여 충만하게 하면, 마치 불이 타오르기 시작하고 샘이 솟아나기 시작하는 것과 같다고 할 수 있다. 스스로 노력하여 이를 실천한다면 천하를 보존할 수 있고, 그렇지 못하면 부모조차도 부양할 수 없게 된다."

또 말하기를, "사람은 누구나 타고난 바탕대로만 살아간다면 얼마든지 선해질 수 있다. 이것이 바로 내가 말하는 '사람의 본성은 선하다'는 의미이다. 사람이 악해지는 것은 자질資質이 부족해서가 아니다. 인의예지仁義禮智는 밖으로부터 나에게 주어지는 것이 아니라 본래부터 내가 가지고 있는 것이다. 다만 사람들이 이를 마음속에 두고 있지 않을 뿐이다"고 하였다.

그래서 공자는 "구하면 얻을 것이고, 놓아버리면 잃게 된다"고 한 것이다. 본심을 상실해서는 안 된다. 본심本心이란 선한 마음, 즉 양심良心을 말하는 것이다. 보통 사람들(庶民)은 잃어버리는 것을 군자君子는 간직한다. 맹자가 말했다.

"삶도 내가 원하는 것이고, 의로움도 내가 원하는 것이다. 만일 둘 다를 병행할 수 없다면, 나는 삶을 버리고 의로움을 택할 것이다. 사람에게는 삶보다 더 간절히 바라는 게 있고, 죽음보다 더 싫어하는 게 있다. 어진 사람만이 아니라 사람이라면 누구나 다 이런 마음을 가지고 있는데, 어진 사람은 다만 그 마음을 잃지 않았을 뿐이다. … 인仁이란 사람이 지녀야 할 마음이다. 학문을 하는 목적은 다른 데 있는 것이 아니라 자신의 잃어버린 마음을 되찾는 데 있는 것이다."

자포자기自暴自棄하는 것에 대해 맹자는 이렇게 말했다.

"스스로 자신을 해치는 자(自暴者)와는 함께 이야기를 나눌 수 없고, 스스로 포기하고 자신을 저버리는 자(自棄者)와는 함께 일을 할 수가 없다. 말로써 예禮와 의義를 비난하는 걸 스스로 자신을 해치는 것이라 하고, 나 같은 사람은 도저히 인의仁義를 실천할 수 없다고 하며 스스로 포기하는 걸 자신을 저버리는 것이라고 한다. 인仁은 사람이 머물기에 편안한 집이고, 의義는 사람이 가야 할 바른 길이다. 편안한 집을 비워두고 머물지 않으며, 올바른 길을 내버려두고 가지 않다니, 슬픈 일이로다!"

인仁은 천하의 넓은 집이고, 의義란 천하의 바른 길이다.

맹자가 말했다.

"화살을 만드는 사람이라고 해서 어찌 갑옷을 만드는 사람에 비해 어질지 못하다고 할 수 있겠는가? 하지만 화살을 만드는 사람은 오로지 사람을 해치지 못하면 어찌할까 염려하고, 갑옷을 만드는 사람은 오로지 사람이 해를 입지 않을까 노심초사한다. 무당과 관을 짜는 목수의 경우도 역시 그러하다. 그러므로 직업을 선택함에 있어 신중을 기하지 않으면 안 되는 것이다."

그런데 직업을 선택하는 일과 마찬가지로 인仁을 행하는 일 역시 스스로의 선택에 따른 것이라고 맹자는 말한다.

공자는 말하기를 "인仁에 머무는 것이 좋다. 스스로가 선택할진대, 인仁에 기거하지 않는다면 어찌 지혜롭다고 할 수 있겠는가?" 하였고, 맹자는 말하기를 "인仁이란 하늘이 내린 높은 벼슬이며, 사람이 거처하기에 가장 편안한 집이다. 아무도 이를 막지 않는데 어질게 행동하지 않는다면 어찌 지혜롭다고 하겠는가?" 하였다.

또 공자가 말하기를 "길은 오직 두 가지, 인仁과 불인不仁이 있을 뿐이다" 하였고, 맹자는 말하기를 "인仁은 사람에게서 기인하는 것이다. 인仁과 인人이 합쳐지면 그것이 바로 도道이다. … 진실함 자체는 하늘의 도道이고, 진실함을 추구하는 것은 사람의 도道이다"고 하였다.

제자 팽경彭更이 맹자에게 물었다.

"뒤따르는 수레 수십 대와 뒤따르는 사람 수백 명을 거느리고 제후들을 찾아다니며 밥을 얻어먹는 것은 너무한 게 아닐까요?"

"너는 내가 너무하다고 생각하느냐?"

"그런 말이 아닙니다. 선비가 하는 일 없이 얻어먹고만 다니는 게 옳지 못하다는 겁니다."

"너는 어째서 목수와 수레를 만드는 사람은 존중하면서 인의仁義를 행하려는 사람은 경시하느냐?"

"목수와 수레를 만드는 사람은 그 목적이 먹을 것을 구하고자 하는 데 있습니다. 군자가 도道를 행하는 것도 그 목적이 먹을 것을 구하기 위함입니까?"

"너는 어째서 목적을 따지려 드느냐? 사람들이 보기에 어떤 이가 공로가 있어서 먹여 줄 만하니까 먹여 주는 것이다. 너라면 그 사람이 지닌 목적을 보고 먹여 주겠느냐, 그렇지 않으면 그 사람이 이룬 공로를 보고 먹여 주겠느냐?"

신농神農의 가르침을 본받아 허행許行은 "백성들과 함께 농사를 지으면서 아침 저녁을 손수 지어 먹어야 어진 군주이다"라고 주장했는데, 맹자는 요순임금의 예를 들면서 그의 주장을 반박했다.

"대인大人이 할 일이 있고, 소인小人이 할 일이 있다. 군자君子가 없으면 야인野人을 다스릴 수 없고, 야인野人이 없으면 군자君子를 먹여 살릴 수 없다. 어떤 사람은 마음을 수고롭게 한다. 반면 어떤 사람은 몸을 수고롭게 한다. 마음을 수고롭게 하는 사람은 남을 다스리고, 몸을 수고롭게 하는 사람은 남에게 다스림을 받는다. 남에게 다스림을 받는 사람은 남을 먹여 살리고, 남을 다스리는 사람은 남의 힘을 빌려 먹고사는 것이 세상의 보편적인 법칙이다."

또한 맹자는 양주楊朱와 묵적墨翟의 주장을 비판하면서 이렇게 말했다.

"내가 어찌 논쟁하기를 좋아하겠느냐? 나로서는 어쩔 수 없어서 그리하는 것이다. 천하에 사람이 살아온 지 오래되었는데, 한번 다스려지면 한번은 어지러워지곤 했다. 성왕聖王이 출현하지 않자 제후들은 방자해지고, 초야의 선비들은 함부로 자기 주장을 내세워 작금에는 양주와 묵적의 학설이 천하를 지배하게 되었다. 양주는 오직 '자신만을 위할 것(爲我)'을 주장했는데, 이는 임금의 존재를 부정하는 것이다. 묵적은 '차별을 두지 않는 사랑(兼愛)'을 주장했는데, 이는 부모를 부정하는 것이다. 부모를 부정하고 임금을 부정한다면 금수禽獸와 다를 바 없다. 양자와 묵적의 학설이 사라지지 않으면, 공자의 도道가 실현되지 못한다. 공자의 도道가 실현되지 않으면, 그릇된 학설이 백성들을 현혹시켜 인의仁義가 설 자리를 잃게 된다. 양주와 묵적을 물리칠 수 있는 자는 성인聖人의 도道를 따르는 사람이다."

맹자와 동시대인이었던 고자告子는 맹자의 성선설性善說을 부정하면서, "사람의 본성은 선하지도 악하지도 않다. 본능을 본성本性이라고 한다. 음식을 탐하고 이성異性을 그리워하는 욕구(食色)가 사람의 본성이다"하고 주장했다. 고자가 맹자에게 말했다.

"인仁은 내부에서 작용하는 것이고, 의義는 외부에서 작용하는 것이다."

"무슨 근거로 인仁은 내재적인 것이고, 의義는 외재적인 것이라고 하는가?"

"어른을 공경하는 경우, 그 사람이 나보다 연장자이기 때문에 공경하는 것이지, 원래부터 연장자를 공경하는 마음이 내 안에 내재하고 있어서 공경하는 것이 아니다. 이는 흰 사물을 보고 희다고 하는 경우, 외부로부터 그 사물이 흰색으로 인식되기 때문에 희다고 여기는 것과 같은 이치이다. 그러므로 의義는 외재적인 것이다."

"흰 말을 희다고 하는 것과 흰 사람을 희다고 하는 것은 다를 바 없으나, 모르긴 해도 늙은 말을 늙었다고 여겨서 대하는 것과 노인老人을 연장자로 여겨서 공경하는 것이 어찌 같다고 할 수 있는가?"

"나는 내 아우를 사랑한다. 그러나 나와 관계없는 다른 사람의 아우를 내 아우만큼 사랑하지는 않는다. 이는 내 마음속의 기준으로 그렇게 느끼기 때문이다. 그러므로 인仁은 내재적인 것이다. 한편 나는 내 어른을 대하듯이 남의 어른도 공경하는데, 이는 그가 연장자이기 때문에 그리하는 것이다. 그러므로 의義는 외재적인 것이다."

"그대는 노인을 의義라고 생각하는가? 아니면 노인을 공경하는 마음을 의義라고 생각하는가?"[1]

맹자 또한 공자처럼 호학호고好學好古할 것을 권유했다.

"한 고을의 어진 선비는 그 고을의 어진 선비를 벗으로 삼고, 한 나라의 어진 선비는 그 나라의 어진 선비를 벗으로 삼으며, 천하의 어진 선비는 천하의 어진 선비와 벗을 삼는다. 천하의 어진 선비와 벗하는 것으로 만족하지 못하면 과거로 거슬러 올라가 옛사람들을 논한다. 옛사람들이 지은 시詩를 외우고 그들이 지은 책을 읽으면서도 그들에 대해서 알지 못한다면 어찌 학문을 하는 자라 할 수 있겠는가? 옛사람들이 살았던 시대를 논하는 것은 과거로 거슬러 올라가 옛사람들과 벗하는 걸 의미하는 것이다."

맹자가 말하는 군자君子란 이런 태도를 견지하는 사람이다.

"군자가 사물을 깊이 탐구하는 것은 스스로가 체득하기 위함이다. 스스

---

1 실제 원문(原文)의 내용은 이렇다.

맹자 "흰 말을 희다고 하는 것과 흰 사람을 희다고 하는 것은 다를 바 없으나, 모르긴 해도 늙은 말을 늙었다고 여겨서 대하는 것과 노인(老人)을 연장자로 여겨서 공경하는 것이 어찌 같다고 할 수 있는가? **그대는 노인을 의(義)라고 생각하는가? 아니면 노인을 공경하는 마음을 의(義)라고 생각하는가?**"

고자 "나는 내 아우를 사랑한다. … 그러므로 인(仁)은 내재적인 것이다. 한편 나는 내 어른을 대하듯이 남의 어른도 공경하는데, 이는 그가 연장자이기 때문에 그리 하는 것이다. 그러므로 의(義)는 외재적인 것이다."

맹자 "나는 내가 요리한 불고기를 좋아하듯이, 진나라 사람이 요리한 불고기를 좋아한다. 모든 사물의 이치가 그러할진대, 불고기를 좋아하는 것도 외재적인 것이란 말인가?"

그러나 원문의 내용대로라면 뜻이 명쾌하지 않다. 맹자에 따르면, 공경지심(恭敬之心)이란 사양지심(辭讓之心)과 마찬가지로 마음속으로부터 우러나오는 감정이다. 그래서 맹자는 **"노인을 의(義)라고 하는가? 아니면 노인을 공경하는 마음을 의(義)라고 하는가?"** 하고 반박한 것이다. 고자(告子)가 유물론적(唯物論的)이라면, 맹자는 유심론적(唯心論的)이다.

로 체득하게 되면 사물을 대하는 것이 편안해진다. 사물을 대하는 것이 편해지면 축적되는 것이 깊이를 더하게 된다. 축적되는 것이 깊어지면 가까운 주변의 사물들을 탐구해도 그 근본적인 이치를 깨닫게 된다. 그래서 군자는 스스로가 체득하기를 바라는 것이다."

"군자에게는 평생의 근심거리는 있어도 일시적인 걱정거리는 없다. 군자를 근심케 하는 것은 이런 것이다. '순임금도 사람이고, 나도 사람이다. 순임금은 세상 사람들의 모범이 되어 그 명성이 후세에 전해지고 있는데, 나는 아직도 시골의 촌부村夫를 면치 못하고 있구나!'… 이런 것이야말로 근심거리로 삼을 만하다. 그럼 어찌해야 하는가? 순임금처럼 할 따름이다. 그것 말고 군자를 근심케 하는 것은 없다. 어진 일이 아니면 하지 않고, 예禮가 아니면 행하지 않기 때문이다."

그리고 대인大人이란 이런 사람이다.

"대인이란 초심初心을 잃지 않는 사람이다."

"대인은 말을 함에 있어서 반드시 남들이 믿어 주기를 바라지 않고, 행동함에 있어서는 반드시 그에 상응하는 결과를 바라지 않는다. 오직 의로움이라는 기준에 따라 말하고 행동할 뿐이다."

"사람에게는 귀한 부분과 천한 부분이 있으며, 중요한 부분과 중요하지 않은 부분이 있다. 중요치 않은 부분을 키우는 자를 소인이라고 하고, 중요한 부분을 키우는 자를 대인이라고 한다."

맹자는 플라톤처럼 생각하고 아리스토텔레스처럼 말한다.

"자신의 중요한 부분(大體)을 따르면 대인이 되고, 하찮은 부분(小體)을 따르면 소인이 된다. 눈과 귀와 같은 감각기관은 사고하는 기능이 없기 때문에 외부의 사물과 접촉하면 그것에 의해 이끌려 가기 마련이다. 반면 마음에는 사고하는 기능이 있다. 생각이 있으면 도리를 깨달을 수 있고, 생각이 없으면 도리를 깨달을 수 없다. 마음은 하늘이 나에게 준 것이다. 대체大體를 먼저 확고히 하면 소체小體로 인해 미혹되는 일이 없어진다. 그래서 대인이 되는 것이다."

여기서 말하는 대인大人이란 서양에서 말하는 철학자에 해당하는 인물이다. 아리스토텔레스는 인간이 금수와 다른 것은 이성理性을 지니고 있기 때문이라고 말했다. 그리고 맹자는 인간이 금수와 다른 것은 인간에게는 마음(人心)이 있기 때문이라고 보았다. 맹자에 따르면, 대체大體란 곧 마음이고 정신이며 이성이다.

공자는 나이 사십이 넘어서 미혹되는 일이 없었다고 말했고(四十而不惑), 맹자는 나이 사십이 넘어서 마음이 동요된 적이 없다고 말했다(我四十不動心). 그런데 공자와 맹자, 두 사람의 유사성은 여기에서 그치는 게 아니다. 맹자는 "성인聖人은 인륜人倫의 표준이다"라고 했는데, 이는 공자를 염두에 두고 한 말이었다. 맹자가 말했다.

"사람이 생겨난 이래로 공자만큼 위대한 분은 없었다. 내가 하고 싶은 일은 오직 하나, 공자를 본받는 것이다."

맹자는 공자의 유업遺業을 받들고 계승하는 것을 평생의 사명으로 삼고 살았다. 그러나 맹자의 존재로 인해 얻은 것이 있다면 잃은 것도 적지 않았다. 맹자 이후로 유가儒家 사상은 '좋은 게 좋은 거다'는 식의 입장에서 한 치도 벗어나지 못했다. 일탈逸脫은 꿈도 꾸지 못한 것이다. 공자는 성인聖人이면서도 유연柔軟했다. 그러나 맹자는 그렇지 못했다. 그렇다고 해서 맹자가 훌륭하지 않다는 말은 아니다. 그의 논지論旨는 예리하면서도 깊이가 있었다. 또한 고전古典에 대한 이해가 남달랐으며, 역사를 해석하는 방법에도 정통했다. 실제로 공자의 제자들 가운데 안연, 증삼, 자로, 자공, 자하, 염유를 포함해서 어느 누구도 맹자에 필적할 만한 인물은 없었다. 그럼에도 〈맹자〉라는 텍스트는 소위 말하는 공맹사상孔孟思想을 대표하기에 부족한 점이 있어 보인다. 〈논어〉의 문사文辭는 인상적이지만, 〈맹자〉는 인상적이지 못하다. 맹자가 만일 성인聖人이 아니었더라면, 그의 사상은 무의미한 것이 되고 말았을 것이다. 그의 말이 그의 삶을 보증해 주지 못하기 때문이다. 창시자들은 언제나 유연했다. 그러나 대부분의 계승자들은 창시자가 의도하는 바를 왜곡시키거나 경직시키는 경향이 있었다. 이 점에서는 맹자라고 해서 예외가 될 수 없을 것이다.

성선설^{性善說}을 주장한 맹자의 시각에서 보면,

인간은 가능성을 상실해 가는 존재이다.

반면 성악설^{性惡說}을 주장한 순자의 시각에서 보면,

인간은 가능성을 실현해 가는 존재이다.

11

∴

순자

순자荀子(B.C.323?~238?)는 '인간의 타고난 본성은 악하다'고 하는 성악설性惡說을 주장했다. 순자는 스피노자처럼 욕망을 인간의 본성으로 보았다. 그러나 인간의 욕망은 노력 여하에 따라 얼마든지 다스려질 수 있다. 스피노자는 "이성理性이 욕망을 다스린다"고 말했다. 그리고 순자는 "마음(心)이 욕망을 다스릴 수 있다"고 말했다. 이에 반해 맹자는 "인간은 누구나 인의예지仁義禮智의 마음, 즉 양심良心을 선천적으로 가지고 태어났으나, 세상을 살아가면서 그러한 본심本心을 상실하게 된다"고 주장하면서 "평범한 사람들(世人)이 잃어버리는 것을 군자君子는 간직한다"고 말했다. 성선설性善說을 주장한 맹자의 시각에서 보면, 인간은 가능성을 상실해 가는 존재이다. 반면 성악설性惡說

을 주장한 순자의 시각에서 보면, 인간은 가능성을 실현해 가는 존재이다.

순자는 이렇게 말했다.

"인간의 본성은 악하다. 인간이 선해지는 것은 인위人爲의 덕분이다. 사람은 누구나 나면서부터 이익을 좋아하는데, 이익을 좇기 때문에 쟁탈이 일어나고 사양지심이 없어지게 되는 것이다. 사람은 누구나 나면서부터 남을 시기하고 미워하는데, 그렇기 때문에 남을 해치고 상하게 하는 일이 생기며 충실한 마음이 없어지고 서로 간의 신뢰가 사라지는 것이다. 사람은 누구나 나면서부터 귀와 눈의 욕망을 좇는데, 그렇기 때문에 혼란이 생기고 예절과 의로움이 사라지며 몸가짐이 추해지는 것이다. 사람으로 태어나 자신의 타고난 성정性情만을 따른다면 누구나 할 것 없이 빼앗는 것을 좋아하여 남과 다투게 될 것이고, 분수를 어기고 이치를 어지럽히며 난폭함을 드러내게 될 것이다. 그러므로 교화敎化가 이루어지고 예의지도禮義之道가 바로 서기 위해서는 반드시 스승과 법도가 필요한 것이다. 그런 연후에야 비로소 사양지심이 생기게 되고 훌륭한 태도를 갖추게 되는데, 이로써 본다면 사람의 본성은 악한 것이 분명하며, 사람이 선해지는 것은 인위적인 노력에 의한 것임을 알 수 있다."

사람이 선해지고자 하는 것은 본성이 악하기 때문이다. 사람의 본성이 선하다고 하면 성왕聖王의 존재는 무의미해지고 따라서 예의禮義와 법도法度도 필요치 않게 될 것이다. 본성이 악하기 때문에 성왕이 출현하고 예의와 법도가 소중한 것으로 여겨지는 것이다.[1] 순자가 말했다.

....

1 공자가 인(仁)을 강조했고, 맹자가 인의(仁義)를 강조했다면, 순자는 예의(禮義)와 법도(法度)를 강조했다. 순자의 정치론(政治論)은 그의 성악설을 근간으로 하고 있다. 사람의 본성은 악하기 때문에, 패자(覇者)는 법도(法度)로 나라를 다스리고, 왕자(王者)는 예의(禮義)로 나라를 다스린다. 법도(法度)란 법과 제도를 말하는 것이고, 예의(禮義)란 예절과 의로움을 말하는 것이다.

"굽은 나무는 곧은 나무를 대고 쪄서 바로잡은 뒤에야 펴지고, 무딘 쇠는 숫돌에 간 뒤에야 날카로워지듯이, 사람의 본성은 반드시 스승과 법도에 의한 가르침이 있은 뒤에야 다스려지는 것이다. 옛날 성왕께서는 사람들의 본성이 악하기 때문에 예의를 세우고 법도를 제정하여 사람들의 성정을 길들이고 교화시킴으로써 올바르게 인도하였다. 스승과 법도에 의한 교화에 힘입어 학문을 쌓고 예절과 의로움을 실천하는 사람을 군자라 하고, 자신의 타고난 성정에 따라 멋대로 행동하며 예의를 어기는 자를 소인이라 한다. 이로써 본다면 사람의 본성은 악한 것이 분명하며, 사람이 선해지는 것은 인위적인 노력에 의한 것임을 알 수 있다."

예의禮義라는 것은 성인聖人이 인위적으로 생겨나게 한 것이지, 본디 사람의 본성이 그러해서 생겨난 것이 아니다. 성인께서 생각을 쌓고 인위적인 노력으로 오랫동안 배우고 익혀 예의를 세우고 법과 제도를 만들어낸 것이다. 본성이란 하늘로부터 부여받은 것이어서 다스려질 수는 있으나 배우고 노력한다고 해서 나아질 수 있는 것이 아니다. 그러나 예의란 성인이 만들어낸 것이어서 배우면 행할 수 있고 노력하면 성취할 수 있다. 이것이 본성本性과 인위人爲의 구분이다. 본성이 없으면 인위를 가할 데가 없고, 인위를 가하지 않으면 본성은 저절로 바르게 되지 않는다. 성인이 보통 사람들과 구별되는 것은 타고난 본성은 같으나 인위적인 노력이 남다르기 때문이다. '성인'이란 인간의 노력이 집적된 소치이다.

순자에게 하늘(天)은 자연 이상의 의미를 지니는 대상이 아니었다. 하늘은 하늘이고, 땅은 땅일 뿐이며, 사람은 사람일 따름이다. 하늘은 사람의 운명을 지배하지 않고 다만 일정한 법칙에 따라 운행運行할 뿐이다. 인위人爲를 가하지 않아도 만물이 이루어지는 것은 자연의 섭리 때문인데, 이것을 가리켜 하늘의 직무職務라고 한다. 현명한 사람은 하늘과 직분을 놓고 다투지 않는다. 하늘의 일과 사람의 일을 분명히 구분할 줄 안다면 가히 지인至人이라 할 만하다.

하늘에는 사계절에 따른 변화가 있고, 땅에서는 만물이 생성되며, 사람에게는 이들을 다스릴 능력이 있다. 이를 두고 사람이 하늘과 땅의 조화에 참여하는 것이라 한다. 자연을 위대하게 여겨 그것을 사모하기만 하는 것과 자연으로부터 타고난 것을 다스리면서 그것을 이용하는 것 중 어느 쪽이 더 인간을 위해서 바람직하겠는가? 그리고 사계절의 변화를 바라보면서 때를 기다리는 것과 계절에 호응하여 그것을 활용하는 하는 것 중 어느 쪽이 더 인간에게 도움이 되겠는가? 사람으로서 참여하는 일은 등한시하면서 참여하는 대상에만 관심을 기울인다면 미혹된 일이라고 하지 않을 수 없다. 하늘은 자신이 하는 일을 드러내 보이지 않고 다만 그 공적만을 드러내 보일 뿐이다. 이러한 것을 두고 신묘함이라 한다.

하늘의 직무가 성립되고 하늘의 공적이 이루어진 연후에, 사람의 육체가 태어나고 정신이 생겨나서, 호好·오惡·희喜·노怒·애哀·락樂의 감정이 깃들게 된다. 이것을 하늘이 부여한 감정, 즉 천정天情이라고 한다. 귀·눈·코·입·신체는 외부의 사물들과 접촉해 기능을 발휘하지만 그 기능은 제각기 분리되어 있어 함께 할 수 없다. 이것을 하늘이 부여한 감각기관, 즉 천관天官이라고 한다. 마음은 우리 몸 가운데 텅 빈곳을 차지하고 오관五官을 다스린다. 이것을 감각기관의 주재자, 즉 천군天君이라고 한다. 자연을 적절히 이용해 인류를 양육해 주는 것, 이것을 천양天養이라고 한다. 천양에 순응하는 것을 복福이라 하고, 거스르는 것을 화禍라고 부르니, 이를 가리켜 천정天政이라고 한다.

자신의 마음인 천군天君을 어둡게 하고, 자신의 감각기관인 천관天官을 어지럽히고, 자연의 양육인 천양天養을 저버리고, 자연의 화복禍福인 천정天政을 거스르고, 자연의 감정인 천정天情을 위배하면, 하늘의 공적(天功)인 인간은 자기 자신을 잃게 된다. 이것을 두고 대흉大凶이라 한다. 반면 자신의 행위가 빈틈없이 모든 사물을 잘 다스리고, 자신의 보양이 빈틈없이 적절하면, 인간의 삶은 결코 손상되지 않는다. 이를 두고 '하늘의 뜻을 안다(知天)'고 하는 것이다. 이처럼 순자의 윤리학은 그의 형이상학에서 기인한다.

하늘에는 영원불변하는 법칙이 있고, 땅에는 영원불변하는 이치가 있으며, 군자에게는 영원불변하는 몸가짐이 있다. 군자는 영원불변하는 진리를 추구하지만, 소인은 일시적인 잇속만을 헤아린다. 마음을 닦고, 덕행이 두터워지고, 지려智慮가 명석해지고, 지금 세상을 살면서도 옛것에 뜻을 두는 것은 다름 아닌 자신의 노력 여하에 따른 것이다. 그러므로 군자는 자기 소관인 것에만 힘을 쓸 뿐, 하늘에 속한 일에는 마음을 쓰지 않는다. 반면 소인은 자신에게 속한 것은 등한시하고 하늘에 속한 것만을 흠모한다. 그래서 군자는 날로 발전하나, 소인은 날로 퇴보하는 것이다. 군자와 소인의 격차가 갈수록 벌어지는 것은 바로 이 때문이다.

별이 떨어지고 나무가 우는 소리를 내면 나라 안 사람들 모두가 두려워한다. 그러나 이것은 아무것도 아니다. 이를 두고 괴이하게 여기는 것은 괜찮으나 두려워하는 것은 잘못이다. 일식과 월식이 일어나고 철에 맞지 않는 비바람이 일고 괴상한 별이 나타나는 것은 늘 어느 시대에나 있어 왔던 일이다. 기우제를 지내면 비가 오는 까닭은 어째서인가? 그것은 아무 의미도 없다. 기우제를 지내지 않는다 하더라도 비는 온다. 일식과 월식이 일어나면 그로 인한 재난을 막는 의식을 행하고, 가뭄이 들면 기우제를 지내며, 점卜을 쳐 본 뒤에야 큰일을 결정하는 것은, 그렇게 함으로써 바라던 바를 얻고자 함이 아니라 형식을 갖추어 위안을 얻으려는 데 그 목적이 있는 것이다. 그러므로 군자는 형식을 갖추기 위해 그와 같은 일을 행하고, 백성들은 신령스런 것이라 여기고 그와 같은 일을 행한다. 형식을 갖추기 위해서 하는 일이라면 길하지만, 신령스런 것이라 여기고 하는 일이라면 흉한 결과만을 초래할 뿐이다.

하늘에 속하는 것 중에는 해와 달보다 더 밝은 것이 없고, 땅에 속하는 것 중에는 물과 불보다 더 밝은 것이 없으며, 사람에게는 예禮와 의義보다 더 밝은 것이 없다. 사람의 목숨이 하늘에 달려 있다면, 나라의 운명은 예에 달려 있다. 물을 건너는 사람은 깊은 곳에 표식을 세우는데, 표식이 분명치 않으면 물에 빠질 위험이 있다. 백성을 다스리는 임금은 예를 표식으로 세우는데, 표식이 분명치 않으면 나라가 어지러워진다.

그렇다면 예는 어떻게 해서 생겨났는가? 사람은 누구나 욕망을 가지고 태어나는데, 욕구해서 얻지 못하면 추구하지 않을 수 없고, 추구함에 있어서 일정한 기준과 한계가 없다면 다투지 않을 수 없게 된다. 다투면 어지러워지고, 어지러우면 궁해진다. 그래서 옛 임금들께서는 예의禮義를 세워 신분의 등급을 구분함으로써 사람들의 욕망을 두루 충족시키고자 했던 것이다. 신분의 차별에 따라 욕망을 충족시키는 정도가 달라진다. 다시 말해서 욕망을 충족시키는 정도에 따라서 그 사람의 신분이 정해지는 것이다. 순자는 "욕구와 그에 따르는 충족이 균형을 이루게 하는 것, 이것이 예가 생겨난 이유이다"라고 말한다. 예란, 다름 아닌 욕망을 충족시켜 주는 수단이다.

그리고 예란 생과 죽음을 대함에 있어 신중을 기하는 것이다. 생은 사람의 시작이고, 죽음은 사람의 마지막이다. 마지막과 시작을 정성껏 보살피면 사람의 도리를 다한 것이다. 그러므로 군자는 시작을 공경하고 마지막을 신중히 여겨 마지막과 시작이 한결같도록 한다. 이것이 군자의 도리이며 예의禮義의 형식이다. 살아 있는 동안에는 후대하면서 죽은 후에는 박대한다면 이는 지각知覺이 있는 것만을 공경하고 지각知覺이 없는 것은 소홀히 대하는 것이다. 이것은 간사한 사람의 도리이며 사리에 어긋나는 마음씨이다. 살아 계실 때 중히 섬기지 못하고 예절에 격식이 없는 것을 야^野하다고 말하고, 돌아가셨을 때 중히 장사 지내지 못하고 격식을 갖추어 **예**를 올리지 않는 것을 박^薄하다고 말한다. 군자는 야박^{野薄}한 것을 천하게 여기고 부끄러워한다.

삼년상^{三年喪}을 치르는 것은 어째서인가? 삼년상은 인정^{人情}에 맞도록 형식을 정한 것이다. 모든 **예**는 소박함에서 시작하여, 형식적인 수식^{修飾}으로 완성되며, 기쁨과 만족을 얻는 것으로 끝을 맺는다. 따라서 가장 바람직한 것은 정감과 격식이 모두 갖추어져 있는 **예**이고, 그 다음이 정감이나 격식 어느 한편으로 치우쳐 있는 **예**이며, 가장 하급의 **예**는 정감에만 치우쳐 옛날의 소박함으로 돌아가는 것이다. 모든 **예** 중에서도 제례의식이 으뜸이 되는 수식^{修飾}이다. 상례^{喪禮}란 정해진 의식을 성심성의껏 다함으로써 죽은 이를 사모하는 것이다.

만물은 **도**^道의 일부이고, 하나의 사물은 만물의 일부이다. 한 사물의 일부만을 보고 판단하는 사람을 어리석다고 한다. 그럼에도 그들 스스로는 도에 대해 알고 있다고 생각하는데 실은 안다고 볼 수 없는 것이다. 묵자^{墨子}는 실용에 가려서 형식의 중요성을 알지 못하였고, 송자^{宋子}는 욕망에 가려서 소망하는 바를 알지 못하였고, 신자^{愼子}는 법술^{法術}에 가려서 현명함을 알지 못하였고, 신불해^{申不害}는 권세에 가려서 지혜를 알지 못하였고, 혜자^{惠子}는 말^言에 가려서 진실을 알지 못하였고, 장자^{莊子}는 자연에 가려서 사람을 알지 못하였다.

실용을 좇는 것을 **도**라고 한다면 실리만을 추구하게 될 것이고, 욕망을 좇는 것을 **도**라고 한다면 쾌락만을 추구하게 될 것이고, 법술을 좇는 것을 **도**라고 한다면 술수만을 부리게 될 것이고, 권세를 좇는 것을 **도**라고 한다면 안일함만을 바라게 될 것이고, 말을 좇는 것을 **도**라고 한다면 논의만을 되풀이하게 될 것이고, 자연을 좇는 것을 **도**라고 한다면 되어 가는 대로 맡겨만

두게 될 것이다. 그러나 그들이 주장하는 바는 단지 도의 한 모퉁이를 보여줄 뿐이다. 도라는 것은 하나의 본체를 근거로 하여 변화를 다하는 것이니, 한 모퉁이로는 전체를 다 드러내 보일 수 없다. 일부분만을 보고서 전체를 상정한다면 그의 사상은 어느 한쪽으로 치우칠 수밖에 없을 것이다. 오직 공자孔子만이 어질고 지혜로웠으며 가로막히지 않아 편벽되지 않았다고 순자는 말한다.

성인聖人은 만물을 다 같이 펼쳐 놓고 옳고 그름을 판단한다. 그러므로 서로 다른 각각의 현상들이 그의 마음을 가려 질서를 어지럽힐 수 없다. 그렇다면 성인에게 있어 판단의 척도가 되는 것은 무엇인가? 바로 도이다. 사람들은 무엇으로써 도를 아는가? 마음(心)으로 알 수 있다. 마음은 어떻게 해서 도를 아는가? 마음이 텅 비고 한결같아지고 평정해짐(虛壹而靜)으로써 알수 있다. 마음에는 많은 것이 쌓여 있지만, 이른바 '텅 빈 상태(虛)'가 있다. 마음은 많은 것을 생각하지만, 이른바 '한결같은 상태(壹)'가 있다. 마음은 잠시도 움직임을 멈추지 않지만, 이른바 '평안하고 고요한 상태(靜)'가 있다.

사람은 누구나 지각知覺 능력을 갖고 태어났는데, 지각이 있으면 사물을 기억하게 되고, 기억을 하게 되면 많은 상념이 쌓이게 된다. 그러나 이른바 텅 빈 상태가 있는 것이다. 마음에 이미 쌓여있는 것들 때문에 새로 받아들이는 것들이 방해를 받지 않는 것, 이것을 '텅 빈 상태'라고 한다.

마음은 생겨나면서부터 지각하는 능력을 지니고 있는데, 지각이 있으면 사물을 식별할 수 있다. 식별이란 동시에 함께 아는 것을 말한다. 동시에 많은 것을 알게 되면 동시에 많은 것을 생각하게 된다. 그러나 이른바 한결같은 상태가 있는 것이다. 다른 하나 때문에 또 다른 하나가 방해받지 않는 것, 이것을 '한결같은 상태'라고 한다.

마음은 잠잘 때는 꿈을 꾸며, 가만히 내버려 두면 제멋대로 이리저리 움직이고, 집중하면 궁리한다. 그러므로 마음이 움직이지 않는 때란 없는 것이다. 그럼에도 이른바 평안하고 고요한 상태가 있다. 몽상이나 잡다한 생각 때문에 지각을 어지럽히지 않는 것, 이것을 '평안하고 고요한 상태'라고 한다.

도를 추구하고자 하는 사람이 텅 빈 상태에 이르면 도의 경지에 들어설 수 있다. 도를 섬기려는 사람이 한결같은 상태에 이르면 도를 구현할 수 있다. 도를 꿈꾸는 사람이 평안하고 고요한 상태에 이르면 도를 통찰할 수 있다. 도를 통찰할 줄 알고 도를 행할 줄 알면 도를 체득한 사람이다. 도는 마음을 다스리고, 마음은 욕망을 다스린다.

마음이 청명해지면 만물의 현상을 정확히 꿰뚫어 볼 수 있고, 정확히 꿰뚫어 볼 줄 알면 그 이치를 헤아릴 수 있고, 이치를 헤아리면 사물을 정확히 평가할 수 있다. 그런데 마음이 텅 비고 한결같아지고 평정해지는 것을 대청명大淸明이라 한다. 마음이 허일이정虛壹而靜의 경지에 도달하여 도를 터득하게 되면 방 안에 앉아서도 천하를 통찰할 수 있고, 현재를 살면서도 먼 옛일을 논할 수 있으며, 만물을 꿰뚫어 보면서 그 실정을 파악하고, 다스려지고 어지러워지는 것을 참고로 하여 법도法度에 통달하게 된다. 이러한 사람을 가리켜 대인大人이라 한다.

마음은 육체의 지배자이며 영혼의 주인이다. 마음은 명령을 내리기만 할 뿐 아무것으로부터도 명령을 받는 일이 없다. 마음은 스스로 금하고, 스스로 부리며, 스스로 빼앗고, 스스로 가지며, 스스로 행하고, 스스로 멈춘다. 입은 강제로 침묵하거나 말을 하게 할 수 있고, 육체는 강제로 굽히거나 뻗게 할 수 있으나, 마음은 강압에 의해 뜻을 바꾸게 할 수 없다. 옳다고 생각하는 것이면 받아들이고, 그르다고 생각하는 것이면 물리친다. 그러므로 "마음이 갈라지면 무지無知해지고, 마음이 기울어지면 혼탁해지고, 마음이 동요하면 의혹이 생긴다"고 하는 것이다.

탁명濁明은 밖으로 빛을 발하고, 청명淸明은 안으로 빛을 발한다. 성인은 자기가 하고 싶은 대로 행동하고 자기 감정에 충실하지만 도리에서 벗어나는 일이 없다. 그러할진대 무엇에 대해 노력하고, 무엇을 삼가고, 무엇을 두려워하여 경계하겠는가? 어진 사람이 도를 실천함에 있어서는 인위적인 노력이 필요치 않은데 성인의 경우에는 더더욱 그러하다. 어진 사람이 중요하게 생각하는 것은 밖으로 빛을 발하는 공손함이고, 성인이 중요하게 생각하는 것은 안으로 빛을 발하는 즐거움이다. 이것이 마음을 다스리는 도이다.

그리고 순자는 "명칭(名)을 올바로 사용해야 사물을 정확히 파악할 수 있다"고 말한다. 명칭을 들으면 그 실상이 전달되는 것이 명칭의 효용이다. 소크라테스는 대화를 나누고자 자신을 찾아온 사람들에게 "나와 대화를 하고 싶으면 먼저 그대가 사용하는 용어에 대한 정의定義부터 내려 보라"고 요구했다. 그리고 공자는, 제자가 "만약 임금께서 선생님에게 나라의 정치를 맡긴다면 무슨 일부터 먼저 하시겠습니까?" 하고 묻자, "반드시 명칭(名)을 바로잡는 일부터 하겠다"고 대답했다.

순자가 말했다.

"생래적으로 그러한 것을 본성(性)이라 하고, 본성으로부터 생겨나는 호·오·희·노·애·락을 감정(情)이라고 한다. 감정의 변화에 따라 마음을 쓰는 것을 사려(慮)라고 하고, 마음이 생각하는 바에 따라 행동하는 것을 인위(爲)라고 한다. 생각이 축적되고 능력이 키워진 연후에 발휘되는 것이 바로 인위人爲이다.

이익에 부합하는 행위가 사업(事)이고, 의리에 부합하는 행위가 덕행(行)이다. 사물을 인식하는 것을 앎(知)이라고 하며, 앎이 축적되어 발현되는 것을 지혜(智)라고 한다. 지혜를 가능케 하는 것을 재능(能)이라 하고, 재능이 발휘되도록 하는 것을 능력能力이라고 한다. 본성이 손상된 것이 질병

(病)이고, 우연히 조우함이 운명(命)이다. 이것이 옛 성왕聖王들께서 완성시킨 사람에 관한 여러 가지 명칭(名)이다."

명칭은 곧 약속이다. 성왕이 명칭을 제정하면 명칭이 정해져 사물이 분별되고 뜻이 통하게 된다. 뜻이 통하면 백성들의 생각이 통일되고, 백성들의 생각이 통일되면 임금이 나라를 다스림에 있어 혼란이 야기되지 않는다. 그런 연후에야 비로소 예의법도禮義法度가 제대로 행해질 수 있다.

명칭(名)이란 서로 다른 실상을 표현하는 것이다. 명사名辭란 서로 다른 실상의 명칭들을 연계하여 하나의 뜻을 나타내는 것이다. 변설辨說이란 서로 다른 실상과 명칭에 대해 일관된 주제를 가지고 논구論究하여 옳고 그름의 도리를 설명하는 것이다. 다시 말해서 변설이란 마음속의 도리를 말로 표현하여 남을 설득시키는 데 그 목적이 있는 것이다.

본디 지혜로운 사람의 말은, 생각해 보면 이해하기가 용이하고, 실천해 보면 쉽고도 편안하며, 지키고 나면 마음이 편해진다. 명칭은 실상을 가리키기에 충분하고, 말은 법도를 보여주기에 충분하면, 거기에서 멈추는 것이다. 여기서 벗어나는 것은 까다롭다고 여겨 군자는 관심을 기울이지 않는다. 그러나 어리석은 자들은 그것을 주워 모아 자기의 보배로 삼는다.

순자는 궤변을 늘어 놓는 자들을 신랄하게 비판했다. 예컨대 송자는 "모욕을 당해도 치욕으로 생각하지 않는다"고 했고, 묵자는 "도둑을 죽이는 것은 살인이 아니다"라고 했는데, 이와 같은 주장은 그릇된 명칭으로써 바른 명칭을 어지럽히는 것이다. 이런 오류는 명칭이 생겨나게 된 유래를 고찰하여 바로 잡으면 금할 수 있다.

그리고 혜자는 "산과 연못은 높이가 같다(山淵平)"고 했고, 송자는 "인간은 본디 많은 것을 욕구하지 않는다(情欲寡)"고 주장했으며, 묵자는 "채식에 비해 육식이 더 맛있는 것은 아니다"라고 했는데, 이와 같은 주장은 그롯된 실상으로써 그 명칭을 어지럽히는 것이다. 이런 오류는 경험을 통해서 사물 간의 차이를 관찰하여 무엇이 사실에 부합하는지를 파악하면 쉽게 바로 잡을 수 있다.

또한 공손룡公孫龍은 "백마白馬는 말馬이 아니다"라고 했고, 묵자는 "우마牛馬는 소牛가 아니다"라고 했는데, 이와 같은 주장은 그릇된 명칭으로써 그 실상을 어지럽히는 것이다. 이런 오류는 명칭이 지시하는 바의 요점을 살펴 본연후에, 마음으로 옳다고 여기는 것은 받아들이고 그르다고 여기는 것은 물리치면 쉽게 바로 잡을 수 있다.

천하의 온갖 그릇된 주장과 사특한 학설은 정도正道를 벗어나 함부로 지어 낸 것으로, 반드시 이 세 가지 오류 중 하나에 해당한다고 순자는 말했다. 반면 군자의 말은 깊이가 있으면서도 한결같고, 무지한 사람에게도 두루 잘 적용되며, 들쭉날쭉한 듯하면서도 정연하다. 오로지 군자는 명칭(名)을 바로 하여 자신의 생각과 뜻을 정확히 전달하는 데 힘쓸 뿐이다. 이것이 순자가 말하는 정명론正名論이다.

순자는 전국시대戰國時代 때 사람이었다. 따라서 그의 사상은 시대의 비극을 반영한다. 순자는 현실적인 이유에서 패도정치覇道政治를 옹호했지만, 그도 역시 맹자 못지않게 왕도정치王道政治가 실현되기를 간절히 바랬다. 그러나 불행히도 진시황秦始皇은 왕자王者가 아니고 패자覇者도 아니며, 가장 전형적인 폭군暴君이었다. 순자의 제자였던 한비자韓非子는 조국 한韓나라를 지키려다 진시황에게 죽임을 당했고, 순자의 또 다른 제자 이사李斯는 진시황을 도와 천하를 통일했다. 이것이 역사歷史였다.

풍우란馬友蘭은 "중국 철학의 역사에서 공자의 위치는 서양 철학에서의 소크라테스와 같다고 볼 수 있고, 맹자의 위치는 플라톤과 흡사하며, 순자의 위치는 아리스토텔레스와 흡사하다"고 말했다. 그러나 공자는 소크라테스가 아니고, 맹자는 플라톤이 아니다. 지적知的 능력에서 소크라테스는 공자와 비교가 안 되고, 맹자는 플라톤과 비교가 되지 않는다.

그러나 순자는 맹자와는 달리 철인哲人이 아니라 진짜 철학자哲學者였다. 서양의 기준이 아니라 인류의 기준으로 볼 때 그렇다는 것이다. 서양 철학의 문제점이 체계를 세우는 일에 지나치게 집착한 데 있었다면, 동양 철학의 문제점은 '체계體系'를 가볍게 여기고 체계를 세우는 일을 등한시한 데 있었다고 말할 수 있다. 그러나 순자는 예외였다. 그는 체계론자體系論者이면서도 지혜에 밝았고, 회의론자懷疑論者이면서도 낙관론을 견지했다. 오직 순자만이 고대의 중국 철학자들 가운데 유일하게 아리스토텔레스에 필적할 만한 지적知的 능력을 지닌 인물이었다고 평가할 수 있을 것이다.

그러나 순자 이후로 동양 철학은 서양 철학이 그랬던 것처럼 관념론觀念論의 수렁으로 빠져 들었다. 기독교 교리가 천년 동안 중세中世를 암흑시대로 만들었듯이, 불학佛學과 성리학性理學은 천년이 넘는 세월 동안 동북아東北亞를 경직시켰다.

인간이라는 인형^{人形}의 줄을 잡아 당기는 누군가가
우리 마음속에 숨어 있다는 점을 명심하라.
그것은 설득의 힘이고 생명이며, 말하자면 바로 그것이
인간을 인간답게 하는 그 무엇이다.

12

독서의 효용성

마르쿠스 아우렐리우스 황제는 "우주는 변화하는 것이며, 삶은 의견에 불과한 것"이라고 말했다. 세계가 변화하는 것이라면, 삶에 관한 인간의 지식은 한낱 의견에 지나지 않기 때문이다. 사실이 그렇다면 철학자들의 사상은 단지 개인적인 견해에 불과할 따름이다.

예컨대 아리스토텔레스와 아우렐리우스는 이성을 인간의 보편적인 본성으로 보았다. 그리고 스피노자와 쇼펜하우어는 욕망을 인간의 보편적인 본성으로 보았다. 그러나 인간의 본성이 이성이든 욕망이든, 그것은 그다지 중요한 사항이 아니다. **중요한 것은, 수천 년을 거쳐 온 인류의 역사가 제시하는 바의 지적**知的 **문화를 어떤 방식으로 이해하느냐에 관한 문제일 것이다.**

과연 종교는 인류를 위해서 어떠한 가치를 지향했을까? 그리고 예술이 표현하고자 했던 가치는 인류에게 어떤 종류의 명분을 제시했을까?

스피노자는 "인간에게는 인간이 가장 유익한 존재이다"라고 말했다. 그러나 종교는 '인간은 인간에게 지양止揚의 대상'이라고 가르쳐 왔다. 그들에게 생生은 현세가 아니라 내세를 위한 것이기 때문이다. 반면 예술은 인간을 인간으로 머물게 하는 데 그치지 않고 보다 더 고귀한 존재로 만드는 데 기여해 왔다. 17세기에 스피노자가 "인간은 인간에게 신神이다"라고 말했을 때, 그는 당연히 이단異端을 의식했을 것이다. 그러나 르네상스 시대의 완고한 성직자 사보나롤라는 그 특유의 달변으로 로렌초 데 메디치와 미켈란젤로를 겁먹게 했지만 어느 쪽이 사기꾼이었는가는 지금의 시각에서 볼 때 불 보듯이 자명하다. 사보나롤라는 이렇게 설교했다고 한다.

> 우리가 플라톤과 아리스토텔레스에게 빚진 게 있다면, 그것은 이교도를 반박하기 위한 주장을 그들이 제시했다는 점 때문이다. 그러나 그들 철학자들은 지금 모두 지옥에 가 있다. 신앙에 대해서는 차라리 늙은 여인네가 아는 것이 더 많다.

사보나롤라는 문화를 가치로 인정하지 않는 부류의 사람이었다. 그러나 문화를 이해하는 사람들에게 신앙은 보편적인 가치에 대한 믿음에서 구求해지는 것이다.

불경不敬은 아마도 최악의 것이다. 내 자신보다 훌륭하고 소중한 것에 대한 존경과 헌신이 '가치의 역사'를 만들어 냈다. 그러나 불경不敬은 곧 불모不毛이다.

소크라테스는 옳았다. 그는 말하지 않았던가? "현명한 자는 자기 자신보다 훌륭한 존재와 항상 함께 하기를 원할 것이다"라고. 그리고 겟세마네에서 예수 그리스도는 절규하면서 기도하지 않았던가? "하느님 뜻대로 이루어지소서!"라고. 아마도 그들의 함축적인 언어 속에 종교가 지향하는 바의 진정한 의미가 담겨 있을 것이다. 왜냐하면 바로 여기에 희생을 가능케 하는 지고至高의 정신이 표현되어 있다고 보여 지기 때문이다.

보편적인 가치를 추구하지 않는 종교를 미신을 좇는 종교라고 한다. 그리고 보편적인 가치를 추구하지 않는 철학을 '삼류 철학'이라고 한다. 보편적인 가치가 바로 진리이기 때문이다. 인간은 감정에 지배당하고 '자기'를 의식하고 내세우기 때문에 사물의 본질을 파악하지 못한다. 그러나 우리는 독서와 사색을 통해서 보편적인 가치, 즉 진리를 구하는 능력을 키울 수 있다. 바로 철학자들이 이러한 능력을 가진 사람들이었다. 그들은, 스피노자가 말한 바처럼, '영원한 상相 아래에서' 사물을 있는 그대로의 모습으로 파악할 줄 안다. 다시 말해서, 사물을 사물 그 자체로 인식하는 것이다.

아리스토텔레스와 스피노자는 최고의 인식을 최고의 가치로 보았다. 그러나 인식은 의견에서 비롯되는 것이 아니다. 플라톤은 '인식'과 '의견'을 구분했다. 인식이란 보편적인 가치에 대한 깨달음을 얻는 행위를 말한다. 그러나 의견은 개인적이고 주관적인 것이다. 예컨대 선악에 대한 개인적인 의견과 보편적인 선악에 대한 인식은 근본적으로 다른 것이다.

인간은 선악善惡을 초월해서 존립할 수 없는 존재이다. 니체가 선악의 피안彼岸을 운운한 건, 선악에 대한 맹목적이고 주관적인 의견을 초월하자는 의미였지, 선악의 본질 자체를 부정하려는 의도는 아니었다. 아우렐리우스는 "변화하는 사물로서 악한 것은 없고, 변화의 결과로 존재하는 것으로서 선한 것은 없다"고 말했는데, 분명히 선악은 자연의 섭리와는 무관한 것이다.

그래서 철학자들은 선과 악을 인간 간의 문제로 국한시켰다. 예컨대 고대 그리스와 춘추전국시대의 중국을 보면 알 수 있듯이, 보편타당한 선악의 존재 여부를 판단하는 것이 당시에 철학자들의 일이었다.

아마도 플라톤의 〈국가〉를 읽어본 사람이라면 소크라테스와 트라시마코스와 글라우콘의 대화에서 강한 인상을 받았을 것이다. 저명한 소피스트 트라시마코스는 "힘이 곧 정의正義이며, 정의는 강자의 편익을 위한 것"이라고 주장한다. 그리고 플라톤의 형 글라우콘은 정의에 대해 다음과 같이 말한다.

"정의 그 자체는 기피할 성질의 것이지만, 그것이 가져다 주는 대가나 평판 따위의 결과 때문에 사람들이 좋게 생각하는 것이다. 실제로 정의로운 사람들보다 정의롭지 못한 사람들이 더 행복한 삶을 누리고 있지 않은가? 정의는 오히려 불이익을 가져다 주고, 불의不義는 이익을 가져다 준다."

그리고 옳고 그름에 대해 명쾌하게 결론을 내린다.

"올바르지 못한 짓을 저질러 자신의 편익을 꾀하는 것은 좋은 일이나, 올바르지 못한 일을 당하여 피해를 보는 것은 나쁜 일이다. 정의란 그 자체가 좋아서가 아니라 약자가 지니는 허약함 때문에 존중되는 것이다. 강자는 불의를 저지르지도 말고 불익을 당하지도 않도록 하자는 규범을 자진해서 받아들이지 않을 것이다."

그러나 소크라테스는, 참된 의사는 자신의 이익보다는 환자의 건강을 먼저 생각하듯이, 올바른 사람은 자신의 이익을 생각하기에 앞서 상대방의 이익을 먼저 고려할 거라고 말한다. 소크라테스에게 있어, 타인에 대한 배려는 곧 신에 대한 배려를 의미했다. 왜냐하면 인간은 신의 배려가 없이는 존립이 불가능한 존재라고 소크라테스는 생각했기 때문이다.

그리고 공자는 어질 인仁에서 '인간'을 발견하고자 했다. 인간은 상황에 지배 당해서 악해질 수 있다. 그러나 착한 사람은 어쩔 수 없어서 착한 것이다. 인仁은 인간의 근본이다. 공자는 말하기를, "사람이 어질지 못하면 예禮가 무슨 소용이 있겠는가!"라고 했는데, 어질지 못한 사람에게 예禮란 의미 그대로 허례虛禮일 뿐이다.

"악한 사람은 결과만을 탐낸다"고 세네카는 말했다. 그러나 선한 사람은 결과만큼이나 과정을 중시한다. 동기動機의 명분도 따져 봐야 하고, 상대방의 입장도 고려해야 하기 때문이다. 여기서 양심良心이라는 정서情緒가 대두된다. 독서와 사색이 누구에게나 양심을 심어 준다고 기대할 수는 없다. 하지만 '양심에 따라 자신을 설득하는' 능력만큼은 얼마든지 키워줄 수 있다. 그리고 그것으로 충분한 것이다. 아우렐리우스가 말한 것처럼,

인간이라는 인형人形의 줄을 잡아 당기는 누군가가 우리 마음속에 숨어 있다는 점을 명심하라. 그것은 설득의 힘이고 생명이며, 말하자면 바로 그것이 인간을 인간답게 하는 그 무엇이다.

진리에 대해서

죽음에 대해서

돈에 대해서

에로티시즘에 대해서

문화에 대해서

이순신에 대해서

에
세
이

지금의 나 자신보다 훌륭한 그 미지未知의
존재를 꿈꾸는 것은 인간에게만 주어진 특권이다.
한 개인은, 그 개인이 스스로에게
요구하는 만큼의 가치, 바로 그것이다.

진리에 대해서

최고의 진리에 관한 실마리를 셰익스피어가 제시했다.

> 사람은 이승에 온 것처럼
> 저승으로 가는 것을 견뎌야 하오.
> 성숙함이 전부요. 「리어 왕 5막 2장」

철학자들은 늘 강조해왔다. "영원성이 아니라 성숙함이 인류의 목표였다"고. 보다 정확하게 표현하자면, '불멸이 아니라 지속적인 진보가 개인에게나 집단에게나 최고의 목표였다'고 해야 옳을 것이다.

규범이 곧 진리이던 시대가 있었다. 실제로 오랜 세월 동안 모세의 십계명과 예수의 신성神性을 거슬린 자는 이교도를 제외하고는, 자신을 스스로 철학자라고 생각하는 '인종人種' 밖에 없었다. 하지만 과거에는 위대했던 규범들이 상식이 되어버린 요즘 시대를 목격한다면, 모세와 예수는 흐뭇해하기보다는 오히려 당혹스러워 할 것이다. 상식이 규범의 수준에 이르러서가 아니라, 규범이 상식의 수준으로 전락해서이다. 아마도 그들은 민감해야 할 것에 둔감하고, 둔감해도 좋을 것에 민감하게 대처하는 세태를 바라보면서 자못 어리둥절해 할 것이다.

한편 소크라테스가 "내가 아는 것은 내가 아무것도 모른다는 사실뿐이다"라고 말했을 때, 그는 자신이 무심코 던진 이처럼 평범한 말이 역사상 가장 위대한 진리 중의 하나로 기억되리라고는 상상도 하지 못했을 것이다. 당시에는 겸손이 불가지론不可知論과 동의어로 쓰여졌을 수도 있었다. 그러나 과거와는 달리 이제 진리는 구체성을 필요로 한다. 현대인에게 감동을 줄 수 있는 진리란 거창한 논리나 위대한 사상에 관한 것이 아니라 삶의 질質을 높여 주는 것이라야 한다. 이를테면 피타고라스의 말처럼, "최선의 삶을 선택해라. 그러면 습관이 그것을 익숙하고 즐거운 것으로 만들어 줄 것이다" 같은 것들이다.[1]

혹자는 말할 것이다 — "돈이 최고의 가치이다" 혹은 "섹스가 최고의 즐거움이다"라고. 물론 그렇다고 볼 수도 있을 것이다. 하지만 이러한 주장은 누구나 쉽게 말할 수 있는 일반론이며 지나치게 공간적이다. 현대는 일반적

---

1 아리스토텔레스는 습관을 '제2의 천성'이라 했고, 프랜시스 베이컨은 습관을 '삶의 집정관'이라 했다. "인간의 본성을 바꾸거나 정복할 수 있는 것은 오직 습관뿐이다."

인 것과 보편적인 것을 혼동하는 시대이다. "진리는 진리의 잣대로만 판단할 수 있다"고 베이컨은 말했다. 진리는 보편성에 뿌리를 두어야 한다. 보편성은 심오한 것이다. 보편성은 시간과 공간을 다 만족시켜야 하기 때문이다.

시간은 실연과 같은 상처도 치료하는 묘약이다. 시간은 치욕도 잊게 한다. "온갖 수치 다 마셔버린 내 나이 36세!" — 이렇게 외치고 어떤 철학자는 분연히 자살했는데, 우리는 그 철학자의 고뇌와 비애를 상기하지 않고 일상 속에서 망각한다. 시간이 묘약이면 공간은 마약처럼 직접적이다. 예컨대 탐욕과 쾌락은 공간에 속한다. 인간의 욕망은 속성상 한시적일 수밖에 없기 때문이다. 공간은 시간에 의해서 규정된다. 그런데도 사람들은 시간을 의식하기보다는 공간에 익숙한 삶을 살아가고 있다. 바로 이러한 현실이 인간의 운명을 좌우한다.

욕망이 공간의 영역에 속하는 것이라면, 지혜는 시간의 영역에 속하는 것이다. 그런데 진정한 진리는 지혜와 욕망 모두를 만족시킬 수 있어야 한다. 욕망을 잠재우기보다는 효과적으로 다스릴 수 있을 때, 인간의 지혜는 빛을 발한다.

시간은 죽음을 가져다 주면서 동시에 성숙함을 가져다 준다. 그러나 성숙함은 거저 얻어지는 것이 아니다. 수신修身을 강조한 철학자들은 낭비를 거부하고 자기 자신을 보다 나은 존재로 만들기 위해 노력하는 자세를 최고의 미덕으로 여겼다. 하지만 불행히도 우리는 진화進化의 목적을 의심할 수밖에 없는 시대에 살고 있다. 요컨대 하나의 큰 욕심보다는 잡다한 욕심에 집착하는 세태이다. 잡다한 욕심이 아닌 하나의 큰 욕심, 그것은 현재의 모든 것을 걸고 미래의 자기 자신을 위해서 승부를 거는 것이다. 지금의 나 자신보다 훌륭한 그 미지未知의 존재를 꿈꾸는 것은 인간에게만 주어진 특권이다. **한 개인은, 그 개인이 스스로에게 요구하는 만큼의 가치, 바로 그것이다.** 인간은 자기 자신에게 많은 것을 요구하면 요구할수록 그만큼 자신에게서 많은 것을 얻어낼 수 있기에 경이로운 존재이다.

델포이 신전神殿에는 "너 자신을 알라!"는 유명한 경구警句가 새겨져 있었다. 그렇다! 우리는 현재의 우리 자신을 알 필요가 있을 것이다. 그리고 그것은 그다지 어려운 일이 아니다. 왜냐하면 대개의 경우 자신의 무능을 확인하는 데 그칠 뿐이기 때문이다. 그러나 미래의 자기 자신을 예측한다는 것은, 어떤 사람들의 경우에는 거의 불가능한 일이다. 스무 살의 예수가 십여 년쯤 후에 자신이 '지상의 왕국'을 보완하는 의미에서의 '하느님의 왕국'을 세우게 되리라고 꿈이나 꿨겠는가? 마찬가지 의미에서 젊은 싯다르타는 훗날 자신이 부처가 된다는 사실을 상상도 하지 못했을 것이다. 그리고 단테가 나이서른 넷에 피렌체에서 추방당하지 않았다면 〈신곡〉은 역사가 인정하는 걸작의 반열에 들지 못했을 것이다.

"순탄한 삶은 바람직하지만, 역경逆境은 찬양할 만한 것"이라고 세네카는 말했다. 토인비가 말한 '도전 대對 응전'의 논리는 인류의 역사에서와 마찬가지로 개인의 삶에도 적용된다. 시련은 인간을 단련시킨다. 하지만 외적外的인 도전은 내적內的인 도전에 비해 극적劇的이지 못하다. 왜냐하면 외적인 도전은 대개의 경우 — 예컨대 가난이나 불운처럼 — 일반적이고 수동적으로 주어지는 상황에 따른 것인데 반해, 내적인 도전은 그 개인의 의지나 개성에 의해 주어지는 일종의 선택과도 같은 것이기 때문이다. 스스로에게 많은 것을 요구한다는 건 그만큼 스스로에게 많은 도전을 준다는 걸 의미하는 것이다. 도전이 강해지면 따라서 응전의 힘도 강해지고, 그 결과로써 변화와 새로운 안목과 성숙함을 얻게 된다.

그렇다고 해서 '내가 아닌 다른 사람이 된다'는 것은 물론 불가능한 일이다. 만일 그럴 수 있다고 한다면, 그것은 인간을 더욱더 가벼운 존재로 평가 절하하는 데 그칠 뿐이다. '내가 아닌 다른 사람'은 나 자신이 아니며, 결국은 '과거의 나'를 부정하는 게 되기 때문이다. 인생이라는 드라마는 자신에게 주어진 운명을 스스로가 인정하면서부터 시작된다. 극적인 역전逆轉은 가능하겠지만, 있었던 일을 없었던 일이라고 말한다면 인간의 드라마는 희극喜劇에서 벗어나지 못할 것이다.

성숙이란 목표인 동시에 과정이며, 나에게 없는 어떤 것을 꿈꾸는 게 아니라, 내 안에 내재하는 가능성을 밝혀내는 일이다. 내 자신보다 소중한 가치들이 하늘의 별만큼이나 많다는 사실을 인정해야만 한다. 우리의 관심을 요하는 것은 부정否定이 아니라 긍정肯定에 관한 것이며, 일체의 가능성에 대한 확신을 구하는 것이다. 존재의 가능성을 증명하고자 했던 인간의 집념은 그 자체로 하나의 역사를 이루었다. 그리고 그것은 과거의 가치를 현재로 불러오는 힘을 지녔기에 소중한 것으로 여겨져 왔다. 과거가 모범을 보이는 범위 내에서 미래는 자신의 닫혀진 문門을 개방한다. 과거는 '단순히 경과된 시간이 아니라, 하나의 가능성'이기 때문이다.

역사적인 인물들은 '고독 속에서 이루어 낸 위대한 자기 변신'을 감동적으로 보여준다. 그들의 높은 안목은 우리들 자신을 하찮은 존재로 여기게 하지만, 한편으로는 우리를 고무시킨다. 그들의 삶이 보여준 모범이 바로 역사가 주는 교훈이며, 그들이 제시하는 탁월한 안목이 곧 '진리의 언덕'이기 때문이다. 동물과 인간의 차이를 구별하기 위해 철학이 필요했던 것은 아니다. 성숙한 안목은 현저한 차이는 물론이고 민감한 차이도 읽어 낼 줄 아는데, 바로 여기에 진정한 기쁨이 숨어 있다고 철학자들은 강조해왔다.

개성이라 일컬어지는 '존재의 가능성'을 밝혀내는 일은 단순한 이해理解의 문제를 넘어서는 생존生存에 관한 문제이다. 왜냐하면 개성을 나타낸 이후에 인생은 운명을 표현하기 때문이다. 예컨대 예수와 공자와 소크라테스의 삶은 확연히 달랐다. '차이의 구별'이 사라질 때, 아마도 우리는 최악의 현실과 마주하게 될 것이다. 만일 어느 한 순간부터 우리 모두에게 베토벤 교향곡 9번이 에어로빅 배음^{背音}과 같은 음^音으로 들려오게 된다면, 종말은 이미 우리 곁에 다가온 거나 다름없다. 종말은 거창하고 요란하게 다가오지 않는다. 종말은 조용히, 그러나 강력하게 우리를 잠식해온다.

> 만일 내가 어느 한 순간이라도 스스로 만족하여 안일^{安逸}을 구하게 된다면, 그래서 "이제는 됐다! 시간^{時間}아, 멈추어라!"하고 나 스스로가 말하게 된다면, 그때는 내 기꺼이 죽음에 동의하겠노라.

이와 같은 파우스트 박사의 선언은 종말을 인정하고 싶어 하지 않는 모든 인간의 희망을 반영한다. 그러나 종말을 거부한다고 해서 그 자리를 불멸이 대신하는 것은 아니다. 거부는 하나의 의지이지만, 불멸은 끊임없는 과정이기 때문이다.

인간의 온갖 영광과 숱한 비애가 그 특유의 비장함으로, 이른바 '진보의 역사'에 기여한 범위 내에서, 지금까지 존재했던 모든 가치들은 '성숙함'이라는 이름으로 기억되거나 기록될 것이다. 숙명처럼 결코 멈춰 설 수 없는 지속적인 진보만이 불멸을 가능케 했다.

죽음(혹은 종말)은 포기할 줄을 모르는 진보 앞에서 힘을 잃는다. 멈추지 않고 진보를 계속하는 인간인 그는, 죽어 가는 것이 아니라 끊임없이 번영해 가기 때문이다.

위대한 인물들이 추구했던 것은 영생永生이 아니라
불멸不滅이었다. 영원히 사는 삶이 아니라,
영원히 잊혀지지 않는 삶을 꿈꾼 것이다.
그들은 유령幽靈이 되고자 했던 것이 아니라,
스스로 역사歷史가 되고자 했던 것이다.

·
·
·

죽음에 대해서

죽음만이 유일무이한 해결 방안이라고 생각한다면 문제될 게 없을 것이다. 하지만 **죽음으로 인해 완성되는 것은 삶이지, 운명이 아니다.** 어떤 운명들은 죽음을 초월한다. 우리는 죽음으로 해서 명분을 확보했던 소크라테스를 기억하듯이, 죽음으로 해서 거듭 태어난 예수를 기억한다. 죽음에 의미를 부여하는 일은, 문화를 가치로 인정하는 부류의 사람들에게 지적知的 만족을 가져다 준다. 그러나 의미를 부여한다고 해서 극복될 수 있는 죽음이라면, 그것은 죽음도 아니다.

죽어서도 무언가가 되기를 바라는 동물은 인간밖에 없을 것이다. 왜냐하면 인간만이 자신이 죽어야 한다는 사실을 아는 유일한 동물이기 때문이다.

"죽어서 무無가 되면 그뿐이지, 무엇을 더 바라는가?" — 이런 류類의 질문이 반드시 불신不信을 조장하는 것은 아니다. 오히려 사후死後에 대한 지나친 집착이 미신을 정당화하는 경우가 허다하다. 종교는 규범을 넘어서는 순간부터 미신이 된다.

사후 세계에 대한 갈망은 인간의 욕망을 반영한다. 그러나 죽어서도 또다른 세상이 있다면 어떤 사람들에게는 그야말로 절망이다. 고대 그리스·로마의 스토아 철학자들은 죽음이야말로 최후의 안식이며 마지막 위안이라고 생각했다. 죽음은 탄생의 불평등도 제거한다. 천국에 가든 지옥에 가든, 죽음이 끝이 아니라면 고통은 연장될 뿐이다.

알렉산드로스 대왕과 예수와 라파엘로와 모차르트, 그리고 한漢나라 때의 천재 가의賈誼와 삼국지 시대의 천재 왕필王弼은 젊어서 죽었다. 그들 중 제명대로 못살고 죽임을 당한 인물은 예수 한 사람뿐이었는데, 그가 스스로 죽음을 자초해서였다. 삶의 양量이 삶의 질質을 보증하는 것은 아니다. 영생永生과 관련된 고대의 신화는, 그것이 프로메테우스 건, 시지프스에 관한 것이건, 당사자에게는 최고의 고통이며 최악의 처벌이었다.

죽음이 존재함으로 해서 역사는 기록되고 기억된다. 왜냐하면 역사란 혼령魂靈들에 관한 기록이 아니라, 사자死者들에 관한 기록이기 때문이다. 죽음만이 — 물론 '어떤 죽음들'이겠지만 — 불멸을 보증하는 유일한 단서가 된다는 사실은 아이러니가 아니다. 과연 예수나 소크라테스의 죽음이 인류의 수명을 단축시켰던가? 오히려 그들의 죽음이 인류의 수명을 연장시키고 있다는 사실을 역사는 증명하고 있다.

죽음은 삶의 일부로서 이해될 때, 원래의 의미를 다하게 된다. 삶으로부터 분리된 죽음이 그 자체로써 의미를 지닌다면 죽음에 의해 삶이 무시되는 현실과 마주하게 될 것이다. 미신은 삶을 외면하고, 삶 외의 것에 미혹되는 사람들을 유혹한다.

미신迷信이 무지無知의 산물이라면, 믿음은 인격의 산물이며, 불신不信은 지성의 산물이다.

스피노자의 지성知性은 예수의 신성神性에는 못 미치지만, 그래도 스피노자야말로 '제2의 예수' 같은 존재였다고 르낭과 레싱은 인정했다. 스피노자가 예수의 신격神格을 인정하지 않았다고 해서 예수의 가치를 부정한 것은 아니었다. 불신은 스피노자에게보다는 소크라테스 이전의 철학자들에게 적용될 때 훨씬 더 구체성을 갖는다. 소크라테스 자신도 불신의 문제로부터 자유로울 수는 없었다. 소크라테스를 죽음으로 몬 죄목 중에 젊은이들을 타락시킨 죄에 덧붙여 신들을 부정한 죄도 포함되어 있었기 때문이다. 베르그송의 말처럼, "지식인은 타고난 유물론자이다." 공자孔子는 귀신에 대해서 말하는 것을 금기했다. 그리고 노자老子가 생각하는 신은, 스피노자의 범신론汎神論처럼, 인격이나 신격을 지닌 신이 아니라, 절대의 진리 혹은 자연의 질서를 의미했다.

적어도 유물론자에게 있어 죽음의 존재는 혼란을 야기하지 않는다. 유물론자는 죽음을 있는 그대로 받아들이고 직시直視하는 특권을 부여받았기 때문이다. 그러나 유물론자는 한편으로는 엘리엇의 표현처럼, '커피 스푼으로 인생을 저울질 하는' 사람들이기도 하다. 유물론은 감수성의 부재不在를 전제로 한다. 아니면 자신 속에 내재하고 있는 감수성에 대한 외면을 전제로 하든지.

"인간은 노력하는 한 방황한다"고 괴테는 말했다. 인간은 의지가 표현되는 범위 내에서만 방황할 수 있는 존재이기 때문이다. 최초의 인간(막 태어난 아기)은 방황하지 않는다. 그리고 최후의 인간(죽음을 앞둔 노인) 역시

체념할 뿐, 방황하지 않는다.

진지한 방황을 남다르게 경험한 개인은 그만큼 많은 고뇌를 대가로 지불한 자이다. 고뇌는 지불될 뿐, 보상을 요구하지 않는다. 어떤 상황과 직면해서는 고뇌하는 것 외에 할 수 있는 일이 아무것도 없기에 고뇌할 뿐이다. 고뇌는 인간의 불완전함을 보완한다.

인간의 존엄성은 그 단서로 고뇌를 요구한다. 혹은 인간은 자신의 가치를 증명하기 위해 고뇌를 그 수단으로 삼는다. 고민과 고뇌의 차이는 분명하다. 고민은 '보이는 가치'에 따른 것이고, 고뇌는 '보이지 않는 가치'에 따른 것이다. 위대한 인물들의 고뇌는 대의명분을 위한 것이었다.

죽음과 직면해서 예수가 표현해 낸 고뇌의 성격을 우리는 겟세마네에서의 마지막 기도 장면에서 읽을 수 있다. 십자가는 상징 이상의 것이었다. '죽어서 새로운 생명을 얻었다'는 표현보다는 '죽어서도 생명을 잃지 않았다'는 표현이 훨씬 더 의미 깊게 우리에게 다가오기 때문이다. 예수의 부활은 하나의 사건이지만, 예수의 불멸은 새로운 역사의 시작을 가능케 했다. 십자가는 예수를 보증했고, 예수는 역사를 보증했다.

'고뇌하는 인간'의 모습에서 존재의 불멸성을 발견하는 것은 어려운 일이 아니다. 그 이미지는 인류를 특징짓는 상징과도 같은 것이었다. 예컨대 플라톤이 표현한 소크라테스의 고뇌는 철학자의 삶이 어떠해야 하는가를 감동적으로 보여준다. 고민은 개인적인 것이지만, 소크라테스가 보여준 고뇌는 역사적인 것이었다. 그의 죽음이 그랬듯이, 그의 고뇌는 불가피성의 결과였다. 고뇌는 언어로 표현되지 않고 이미지로 표현된다. 그런 의미에서 플라톤이 기록한 소크라테스의 최후는 겟세마네에서의 예수처럼 불멸의 이미지로 기억될 것이다. 마지막 유언으로 소크라테스는 아스클레피오스에게 빚진 닭 한 마리를 친구 크리톤에게 대신 갚아 줄 것을 부탁한다. 이 장면을 두고 앙드레 말로는 "신들은 거기에 있었다!"고 단언한다.

삶을 영위하면서 감히 죽음에 대해 논할 수 있는 존재는 인간이 유일하며, 그것만으로도 대단한 일임에 틀림없다. 〈파이돈〉에서 플라톤은 '이데아'로부터 인간 영혼의 불멸성을 연역해낸다. 플라톤에 의하면, 철학자의 영혼만이 신적神的이며 영원불멸할 수 있다. 오직 철학자만이 '이데아'를 인식할 수 있기 때문이다. 플라톤이 말하는 천국은 애지자愛智者인 철학자들을 위해서 존재하는 곳이다. 반면 철학자가 아닌 선량한 사람들은 가장 행복한 사람들로서, 천국에는 이르지 못하지만, 미물微物로 다시 태어나지 않고 '점잖고 절제 있는' 존재로 거듭 태어난다.

그리고 소크라테스는 말하기를, "나는 다시 태어나는 일이 가능하다고 믿는다. 왜냐하면 살아 있는 것은 죽은 것으로부터 오기 때문이다. 죽은 자의 영혼은 소멸하지 않고 살아 있으며, 선한 영혼은 악한 영혼보다 더 나은 보상을 받는다고 나는 확신한다"고 했는데, 이것은 동양東洋의 윤회설이 아니라 피타고라스의 윤회설이다. 소크라테스는 말했다.

만일 인간의 영혼이라는 것이 정말 불사不死한다고 하면, 우리는 우리의 생生을 위해서만이 아니라 내세를 위해서도 우리의 영혼을 보살펴야 한다. 만일 죽음으로 해서 모든 것이 끝난다고 하면, 악인惡人만이 이득을 보게 될 것이다.

그리고 칸트는 도덕이 곧 정의正義라고 주장하면서 죽음을 도덕률道德律과 연계시켜서 생각했다. 칸트의 생각은 이랬다.

인간은 자신이 행한 덕德에 비례하는 행복만을 추구해야 한다. 그런데 이것은 신의 섭리만이 보증해 줄 수 있다. 그러므로 내세는 존재해야 하고, 따라서 신도 존재해야 한다.

프랜시스 베이컨은 의도적으로 죽음을 평가 절하했고, 몽테뉴는 죽음을 인간 조건의 주제로 삼았다. 그리고 스피노자는 죽음에 대해 거의 개의치 않았다. "철학자는 죽음을 두려워하지 않는다" ─ 이 말은 소크라테스가 한 말인데, 왜냐하면 '철학이란 다름 아닌 죽음을 연습하는 일'이기 때문이다. 그러나 죽음을 무시한다고 해서 인간의 지성이 돋보이는 것은 아니다. 죽음을 담담하게 받아들인 소크라테스가 있었다면, 죽음과 직면해서 절규하며 몸부림쳤던 예수도 있었다. 죽음의 존재는 신의 존재와 반대되는 경우이다. 신은 필요해서 존재하지만, 죽음은 실재하기 때문에 항상 염두에 둘 필요가 있는 것이다.

진보(betterment)란 예측 가능한 것이 아니다. 호메로스와 헤시오도스, 그리고 피타고라스와 파르메니데스에서 소크라테스와 플라톤과 아리스토텔레스로 이어지는 헬라스의 지성은 타의추종을 불허했다. 하지만 헬라스의 지성知性을 예수의 심성心性이 극복하는 것을 지켜보면서, 역사는 예수의 승리에 갈채를 보냈다. 예수는 논리 없이 가치를 선언했다. 아마도 예수의 직관보다 훌륭한 것은 다시 없을 것이다. 산상수훈山上垂訓은 인간의 말이 아니라, 신의 말이었다. 그리고 겟세마네에서 죽음과 직면한 예수는 인간의 정서情緖가 아니라, 신의 정서情緖를 대변한다. 기독교는 예수의 신성神性과 인성人性을 동시에 인정했지만, 사실 예수는 신이었다. 소크라테스가 지혜의 신이었고, 공자가 도덕의 신이었다면, 예수는 인류의 신이었다.

종교는 인간에게 타락의 명분을 주면서 동시에 그 명분을 제거한다. 왜냐하면 종교는 내세를 보장함으로써 현세의 가치를 평가 절하하고, 한편으로는 타락을 잠재우는 규범도 제시하기 때문이다.

그러나 어차피 한번뿐인 인생이라면 두려운 것은 죽음이 아니라 실패이다. 한번뿐인 인생이기에 인간은 타락을 거부하지 않고 오히려 타락을 꿈꾼다. 그러나 반대의 경우도 가능할 것이다. 한번뿐인 인생이기에 타락을 거부하고 최선의 것만을 추구하는 삶도 없지는 않다. 그들의 삶은 '인간 조건에 대항해 투쟁한 흔적'을 우리에게 감동적으로 보여준다. 존재했다는 사실만으로도 충분히 훌륭하고 우리에게 위안이 되는 그런 인물들이 있다. 그들의 존재는 인간의 가치를 '증명하지 않고 단언한다.' 훼손될 가능성이 있는 가치는 진정한 의미의 가치가 아니다. 죽음마저도 결코 그들의 모범模範을 손상시키지 못한다.

예수는 제자들에게 '하느님의 왕국'을 남겨 두고 십자가에 못 박혔다. 소크라테스는 제자들에게 '자신의 존재'를 남겨 두고 죽임을 당했다. 그리고 공자는 제자들에게 '자신의 가르침'을 남겨 두고 세상을 떠났다.

위대한 인물들이 추구했던 것은 영생永生이 아니라 불멸不滅이었다. 영원히 사는 삶이 아니라, 영원히 잊혀지지 않는 삶을 꿈꾼 것이다. 그들은 유령幽靈이 되고자 했던 것이 아니라, 스스로 역사歷史가 되고자 했던 것이다.

앙드레 말로의 말처럼, "가난하면 적敵을 선택할
여지가 없다." 오히려 환경이라는
적에게 지배당하는 처지에 놓일 뿐이다.
우선은 가난에 지배당하고,
결국에는 운명에 지배당하게 된다.

: : :

돈에 대해서

부富를 얻으려다 절망한 인간이 부富를 경멸하는 법이다. _프랜시스 베이컨

오직 돈만이 절대적으로 선한 것이다. 돈은 하나의 욕구를 구체적으로 만족시켜 줄 뿐만 아니라, 욕구 일반을 추상적으로 만족시켜 주기 때문이다. _쇼펜하우어

부귀가 찾아서 얻어지는 것이라면, 말채찍을 잡는 천한 일자리라도 나는 마다하지 않을 것이다. 만일 찾아서 얻을 수 없다면, 나는 내가 좋아하는 것을 좇아 행할 것이다. _공자

창고에 재물이 풍족해야 예절을 알고, 먹고 입는 것이 넉넉해야 명예와 치욕을 안다. _관중管仲

자신의 재산을 남에게 준다는 것은 재산을 취하지 않는 것보다 훌륭한 일이다. 왜냐하면 자신이 모은 재산을 남에게 나눠 주는 자는 후덕厚德하다는 말을 듣지만, 재산을 취하지 않는 자는 공정하다 하여 칭찬받을 뿐이기 때문이다. _아리스토텔레스

겸허한 마음으로 부富와 재물을 받아들여라. 그러나 아낌없이 버릴 각오를 하라. _마르쿠스 아우렐리우스

현실을 이해하려면 현실의 언어를 사용할 필요가 있다. 돈에 대해서 말할 때 추상적이거나 관념적인 언어를 사용한다면, 그야말로 돈에 대한 찬사가 될 것이다. 그렇다고 해서 돈이 모욕의 대상으로만 여겨진다면, 이 또한 바람직하지 않을 것이다.

돈이 되는 모든 것은 다 현실적이다. 범죄만 아니라면, 그것이 우스운 일이든, 하찮은 일이든, 천박한 일이든, 위대한 일이든, 돈이 된다는 사실로 인해 정당성을 인정받는다. 돈벌이는 생존生存에 관계된 문제이기 때문이다. 누구나 다 라파엘로나 미켈란젤로처럼 고상한 일을 하면서 돈을 벌 수는 없을 것이다. 자신이 하고 있거나 하고자 하는 일이 비현실적인 것이 아닐까 하는 고민은 그 일이 돈을 불러올 때 말끔히 사라진다. 특히 작가나 예술가들의 경우가 그러하다. 그들의 번민(혹은 감정의 낭비)을 잠재우는 힘은 돈이라는 현실과 마주하게 될 때 배가倍加된다. 가난한 아버지를 둔 조이스나 부자 아버지를 둔 엘리엇이나 이 점에서는 마찬가지였다. 그것이 그들의 노고에

대한 최상의 보상은 아닐지라도, 그 자체가 일종의 세속적인 인정認定에 해당하기 때문이다.

누구나 다 돈을 벌고 싶어 한다. 그러나 한편으로는 물질에 지배당하는 현실을 바라보면서 내심 실망하기도 한다. 모순은 여기에 있는 듯하다. 세속으로부터 벗어나고자 하는 개인의 의지가 어떠하든, 그 의지의 정도와 관계없이, 결국에는 세속적인 것과의 투쟁 속에서만 자신이 원하는 바를 얻을 수 있기 때문이다. 속세를 외면해서 얻게 되는 것은 자괴감뿐이다.

철학자들은 "재물을 취할 만한 데서만 취하라"고 조언했다. 또 "부富는 덕성德性을 쌓는 데 있어 방해물"이라고 말한 철학자도 있었고, "성품은 그 사람이 소유한 재산에 반비례한다"고 말한 철학자도 있었다. 그러나 돈은 인간성이 아니라 효용성을 따른다. 부富를 얻는 데 따르는 굴욕은 능동적이지만, 가난이 주는 굴욕은 수동적이다. 수동적인 고통이 능동적인 고통에 비해 더 심각하게 여겨지는 것은 선택의 여지가 없어서일 것이다.

세상사의 희로애락은 세속적인 욕심, 물질에 대한 욕구, 형이하적形而下的인 개인의 관심사 등과 무관하지 않다. 15세기 조선시대 양반 사회에서 금기 사항이었던 이런 것들은 21세기에 우리를 감동시키고 동시에 좌절시키는 전혀 다른 모습으로 우리에게 다가온다. 그것은 우리 곁에서 살아서 숨 쉬는 악마이며, 현실이고, 작금의 절대성이다. 그리고 하나의 서글픈 유머이기도 하다.

돈(혹은 물질)은 중요하다기보다는 필요한 것이라고 흔히들 말한다. 그러나 돈은 필요하기 때문에 중요한 것이다. 칼 마르크스는 "**능력**에 따라 개개인으로부터, **필요**에 따라 개개인에게"라고 말했는데, 이 말은 명분은 있어 보이지만 현실성이 없어 보인다. 만일 칼 마르크스가 "**필요**에 따라 개개인으로부터, **능력**에 따라 개개인에게"라고 말했다면 당연히 부르주아적이라고 욕먹었을 것이다. 그러나 이 표현만큼 현실적인 표현도 없을 것이다.

필요에 따라 — 필요한 만큼 — 돈은 벌면 된다. 그래서 현실의 잡다한 이해관계들로부터 벗어나 보다 자유로워질 수 있다면, 그것만으로도 충분히 훌륭한 일임에 틀림없다. 세상이 싫다고 해서 벗어나려는 노력과, 세상이 싫든 좋든 현실로 인정하고 그 싫은 세상을 이겨 내서 초월하려는 노력 사이의 경중輕重에 대한 판단은 각자 개인의 몫이다. '동굴 속의 은자隱者'는 '현실 속의 속물'보다 나을 게 없다.

백 년 전만 해도 부자는 극소수에 불과했다. 숫자 면에서 볼 때 과거의 부자는 지금의 그것과는 비교가 되지 않는다. 당시에는 지금처럼 어느 정도의 낭비가 허용되는 중산층은 형성되지도 않았다. 예컨대 1920년 무렵에 T.S.엘리엇은 연봉으로 270파운드를 받고 영국 로이드 은행에서 하루 8시간씩 일했다. 그러나 기술과 문명의 비약적인 발전에 힘입어 20세기 후반부터 짧은 기간에 이루어진 양量의 엄청난 팽창은 많은 부자들을 양산해 냈고, 그 결과로 해서 계급은 집단이 아니라 개인의 몫이 된다. 아마도 고대와 근대에 대한 현대의 부분적인 승리는 이러한 '문門의 개방'과 무관하지 않을 것이다.

부자의 존재 자체가 윤리적으로 문제가 된다고 보진 않는다. 문제가 되는 것은 불쾌한 부르주아 근성, 혹은 속물 근성이다. 지식인이 하나의 '인종'인 것처럼, 부자 또한 하나의 독립된 '인종'이라고 굳게 믿는 사람들이 있다. 부富에 대한 그들의 집착은 목숨을 걸 정도이다. 악당의 아내는 악녀가 될 소지가 많은데, 왜냐하면 공동의 이해利害 관계 위에서 부부 관계가 유지되기 때문이다. 이처럼 속물 근성은 가까운 주위부터 오염시키고 점차 퍼져 나가 사회 전체의 심리적 현실을 타락시킨다. 아리스토텔레스는 집착이 없어야 후덕해진다고 믿었다.

자수성가하여 자기의 힘으로 재산을 모은 사람보다 재산을 물려 받은 사람들이 더 후덕厚德한 것 같다. 첫째로 이들은 궁핍했던 경험이 없어서이고, 둘째로는 누구를 막론하고 자신을 낳아 준 부모나 시詩를 창작하는 시인들과 마찬가지로 남이 만들어 낸 것에 대해서 보다 자기 자신이 만들어 낸 것에 대해 더 큰 애착을 갖게 되기 때문이다.

그러나 한편으로 가난을 경험한 부자는 그렇지 못한 경우에 비해 풍부한 삶을 산 경우라 할 수 있다. 까뮈의 〈페스트〉에서 의사 베르나르는 이렇게 말한다. "어두움 속에 서서 밝은 쪽을 바라보면 모든 것이 분명하게 보인다. 그러나 밝은 쪽에 서서 어두운 쪽을 바라보면 모든 것이 희미하게 보인다." 그러나 눈에 잘 들어오지 않는 희미한 어두움 속에도 삶은 무수히 존재하고 있다. 어두운 쪽과 밝은 쪽을 동시에 산 삶이 양극단의 한 쪽만을 산 경우보다 더 선한 삶을 살지 혹은 악한 삶을 살지는 누구도 알 수 없지만, 보다 성숙하게 살 가능성은 더 많을 것이다. 이것은 윤리의 문제라기보다는 상황의 논리이다.

그리고 '땀의 논리'에 충실한 부자는 그렇지 못한 부자에 비해 행복한 삶을 사는 사람이다. 일이라는 대상이 없는 부富는, 신이라는 대상이 없는 종교나 마찬가지로 무기력하고 소모적이기 때문이다. 피의 논리는 땀의 논리보다 강하지만, 그것은 전쟁과 같은 한정된 경우에만 국한된다. 그러나 땀의 논리는 모든 시대의 성실성을 대변한다. 돈은 시대의 성실성을 대표하지 않는다. 돈은 당대의 시류時流를 대표할 뿐이다.

천재나 예술가는 반反운명체이다. 그러나 부자는 친親운명체이다. 부자는 대개의 경우 운명과 타협하면서 살아간다. 예술은 타협을 불허하지만, 부富는 상황에 따라 경우마다 이루어지는 타협의 산물이다. 타협은 굴욕도 가져다 준다. 그러나 부자가 보기에 부富를 얻는 데 따르는 굴욕은 부富가 주는 안도감에 비해 한시적인 것이다. 부자는 타협하는 데 익숙하기 때문에 비난의 대상이 된다.

적어도 가치의 영역에서 만큼은, 부富가 주는 포만감이 가난이 가져다 주는 절실함을 의도적으로 무시한 적은 없었다. 그래서 공산주의는 수천 년 동안 지식인들을 감동시켰고, 많은 돈을 벌면서도 소박한 삶을 살았던 미켈란젤로는 혼신의 힘을 다해 시스티나 성당 천장에 최고의 걸작으로 평가받는 프레스코화畵를 4년 동안에 걸쳐 완성시켰다. 백작伯爵 톨스토이조차도 가난을 존중했다.

흔히들 부자들에게 감수성은 불필요한 사치품 정도일 거라고 생각하는데, 아마도 둔감한 부자들만을 봐 왔기 때문일 것이다. 부자들의 감수성이 부자들의 집요함 뒤에 숨어 있는 경우는 흔한 일이다. 지적知的 능력을 타고난 부자는 단순한 지식인이나 단순한 부자보다 더 특별한 존재임에 틀림없다. 그러나 아무리 그렇다 해도 플라톤의 '철인 왕哲人王'만큼 극적劇的인 존재는 되지 못할 것이다.

"나한테 필요하지 않은 것은 모조리 다 비싼 것이다"라고 플루타르코스는 말했다. 자신에게 불필요한 것에는 단 한 푼을 지불해도 아깝다는 뜻에서 그는 그렇게 말한 것이다. 현명한 사람은 자신의 욕심을 줄이기보다는 자신에게 필요한 것을 줄이는 데 노력을 기울인다. 그 방법이 보다 더 직접적이고 실제적이기 때문이다. 낭비는 현대인에게 일종의 숙명과도 같은 것이다. 물질에 대한 집착의 정도가 과거의 여느 때와 비교가 되지 않는 것은, 우리의 감각여건感覺與件을 자극하는 소모적인 이미지들이 이 시대를 지배하고 있기 때문이다. 그 소모적인 이미지들의 첫 번째 희생자는 다수의 여성이며,

그 다음이 소수의 남성들이다.

남자는 벌고 여자는 소비한다는 식의 고전적인 경제 상식은 예나 지금이나 여전히 유효하다고 볼 수 있다. 가계家計가 소비의 주체이기 때문이다. 플루타르코스의 〈영웅전〉에서 대大 카토는 "가지고 있는 재산을 축내는 것은 남자가 할 일이 아니라 여자나 할 일"이라고 주저 없이 말한다. 어느 경제학자의 말처럼,

> 돈을 버는 것에 비해 돈을 쓰는 것이 후진적인 기술인 이유는, 돈을 버는 데 있어서 가계는 더욱더 고도로 조직된 경제 단위에 의해 본래의 지위를 빼앗기는 반면, 돈을 쓰는데 있어서는 가계가 계속해서 지배적인 경제 단위라는 데 있다. 소비에 있어 큰 몫을 차지하는 주부는, 돈의 운용에 유능해서 뽑힌 것도 아니고, 무능하다고 해서 해고될 것도 아니며, 유능하다고 인정된다고 해서 다른 가계에까지 영향을 미칠 가능성도 없다.

소크라테스와 예수는 위대한 사상가였지만, 돈벌이에는 무능해서 가족들로부터 늘 비난의 대상이었다. 두 사람은 '최선의 것이 아닌 모든 것에 대해 방심하는' 전형적인 인간 유형이었다. 공자 역시 돈벌이나 이익이 되는 것에 관해서는 거의 입에 담지 않았다. 그리고 사마천司馬遷은 〈사기열전〉에서 "이익을 쫓는 것은 진실로 혼란의 시작이로구나!"하고 탄식했다. 그러나 속물들의 생각은 달랐다. "가장 큰 부끄러움은 낮은 지위에 있는 것이며, 가장 큰 슬픔은 가난에서 벗어나지 못하는 것"이라고 진秦나라 때 승상 이사李斯는 말했는데, 그는 자신의 바람대로 높은 지위에 오르고 큰 재물을 얻었지만, 결국에는 반역을 꾀한 죄로 죽임을 당했다.

보통 사람들에게 가난은 확실히 고통이고 슬픔이다. 그리고 가난에는 세

상에 대한 분노와 실망이 따른다. 조이스는 〈율리시즈〉에서 "배고픈 사람은 골난 사람이야!"라고 말했다.

앙드레 말로의 말처럼, **"가난하면 적敵을 선택할 여지가 없다."** 오히려 환경이라는 적에게 지배당하는 처지에 놓일 뿐이다. 우선은 가난에 지배당하고, 결국에는 운명에 지배당하게 된다. 그것이 무능이든, 무지無知이든, 혹은 관념적인 것이든, 아니면 세속적인 것이든, 우리의 적을 우리 스스로가 선택해서 이겨 낸다면, 그것만으로도 대단한 일임에 틀림없다. 적을 선택하는 데 있어 무엇보다도 필요한 것은 마음의 여유일 것이다. 손자병법孫子兵法에는 싸움에 임할 때 '마음의 예비사단豫備師團'을 충분히 거느리면 쉽게 승리할 수 있다고 적혀 있다. 그러나 가난이 주는 좌절감과 가난에 따르는 불편함은 사람들을 초조하게 만들고 마음의 여유를 앗아간다. 가난 그 자체가 유일한 적이 될 뿐이며, 다른 적은 생각할 여지도 없게 되는 것이다. 초조해서는 비전을 기대할 수가 없다.

죽음이 운명의 일부이듯이, 육체는 운명의 일부임에

틀림없다. 죽음이 그러하듯, 육체가 운명의

전부일 수는 없다. 하지만 죽음의 존재가 그렇듯,

육체의 욕망은 때로는 운명보다 강할 때가 있다.

육체는 윤리와 대립하지 않는다.

에로티시즘이 육체와 대립할 뿐이다.

•
•
•

에로티시즘에
대해서

남자는 대개의 경우 여자에 비해 더 야만적이다. 남자는 먹잇감(돈이든 여자이든)을 발견하면 과감하게 자신의 영혼도 내던진다. 다만 쉽게 타협하느냐, 아니면 자존심 때문에 힘들게 버티다가 타협하느냐, 또는 소심해서 타협 자체를 포기하느냐의 차이가 있을 뿐이다. 야만성은 인간성보다 오래된 것이다. 남자가 '인간'이 되기 위해서는 여자보다 더 많은 자질資質을 타고나야 하고 더 많은 노력을 기울여야만 한다. 숙명이란 여자에게만 해당되는 게 아니라 남자에게도 해당되는 것이다.

　여자를 제대로 이해하기 위해서는 여자의 유일한 적수敵手, 남자를 이해할 필요가 있을 것이다. 그러나 남자가 여자를 정확하게 이해한다는 것은 그 반대의 경우처럼 거의 불가능한 일이다. 낭만주의는 둘을 가깝게 하지만, 고전주의는 둘을 더욱더 분리시킨다. 같은 인간이라고 말하기가 무색할 정도로 남자와 여자는 확연히 다른 존재이다.

'언어의 천재에 불과했던' 제임스 조이스는 많은 사람들에게 재기 발랄한 인물로 여겨졌는데, 혹자에게는 불쾌한 인물로 보였던 것 같다. 할리우드의 영화들이 '화장실 유머'에 집착하듯이, 조이스는 '엉덩이 미학美學'에 집착했다. 심리학에서는 배꼽 아래가 아니라 "머릿속에 최대의 섹스 공간이 있다"고 말한다. 아마도 조이스는 행위의 섹스보다는 목격하고 생각하는 섹스를 즐겼던 것 같다. 인간 조이스는 다분히 프로이트적的인 인물이었다.

조이스는 T.S. 엘리엇보다 6년 먼저 태어났다. 그런데도 엘리엇이 조이스보다 훨씬 더 점잖은 인물이었던 것 같다. 문학의 영역에서 조이스는 아일랜드적인 악동惡童이었고, 엘리엇은 다분히 영국적인 신사였다. 두 사람의 개성이 판이했듯이, 성性에 대한 접근 방식도 판이하게 달랐다. 젊은 조이스는 사창가를 죄의식 없이 드나들었지만, 젊은 엘리엇은 죄의식 때문에 망설였고 주저했다. 엘리엇의 젊었을 때 작품 〈프루프록의 연가戀歌〉에서 주인공은 끊임없이 주저한다. 노란 안개로 뒤덮인 사창가를 거닐면서 프루프록은 독백한다. "한번 시도해 볼까?" 하지만 "아니야. 나는 햄릿 왕자가 아니야. 나는 시종에 지나지 않아… 나는 늙어간다… 늙어간다… 바짓가랑이나 접어 볼까?"

조이스와는 달리 소심했던 엘리엇은 결혼할 때까지 동정童貞을 지켰다고 한다. 하지만 조이스와 엘리엇은 본질의 문제에서 대립하지 않는다. 다만 타락 천사 조이스는 '지옥 같은 현실'에서 살았고, 타락을 거부한 천사 엘리엇은 '지옥 같은 천국'에서 살았을 뿐이다.

죽음이 운명의 일부이듯이, 육체는 운명의 일부임에 틀림없다. 죽음이 그러하듯, 육체가 운명의 전부일 수는 없다. 하지만 죽음의 존재가 그렇듯, 육체

1904년(22세) 제임스 조이스

1961년(73세) T.S. 엘리엇, 두 번째 부인 발레리와 함께

의 욕망은 때로는 운명보다 강할 때가 있다. **육체는 윤리와 대립하지 않는다. 에로티시즘이 육체와 대립할 뿐이다.**

　"에로티시즘은 사랑이 아니며, 다른 성性에 대한 익명의 폭로에 불과하다." 에로티시즘은 체면에 손상을 준다. 하지만 그뿐이다. 어차피 인간은 모욕을 먹고 사는 존재이기 때문이다. 우리는 클레오파트라와 양귀비가 역사적인 인물이었음을 인정해야만 한다. 여성의 피하지방이 남성의 지성知性을 그토록 무기력하게 만들 수 있다는 사실을 철들기 전에는 상상도 하지 못했다. 쇼펜하우어는 늙음을 찬양했다. 늙음은 에로티시즘이라는 강력한 심연을 외면하던가, 아니면 그것으로부터 외면당할 것이다.

　세월은 인간에게 일종의 '고백'을 요구한다. 늙음이란 스스로를 노출하는 것이며, 보다 심각하게는 스스로를 폭로하는 것이다. 40대는 30대보다, 그리고 30대는 20대보다 자기 자신을 더 많이 노출하게 되는데, 살아온 세월이 오래이기 때문이다. 그러나 적나라한 '자기 노출'은 자신의 무능을 드러내는 것이고, 더 나아가서 '자기 폭로'는 인간성을 부정否定하는 것이다. 예컨대 살인범이나 강간범 등은 여과 없이 자신을 폭로함으로써 주위를 긴장시키는 극단적인 경우이다. 그리고 다수의 사람들은 나이가 들면서 탐욕도 함께 커가고, '때가 되면' 자신의 추한 모습을 노골적으로 폭로한다.

　과학과 기술의 놀라운 발전은 삶의 질을 높이는 데 기여했지만, 한편으로는 인간 내면內面의 목소리에 귀 기울이는 데 충실했던 과거의 미덕을 앗아갔다. 외부로부터 오는 소모적인 이미지들이 인간 영혼의 빈자리를 대신해서 우리를 지배하고 있다.[1] 그리고 지혜는 개인에게서 멀어지고, 효율성과 동의어가 되어 집단의 논리가 된지 오래이다. 이제 개인에게 남겨진 지혜란 세상을 실속 있게 살아가는 처세술이 전부이다. 원래부터 인간이 기대할 수 있는 행복이란 다분히 에피쿠로스적^的이었다. 자제하면서 도를 넘지 않는 쾌락을 추구하는 것이다. 그러나 몽테뉴의 말처럼, "절제는 도덕의 도구이지, 도덕의 힘은 아니다." 욕망이나 쾌락의 유혹 앞에서 의연할 수는 있어도, 그것을 초월한 자는 많지 않을 것이다.

철학자들의 견해에 따르면, 인간의 지혜가 가져다 주는 것은 행복이 아니라 능력이다. 역사 속에서 위대했던 인물들의 모습은 쉽게 떠올릴 수 있어도, 행복했던 인간의 모습을 떠올리는 건 쉽지 않은데, 그 까닭이 이 때문이다. '행복한 운명'이라는 표현은 어색한 표현이다. 다만 '행복했던 순간'만이 존재할 뿐이다. 행복은 능력의 일부이지만, 능력은 행복의 전부이다. 예컨대 탐욕은 무능의 산물이다. 무능하기 때문에 탐욕을 이겨 내지 못하고 무언가에 집착하는 것이다.

인간의 무능에 대한 혐오가 신^神에 대한 애정으로 이어지는 것은 당연한 귀결일지도 모른다. 그러나 인간의 해명은 신의 해명보다 훨씬 더 역사적이다. 만일 인간이 과거부터 그래왔다면, 그것은 인간이 그렇게 태어난 존재이기 때문에 그러한 것이다. 신은 공포의 묵시록^{黙示錄}을 남겼다. 그리고 인간은 고난의 서사극^{敍事劇}을 남겼다. 묵시록은 역사라기보다는 문학에 가깝다는 점에서 인간을 향한 신의 애드립^學이다. 하지만 묵시적이 아닌 명시적인 역사의 주체는 언제나 신이 아니라 인간이었다. 그리스·로마의 신들은 대략 3만 정도였다고 한

---

1 엘리엇은, 시인(詩人)의 마음속에는 — 예컨대 사랑에 빠져 있거나, 혹은 스피노자를 읽을 때처럼 — 이질적(異質的)인 감정을 불러일으키는 각각의 경험 사이에서도 분명한 상관관계를 이끌어내는 감수성이 내재하고 있다고 말했다. 그리고 우리는, 극단적으로 말해서, 눈으로는 '포르노'를 보면서 머릿속에서는 철학을 생각해야 하는 시대를 살고 있다. 21세기는 이미지를 남발한다는 의미에서 이미지 과잉의 시대이다.

다. 그러나 고대 그리스인들이 신탁神託에 의존했던 것은 자신들의 정당성을 인정받고 싶어서였지, 자신들의 행위를 심판 받기 위해서가 아니었다.

심각한 대립은 유능 간의 대립이 아니라, 무능 간의 대립이다. 무능 간에 대립에서는 서로가 서로를 깎아 내릴 줄만 알지 존중할 줄을 모른다. 그러나 유능 간에 대립에서는 서로를 존중할 줄 안다는 점에서 가치가 보존된다. 만일 조이스와 엘리엇의 경우처럼, 각자의 삶이 다르면 다른 대로 자신들의 삶을 있는 그대로의 모습으로 드러낸다면 대립의 성격도 얼마든지 이해가 가능할 것이다.

엘리엇은 질서를 존중했고, 조이스는 질서를 파괴하고자 했다. 여기서의 질서란 전통과 관계된 것들이다. 서로 간의 차이가 현저했어도, 조이스는 엘리엇을 이해했고, 엘리엇 역시 조이스를 이해했다. 조이스는 세상을 거칠게 비난했지만, 세상은 조이스를 인정했다. 조이스가 모범적인 인간이었다고 말하기는 어려울 것이다. 하지만 조이스는 고통 받으면서도 자신이 하고자 했던 일의 영역에서만큼은 타협을 불허했다. 타협이 없으면 타락도 없다.

반면 엘리엇은 자신에게 충실한 사람이었다. 그는 세상을 비난하기보다는 자신의 불행을 묵묵히 감내해 냈다. 냉소적인 회의주의가 그의 유일한 피난처였다고 여겨지는 건, 그 특유의 소심하고 내성적인 성격 때문만은 아니었을 것이다. 엘리엇은, 자신의 삶은 마음에 들어 하지 않았어도, 타인의 삶은 존중했다. 아마도 우리는 인격자의 전형典型을 엘리엇에게서 발견할 수 있을 것이다.

예술가는 자신들의 작품 뒤에 숨는 법을 체득한 사람들이다. 다른 예술가들이 그랬던 것처럼, 조이스와 엘리엇은 자신을 효과적으로 표현함으로써 세상으로부터 스스로를 지키고자 했다. 하지만 범인凡人에게는 삶으로든 창조로든 자기 자신을 있는 그대로 표현해 낼 수 있는 능력이 없다. 자신을 모르는 채 자신을 세상에 노출하는 처지이다. 우리는 세상을 모르고, 세상도 우리를 모른다. 비극을 인식하는 인간만이 비극에 대항하는 특권을 부여받는다. 그러나 평범한 삶을 사는 자들의 싸움은 숱한 경우의 수數와의 싸움이며, 결국에는 소모전으로 끝을 맺는다. 자신의 가능성을 발견한 자는 이미 승부의 반을 이긴 자이다. 그렇지 못한 자는 적敵의 출현을 대책 없이 기다리는 운명을 산다. 현대의 적은 과거의 적보다 훨씬 더 강력하고 치명적이다. 현대의 적은 자본주의를 수혈 받아 과거와는 비교가 안 될 정도로 집요하기 때문이다. 탐욕은 내부에서 우리를 괴롭히고, 쾌락은 외부에서 우리를 유혹한다.

악마의 존재에 대해 확실성을 심어 준 종교는 없었다. 하지만 실체로서의 악마는 모든 종교에 앞서 현실 속에서 이미 살아 숨 쉬고 있었다. 악마는 항상 뒤에서 덮쳐 오는 법이다. 따라서 방심은 금물이며, 심각한 무능이다. 순진해서도 안 된다. 그것이 허무·고독·자기 연민·탐욕과 같은 관념의 속성을 지녔든, 아니면 물질이나 성性에 관련된 세속의 속성을 지녔든, 조금이라도 주의를 게을리 하면 여지없이 엄습해 오기 때문이다. 아마도 악마는 무능의 총계總計이다. 혹은 악마는 인간을 좌절시키는 힘의 총합總合이다.

가능성이 존재의 조건이라면, 우리는 가능성을 읽어낼 줄 알아야만 한다. **궁극적인 목표는 '따스함'과 '밝음'에 도달하는 것이다.** '따스한 마음'과 '밝은 정신'을 소유한 자는 이미 구원받은 거나 다름없다. 왜냐하면 더 나은 상태의 어떤 인간을 기대하는 게 불가능하기 때문이다. 하지만 그러기 위해서는 먼저 '좁은 길'을 지나 '좁은 문'에 이르러야 한다.

인간이 지금의 모습보다 조금만 더 나은 모습으로 태어났으면 하는 바람을 가져본다.

위대한 문화는 개인에게 힘을 주고, 강한 문화는
개인의 나약함을 보완해 준다. 그리고 풍부한 문화는
개인에게 다양한 가능성을 제시한다.
'가능한 한 많은 경험을 의식화意識化하고, 개개인에게
내재된 자신의 잠재력을 회복시키는' 힘을 지닌 문화
— 이것이 우리가 기대하고 원하는 문화이다.

:
:
:

문화에 대해서

세대^{世代}를 불문하고 나이 먹은 사람들은 대중문화에 심취해 있는 젊은이들을 우려의 시선으로 바라보기 마련이다. 하지만 대중문화의 영향력이 젊은이에게만 미치는 것은 아니다. 분명한 것은, 우리에게 보여지는 것이 보고 싶은 것만을 보려는 우리의 바람을 압도적으로 능가하는 시대에 우리가 살고 있다는 사실이다. 앙드레 말로의 말처럼, 비행기를 바리케이드로 막을 수는 없는 일이다. 바리케이드는 소총수^{小銃手}에 대항하기 위한 것이다. 비행기가 대중문화라면, 바리케이드는 가치의 문화이다.

회의^{懷疑}를 품지 않고 이 시대를 논한다는 것은 쉬운 일이 아니다. 그러나 회의를 품는 행위 자체에 대해서는 논의의 여지가 있다고 본다. '가능성'과

앙드레 말로는 1936년 스페인 내전이 일어나자 의용군으로
참전하여, 그 체험을 바탕으로 소설 〈희망〉을 썼다.
당시 프랑코의 파시즘 세력은 독일과 이탈리아의
적극적인 지원을 받아 조직적으로 전투에 임한 반면,
이에 대항해 싸우는 스페인 인민전선 정부군은 노동자와
농민으로 구성된 오합지졸에 지나지 않았다.

적군은 비행기를 동원하는데, 아군이 가진 건 바리케이드가
전부였다. 〈희망〉에서 가르시아는 말한다.

"스페인은 지금 바리케이드로 뒤덮여 있습니다
— 프랑코의 비행기에 대항하기 위하여."

비행기를 바리케이드로 막을 수는 없는 일이다.
비행기가 대중문화라면, 바리케이드는 가치의 문화이다.

'기적'의 차이는 분명하다. 그런데 회의주의는 '기적'은 물론이고 '가능성'마저도 부정한다. 문제는 여기에 있다고 본다. 묵시록默示錄이 공포를 조장한다는 점에서 신神이 의도하는 바의 애드벌룬이라면, 회의주의는 인간의 소극적인 정서情緒를 반영한다는 점에서 인간이 의도하는 바의 애드벌룬이다. 회의주의야말로 개인에게 제공된 최후의 피난처이자 도피처이기 때문이다. 세상이 싫은 자에게 회의주의는 명분이자 위안이 된다. 그러나 한편으로 회의주의는 독단이며, 결정론적이다. 무능하고 부조리로 가득 찬 세상을 회의적으로 바라보는 시각은 필요하겠지만, 그렇다고 해서 나 자신과 타인의 인생 자체를 부정한다면 문제는 심각해진다. 부조리不條理는 하나의 속성이지 정체성이 아니다.

회의주의는 보편적인 가치 앞에서 명분을 잃는다. 그러나 어느 문화에서나 변함없는 가치로 인정되는 희생과 용기와 인내의 정신은 보편성 때문이 아니라 없어서는 안 될 중요한 인간적인 덕목이기에 소중한 것으로 여겨져 왔다. 우리는 위대한 인간 정신 — 이른바 희생과 용기와 인내의 정신[1]이 어떤 특정 인물에게서 구현될 때, 그 인물의 배경이 되는 역사적인 사건에 주목하게 된다. 임진왜란은 이순신에게 어떤 의미를 갖는 사건이었을까? 이순신은 의외로 평범한 인물이었다. 다만 그는 타협을 거부하고 자신에게 주어

---

1 "신화(神話)는 유령으로 시작해서 그리스도로 끝난다"고 앙드레 말로는 말했다. 불사(不死)를 논하는 데 있어 굳이 유령까지 끌어들일 필요는 없을 것이다. 그렇다고 해서 필요 이상으로 난해한 주장을 내세워 본질을 왜곡한다면, 이 또한 바람직하지 않을 것이다. 인간 영혼의 불멸성을 증명하는데 플라톤의 이데아론(論)은 사치에 지나지 않는다. 왜냐하면, 인간 영혼의 불멸성은 역사가 보증하고 있는데, 윌리엄 포크너의 말처럼, **인간의 영혼이란 희생과 용기와 인내가 가능한 정신**이기 때문이다. 희망은 여기에 있는 것이다. 인간에게 주어진 자유의지와 더불어서.

1937년(36세) 스페인 내전에 참전 당시 앙드레 말로

1948년(47세) 동생 롤랑의 미망인 마들렌느와 세 번째 결혼 시절의 말로

진 일에 최선을 다했을 뿐이다. 카르타고의 영웅 한니발에게 코끼리가 있었다면, 이순신에게는 거북선이 있었다. 그러나 거북선은 한낱 무기에 지나지 않는다. 이순신에게 거북선은 절박한 현실에서 나름대로 찾아낸 몇 안 되는 대안 중에 하나였지만, 거북선은 초기의 승리를 담보했을 뿐이다. 누가 보더라도 이순신의 비장함은 그 절체절명의 전란戰亂에 비해 초라한 것이었다. 그러나 이순신은 승리했다. 각각의 문화는 이래서 존속하는 것이다.

가치는 변형될 수 있지만, 그 변형은 상당히 제한적일 수밖에 없을 것이다. 다수의 사람들에게 이순신은 우리 역사 속의 유능한 장군에 불과할 뿐, 자신과는 무관한 인물로 여겨질 수도 있다. 르낭에게 예수는 특별한 존재였고, 후대의 장군들에게 한니발은 기념비적인 인물로 기억된다. "예수는 인간 정신을 지탱하고 있는 모든 것의 명예이다"라고 르낭은 말했다. 마찬가지로 한니발은 고대의 도시 카르타고를 떠받드는 명예의 모든 것이었다. 가치는 가치를 이해하는 사람들만을 위해서 존재하는 것이 아니다. 왜냐하면 위대했던 그들이 곧 문화이기 때문이다. 문화의 혜택은 광범위한 것이다.

각각의 문화는 — 슈펭글러의 표현을 빌리자면 — '상징적인 형태로 표현된 고유의 정신태精神態'이다. 시대정신은 이를 통해서 구현되는 것이고, 사회 규범은 이로 인해서 확정되는 것이다. 여기서 개인은 단순히 사회 구성원으로서의 개체로만 머물러 있지 않는다. 왜냐하면 특질特質들은 개인에게만 속해 있지 않고 속성상 개인에게서 사회로 전이轉移되기 때문이다. 그런데 인간의 특질 중 그래도 소중했던 것은 '깊이 있는 사고思考'가 가능했던 개인들의 노고에 못지않게, '고뇌할 줄 아는 능력'을 지닌 개인들의 노고에 힘입은 바가 크다는 사실을 인정해야만 한다.

예술의 경우도 마찬가지다. 예술의 특수성은 철학의 보편성을 넘어선다. 그러나 어떤 류類의 특수성도 보편성을 상실해서는 아류亞流만을 불러올 뿐이다. 사족蛇足을 다는 예술은 포만飽滿의 예술에서 벗어나지 못하고, 고뇌가 지불되지 않은 예술은 운명을 표현하는 데 한계를 드러낸다. 예술과 기술의 차이를 구분하고 차별화한 것은 역사였다. 예술은 완벽한 기술에 만족하지 않고 플러스 알파를 요구했는데, 그것은 인간 정신과 무관한 어떤 것이 아니라, 인간 정신에 속하고 인간 정신에서 비롯되는 어떤 것임을 미켈란젤로나 베토벤 같은 예술가들은 자신들의 작품을 통해서 여실히 보여준다. 앙드레 말로는 이렇게 보았다.

> 예술이 밝혀내는 인간의 능력은 역사를 초월한다. … 왜냐하면 예술은 인간보다 인생을 더 잘 표현하기 때문이다. … 각각의 걸작은 세계의 정화淨化이며, 굴종에 대한 승리인 동시에, 운명에 대해 예술이 지향하는 위대한 인간성의 교훈인 것이다. 예술은 반反운명체이다.

고뇌는 개인에게서 비롯되는 것이지, 집단으로부터 비롯되는 것이 아니다. 집단의 논리가 개인의 가치에 우선하는 사회나 체제體制에서는 '길들여지고 타락한' 예술이 양산될 뿐이다. 구舊 소비에트의 예술이 그랬다.

> 마르크스주의가 예술과 그 사회적 규범 간에 형성한 '이질적異質的 관계'는 예술을 과거와 연결시키는 '특수한 관계'로부터 차단시킨다. (앙드레 말로)

왜냐하면 예술은 '창조인 동시에 유산'이기 때문이다. T.S.엘리엇은 같은 의미에서 다음과 같이 말했다.

시인에게는 과거의 과거성만이 아니라 과거에 담긴 현재성까지도 인식하는 역사의식이 필요하다. 혹자는 이렇게 말한다. "이미 죽은 작가들은 우리와는 거리가 먼 요원한 존재들이다. 그들이 보여준 것보다 우리가 아는 게 훨씬 더 많기 때문이다." 그렇다! 바로 그 이유 때문인 것이다. 그들이 곧 우리가 아는 모든 것이다. ⋯ 현재만이 아니라 과거의 현재적 순간까지 함께 살지 않는 한, 그리고 과거란 죽은 것이 아니라 앞서 있었던 단지 과거에 불과한 현재임을 지각知覺하지 않는 한, 시인은 비非개인성을 성취하지 못한다.

고뇌는 극복할 수 없는 운명에 직면해서 지불하게 되는 불가피성의 산물이다. 그렇다면 죽음이야말로 여기에 해당하는 가장 적합한 대상이라 할 수 있다. 그러나 그것이 신이든, 혹은 미물微物이든, 죽음이 의미하는 바가 무엇인지 모르는 인간 이외의 존재에게 죽음은 운명이 아니다. 자신이 죽어야 한다는 사실을 아는 유일한 존재인 인간에게만 죽음은 불가피한 운명으로 받아들여진다. 그렇다면 공간은 관용寬容이고, 시간은 곧 긴장緊張이다. 그래서 시간은 언제나 두려운 것이다. 훌륭한 인간이 늙어가면서 무능을 노출하거나, 아름다운 인간이 나이를 먹으면서 추해지듯이, 다보탑은 풍파에 훼손되고 석굴암의 불상佛像은 세월 앞에서 스스로의 한계를 드러낸다.

작품의 훼손은 투쟁의 흔적이며, 갑자기 출현한 시간이 남긴 상흔傷痕이다. ⋯ 세계의 많은 박물관들은 하나의 상징으로서 헤라클레스의 훼손된 상반신상上半身像을 보유하고 있다. 헤라클레스의 새로운 적수敵手, 운명의 마지막 화신化身은 역사이다. (앙드레 말로)

세월은 늙음이며, 곧 죽음이다. 이것은 일종의 비극이다. 삶과 운명에 대해 무언가를 알게 됐을 때, 결국 인간은 죽음이라는 이름으로 소멸하게 된다. 세월을 담보로 해서 획득한 지혜도 같이 소멸하기에 비극인 것이다. 결코 — 혹은 절대 — 공유할 수 없는 개인 간의 단절이 있다. 하물며 죽은 자와 산 자와의 단절은 오죽하겠는가. 문화? 아마도 그것은 산 자와 산 자의 영역을 넘어, 산 자와 죽은 자의 단절을 좁히는 데 그 역할이 있을 것이다. 그러나 대중문화는 죽은 자들을 위로하지 못한다. 그리고 미래를 약속하지 못한다. 대중문화에는 비극이 결여되어 있기 때문이다.

고대 그리스가 그랬듯이, 고급의 문화는 비극을 잉태하고 탄생시킨다. 비극은 감성이 아니라 이성에 호소한다. 비극은 느껴지는 것이 아니라, 이해되는 어떤 것이기 때문이다. 과거 영웅들의 죽음이 수천 년 혹은 수백 년 세월이 지난 지금 우리를 슬프게 하지 않는다. 그들의 삶이, 우리들 감성에 우선해서, 우리들 개개인에게 가치의 확인을 요구하며 우리들 이성에 호소하는 것이다. 비극은 가치의 존재를 증명한다.

그러나 요즘의 대중문화가 표현해 내는 감각적인 이미지들은 수천 년에 걸쳐서 인류가 창조해낸 '인간의 영혼'이라는 지적知的 결정체를 위협한다. 그리고 때로는 타락시킨다.

"자신이 죽어야 한다는 사실을 아는 유일한 동물에게 주어진 기쁨, 그것은 타락이다!"라고 앙드레 말로는 말했는데, 개인의 지극히 개인적인 '익명의 폭로'에 불과하다고 치부하기에는 타락은 너무도 강력한 것이다. 규범을 과대평가해서는 안 된다. 규범으로 잠재울 수 있는 타락이라면, 그것은 타락도 아니다. 규범이 곧 모범인가? 아마도 그렇지 않을 것이다. 규범에는 운명이 배제되어 있기 때문이다.

모든 문화는 플루타르코스적^的이며, 그 문화가 강할 때는 인간의 모범적인 이미지를, 강하지 못할 때는 인간의 모범적인 요소들을 사회와 후대^{後代}에 전달한다. (앙드레 말로)

현대는 실체에 있어서는 그다지 윤리적이지 않은데, 표현에 있어서만큼은 윤리 과잉의 시대이다. TV 드라마나 언론 매체에서 주장하는 바의 도덕성의 가치에 대해 귀와 눈이 아플 정도로 접한 우리이다. 하지만 그것은 상식을 바탕으로 하는 도덕성이지, 모범을 보이는 도덕성은 아니다. 그런 의미에서 이 시대의 규범은 모범이 아니라 상식이라고 해도 과언이 아니다. 상식은 문제를 제기할 뿐이지만, 모범은 영역을 제시한다. 그런데 중요한 것은 **'어떤 문제'**가 아니라 **'어떤 영역'**이다.

탁월한 인간만이 문화의 창조자이면서 동시에 문화의 수혜자는 아닐 것이다. 우리처럼 평범한 사람들도 문화의 산물이며, 문화를 유지하고 변형시키는 데 기여한다. 그러나 개성이 남다른 개인들의 출현은 예나 지금이나 흥미로운 사건임에 틀림없다. 왜냐하면 '어떤 영역'에 도달한 탁월한 개인들이 사회와 후대에 전달하는 모범적인 이미지들은 소멸하지 않고 그들이 속한 문화를 자신들의 이미지로 깊이 각인시키기 때문이다. 인상적^{印象的}인 문화는 그들의 존재로 인해 만들어지는 것이다.

앙드레 말로의 말처럼, "모범^{模範}은 결코 무덤의 것이 아니다." 그러나 모범은 얼마든지 자의적^{恣意的}으로 해석될 수 있다. 이를테면 나폴레옹이 샤를마뉴를 의식했듯이, 박정희는 이순신을 의식했다. 그러나 18세기의 정조^{正祖}를 감동시켰던 이순신은, 20세기의 박정희를 감동시킨 이순신과 한 인물의 동일한 이미지는 아니었을 것이다.

문화는 역사가 보증하는 위대한 인물들을 단지 인간으로만 소개하는 데 만족하지 않는다. 모범은 역사 속에서보다 신화神話 속에서 더 빛을 발한다. 착한 유대인 스피노자는 예수의 삶을 역사로 해석하기보다는 좋은 의미에서의 신화로 이해하자고 제안했다. 왜냐하면 신화 속에서의 예수는 역사 속에 실재했던 예수보다 훨씬 더 예수다울 수 있기 때문이다. 반면 르낭은 인간적인 예수를 강조했다. 하지만 예수를 인간화하려는 시도는 무의미한 것이다. 예를 들어서 문제가 되는 예수의 기적에 관한 부분은 신화로 해석하면 그뿐이다. 종교에서 기적의 부재不在는 흥미를 반감시킨다. 우리는 어떤 현상의 기적보다는, 표현된 언어의 기적 혹은 사상의 기적에 주목할 필요가 있다.

역사가 증명하듯이, 예수의 존재는 서구西歐를 넘어서 시대와 세계를 지배해왔다. 서구의 시각에서 볼 때 석가는 에피소드이고, 공자는 학문의 대상일 뿐이다. 성탄절은 여기에서도 설날에 버금가는 명절이다. 이 시대에서 퇴계와 율곡은 설 땅이 없어 보인다. 왜냐하면 퇴계와 율곡은 불행히도 후대에 들어 가치를 수혈 받지 못했기 때문이다. 창백한 선비의 이미지는 결코 모범이 될 수 없다.

역사는 가치의 재再창조인가? 아니면 이미 실재했던 가치를 유지 보전하는 데 만족해야 하는가? 혹은 구원의 문학인가? 아니면 행복의 문학인가? 현대인은 행복해지기 위해서 톨스토이나 도스토예프스키를 읽지 않는다. 21세기는 TV와 영화가 이른바 '행복의 문학'을 대신하는 시대이다.

인간은 증명하기 위해서 태어난 존재는 아니지만, 그러나 본의 아니게 '뭔가를 증명했다'는 사실 때문에 인류는 가치가 있는 게 아닐까? 가치를 증명하지 못한 인류를 우리는 무어라 이름 지어야 할까? 구원의 문제는 인간이 가치가 있느냐 없느냐의 문제와 무관한 것인가? 미물微物이기를 거부했던 그 최초의 순간을 망각한 우리들 인간이 구원의 대상일 수 있다면 우리는 이를 어떻게 받아들여야 할까? 답변이 궁색할 때 인간은 문제만 제기해왔다. 소크라테스의 말처럼, 문제 속에 항시 해답이 있는데도 불구하고 말이다.

가치를 증명하는 일만이 구원의 가능성을 보증한다. 인간은 착해서 구원받는가? 아마도 그렇지 않을 것이다. 인간은 훌륭해서 구원받는 것이다.

구원의 문제는 문화의 본질에 속하는 것이다. 그것이 노자老子가 말하는 바처럼 무위無爲·무욕無慾·무사無事를 실천하는 정신적 혹은 정서적인 지고至高의 경지에 도달하는 것을 의미하든, 아니면 소크라테스가 말하는 바처럼 이승에서 벗어나 저승에 이르러 비로소 가능해지는 실제 공간에서의 새로운 삶을 의미하든, 분명한 것은 구원이라는 것이 이승에서의 구도求道 과정에서 얻어지는 결과물이라는 점이다. 구원이 의미하는 바가 종교적이든 아니든 중요하지 않다고 본다. 구원! 무엇을 위한 구원인가? 구원의 대상은 오직 하나, 인간의 영혼이다. 구원이라는 단어의 끊임없는 회자는 인간의 갈망을 반영한다. 인간에게는 영혼이 있다고 많은 사람들은 믿어왔다. 없으면 만들어야 했다. 수천 년 동안 행해진 그 일련의 작업이 인간을 주체로 하고 동시에 대상으로 한 이른바 '문화의 역사'였다.

도스토예프스키는 "신은 존재해서 존재하는 것이 아니라 필요해서 존재하는 것이다"라고 했는데, 이 말은 "신은 죽었다"라는 니체의 말보다 확실히 더 구체적이고 강력한 표현이다. "신은 죽었다"라는 표현은 "신은 존재했다"라는 사실을 확인시켜줄 뿐이다. 신이 존재하고, 인간에게 영혼이 있다면, 구원이라는 주제主題는 현세와 내세 양쪽 모두에서 현실성을 갖는다. 그러나 만일 신이 없다면, 구원은 현세의 문제로 국한된다. 이 명백한 사실 앞에서 인간의 상상력은 불필요하거나 힘을 잃는다.

그러나 인간의 상상력은 타협도 마다 않는다. '내세에 관한 중세시대 상상력의 최대 걸작'인 연옥은 지옥과 천국 사이에 12세기 말경 도입되는데,

그 사유는 이랬다. 예수 이전에 살았던 소크라테스나 호메로스 같은 고대의 영웅들은 단지 '예수를 모른다'는 이유로 해서 천국에서 추방당한다. 이 점에서는 예수에 앞서 태어난 석가나 공자도 마찬가지일 것이다. 예수 뒤에 태어난 퇴계와 율곡의 경우는 당시의 조선에 기독교가 없었으니까 당연히 같은 처지였을 것이다. 하지만 역사가 보증하는 훌륭한 인물들을 지옥으로 내몰자니 아무래도 논리가 부족했을 것이다. 그렇게 해서 연옥은 본의 아니게 신이 아닌 인간에 의해서 만들어진다. 고대의 위인偉人들은 지성소至聖所에서 회개하고, 죽는 순간부터 지금까지 천국과 지옥의 중간 지대인 연옥에서 살고 있다. '내세에 관한 상상의 보물 지도地圖'는 이렇게 해서 완성된다.

구원의 문제가 현세에 국한된다면 신학자들은 섭섭하겠지만, 철학자들은 힘을 얻는다. 진리와 보편성의 추구가 현세에서의 구원에 이르는 지름길이기 때문이다. 하지만 지름길이 유일한 길은 아닐 것이다.

개인의 삶에서 구원의 문제는 행복의 추구와 대립하지 않는다. 행복을 추구하는 예술이 구원을 지향하는 예술과 대립할 뿐이다. 마찬가지로 쾌락을 추구하는 문화는 가치를 추구하는 문화와 대립한다. 20세기는 그 대립의 정점에 서 있었다. 그리고 21세기에 들어서는 미디어 문명에 압도당한다.

요즘 시대를 사는 사람치고서 대중문화의 영향력이 지대하다는 점에 대해 이의를 제기할 사람은 없을 것이다. 그러나 대중문화는 그 영향력이 지대하기 때문에 문제가 되는 것이다.

최고의 윤리는 '좋은 게 좋은 거다'는 식의 안일함과는 거리가 멀다. 아마도 최고의 윤리는 최고로 적극적인 어떤 것임에 틀림없다. 그런데 최고 (혹은 최선)의 것과 관련된 문제는 어떠한 경우에든 철저히 개인에게 속하는 것이었다. 그러나 모든 시대의 대중문화는 이런 문제와 관련해서 개인에게 집단적인 해결만을 요구해왔다. 집단적인 해결을 구하는 일체의 제諸 행위를 우리는 '통속적'이라고 불러도 좋다. 그 증거로 우리는 우리의 현실을 바라보는 것으로 충분하고도 남는다. 집단은 고뇌하는 능력이 없다. 집단은 스스로 팽창하려는 속성이 있을 뿐이다. 고뇌는 언제나 개인의 몫이었다. 그런데 대중문화는 개인을 집단화集團化시키는 경향이 있다. 탐욕은 집단화된 개인을 어떤 저항도 없이 쉽게 타락시킨다. 집단화된 개인은 집단화된 감정과 집단화된 사고思考에 지배당한다. 누구나 다 비슷한 말을 하고, 비슷한 생각을 하는 데 익숙해지는 것이다.

현대는 근대나 고대에 비해 훨씬 더 대중적인 시대이다. 따라서 개인의 집단화는 우리 시대가 직면한 숙명과도 같은 것이다. 양量이 질質을 지배하는 것은 당연한 결과이다. 개인이 집단화하듯이, 문화가 대중화되는 것 또한 당연한 결과이다. 대중이 문화의 대상이면서 동시에 주체이기 때문이다.

구원의 문제 역시 집단화되어 더 이상 개인에게 고뇌를 요구하지 않고 상식의 수준으로 전락轉落한지 오래이다. 더 나쁘게는 — 대다수 사람들의 경우 — 돈이나 물질을 취하는 것이 구원과 같은 가치의 문제와 관련해서 부분이 아닌 전부에 해당한다고 굳게 믿고 있다는 점이다. 매스미디어는 '좋은 게 좋은 거다'는 식의 일반론에 필요 이상으로 집착한다. 그런데 집단이 아닌 개인에게 있어서 윤리의 문제는 그렇게 단순한 문제가 아니다. '대중적인 결의'가 가치의 부재不在로 인한 빈자리를 대신할 수는 없는 일이다. 윌리엄 포크너는, 가치 있는 무엇을 획득함도 없는 승리와 가치를 상실함도 없는 패배에 대해 함구했다.

"문화는 자체의 본성本性으로 인해 살아남거나, 다시 부활하지 못한다"고 앙드레 말로는 말했다. 문화는 계승자를 필요로 한다. 퇴계와 율곡이 우리에게 무가치하다고 생각하고 싶지는 않다. 하지만 우리는 톨스토이나 도스토예프스키를 아는 만큼 퇴계와 율곡에 대해 알지 못한다. 현대성의 결여 때문이 아니라 계승자의 부재 때문일 것이다.

예수는 재벌 총수가 아니다. 21세기에도 예수는 수많은 신부와 목사들을 먹여 살리고 있지만 그들의 직업을 창출할 의도는 없었다. 과연 예수의 전설은 단순히 예수를 떠받드는 이해利害 당사자들의 의지와 집념만으로 가능했을까? 아마도 그렇지 않을 것이다. 기독교는 자신의 문화 속에서 수많은 성인聖人과 탁월한 철학자들을 배출해 냈다. 이른바 '모범과 논리' 둘 다를 만족시키면서 2천 년에 걸쳐 계승되어 온 문화의 산물이다. 기독교는 위대한 계승자들의 역사였다.

마찬가지로 퇴계와 율곡은 자신들의 부활을 꿈꾸며 자신들이 이룩해 낸 업적을 이어갈 계승자의 출현을 기대하고 있을 것이다. 그러나 우리가 기대하는 그들의 부활은 성리학性理學의 부활이 아니다. 우리가 기대하는 그들의 부활은 위대한 인간성의 부활이다.

위대한 문화는 개인에게 힘을 주고, 강한 문화는 개인의 나약함을 보완해 준다. 그리고 풍부한 문화는 개인에게 다양한 가능성을 제시한다.

'가능한 한 많은 경험을 의식화意識化하고, 개개인에게 내재된 자신의 잠재력을 회복시키는' 힘을 지닌 문화 ─ 이것이 우리가 기대하고 원하는 문화이다.

시대의 변화에 따라 그의 이미지는 끊임없는
변형變形을 통해 우리들 개개인에게 다가왔고,
또 앞으로도 변함없이 그럴 것이다.
그것은 충분히 비극적이며, 가장 고상한 형태의
'한국적인 정서情緖'를 나타내는 바로 그 이미지이다.
이 땅의 문화 중심에 이순신 장군이 우뚝 서 있다.

.
.
.

이순신에 대해서

이순신의 전설과 관련된 비극은, 그것을 느끼는 자에게는 애절함을 주지만, 이해하는 자에게는 당혹감을 준다. 이순신의 생애에 대해 익히 알고 있다고 자부하는 우리의 입장에서 볼 때 그렇다는 것이다. 그의 생^{生}이 우리에게 보여주는 모범적인 요소에는 보편성이 결여되어 있는데, 마치 이순신이라는 존재는 오로지 임진왜란을 위해서 태어났다 죽어간 인물처럼 여겨질 정도로 그의 삶은 다른 가능성의 여지를 전혀 남겨 두고 있지 않기 때문이다. 단지 유능하다는 사실만으로 불세출의 영웅으로 추앙 받을 수 있다고 생각한다면 문제를 너무나 단순화시키는 것이다. 설령 그렇다 해도 그는 어릴 적 친구였던 서애^{西崖} 유성룡만큼 학문에 뛰어난 것도 아니었고, 서른 둘 늦은 나이에 간신히 무과武科에 합격하여 종9품에 오른 것을 보면 추측컨대 무예武藝가 남달리 출중한 것도 아니었다. 이순신의 한계는 '보편성의 부재不在'가 아니라 '표현의 부재不在'일 수도 있다. 그러나 이순신을 대상으로 해서 종교나 사상을 조직組織할 수는 없는 일이다.

이순신은 세종과는 달리 역사를 창조한 것이 아니라 역사에 참여했을 뿐이다. 그럼에도 불구하고 이순신은 이 땅의 문화가 경작耕作해 낸 최고의 인물임에 틀림없다. 한 개인은 그 개인의 업적이다. 그는 스스로에게 많은 것을 요구했고, 또 많은 것을 증명해냈다. 임진왜란이 없었다면, 우리가 알고 있는 이순신도 없었을 것이다. 사회, 현실, 문화, 역사 등이 개인에게 부여하는 숙명 같은 것이 있다. 만일 그가 노량 해전에서 죽지 않았다면 어떻게 됐을까? 영웅에게는 탄생과 죽음의 때가 있다. 이순신은 행운아幸運兒다. 행운아는 반反운명체이다.

최고로 현실적인 불사不死의 논리가 있는데, 그것은 아마도 이런 것임에 틀림없다 — "어떤 인간은 결코 소멸하지 않는다. 왜냐하면 그는 끊임없이 번영繁榮하고 있기 때문이다. 후대의 정신 속에서, 그리고 후대의 일상日常 속에서." 이순신이 그런 존재였다. 그는 타협을 거부했기에 불멸의 특권을 부여받았다. 앙드레 말로의 말처럼, 살아남은 모든 문화는 타협된 과거들로써 이루어진 것이 아니라, 과거에 타협을 불허했던 부분들로써 이루어진 것이다. 계백 장군 역시 이 경우에 해당한다고 볼 수 있다. 계백의 집념은 김유신의 승리를 넘어선다. 적어도 역사의 언어는 그렇게 말할 것이다.

문화라는 인류사史의 그릇은 석굴암이나 다보탑 같은 조형물에 우선해서 위대한 인간들의 특질特質들로 채워진다. 석가는 타지마할보다 위대하다. 그리고 이순신은 거북선보다 위대하며, 임진왜란이라는 절체절명의 전란戰亂과 직면해 사회와의 긴밀한 관계를 유지하면서 자신의 존재를 부각시켰다. 그의 생이 표현하는 바의 충효정신忠孝精神은 지난 4백년 간 이 사회에서 절대성을 갖는 모범이었다. 이순신의 효심孝心은 대단했다고 한다. 서양의 관점에서 볼 때 지나칠 정도의 이러한 정서情緒는 확실히 동양적인 유산임에 틀림없다. 그러나 자신이 속한 집단이나 사회에 대한 충성심은 세계적이고 보편적인 것이다.

장군이 품은 충의忠義가 목숨을 건 비장함을 불렀다. 그의 비장함은 박정희 장군의 비장함과는 다른 것이었다. 전자의 경우는 자신보다 소중한 가치를 위해 자신을 희생하는 격렬한 행위 속에서 인간의 긍정肯定을 추구했고, 그 결과도 그랬다. 그러나 후자의 경우에는 자신의 완고한 행위 속에서 인간의 부정否定을 표현했고, 역시 그 결과가 그랬다.

"죽고자 하면 살 것이요, 살고자 하면 죽을 것이다!"— 이 외침은 누구나 가벼이 할 수 있지만, 명량 해전을 앞둔 이순신에게는 너무나도 인간적인 절규였다.

그의 생이 많은 사람들에게 용기와 영감을 준 사실을 우리는 알고 있다. 그런 의미에서 이순신은 프로메테우스 같은 존재였다. 어쩌면 그는 프로메테우스보다 더 프로메테우스적的인 존재였는지도 모른다. 적어도 우리에게만큼은 그렇다고 확신한다.

"모든 문화는 그 이미지를 완성하는 자들에게서 받은 이상적理想的인 이미지를 약화시키지 않고, 유지시키며, 풍부하게 하고, 변형시키기를 원한다."

(앙드레 말로)

우리 문화의 이미지를 완성시켰던 인물들, 예컨대 세종, 퇴계, 율곡, 이순신에 대해 가치를 부여하는 일은 당연히 우리의 몫이어야 한다. 죽은 자들의 소멸을 쉽게 인정하는 문화는 오래 지속되지 못한다. 하물며 과거의 영웅들일진대, 그들의 가치를 부활시키지 못하는 문화 속에서, 그 상실의 문화와 직면해서, 다만 실망을 금치 못할 뿐이다. 여기서 우리는 "한 민족이라고 하는 것은, 여섯 내지 일곱 명의 위대한 인물을 배출해내기 위한 자연의 우회로迂廻路이다"라고 한 니체의 말을 유념할 필요가 있을 것이다.

이 땅의 과거를 풍부하게 하는 일은 그 어떤 무엇보다도 중요하다고 본다. "과거에 대한 탐구는 역사의 정돈整頓을 목표로 한다"고 흔히들 말하지만, 그러나 그것만으로는 부족할 것이다. 과거의 영웅들은 자신들의 부활을 갈망한다. 그리고 그들의 생명력은 현재를 사는 우리들에게도 절실히 필요한 것이다. 이순신의 신격화神格化가 우리에게 가져다 주는 것은 없다. 오히려 그를 인격화人格化시키는 것만이 수백 년 세월을 뛰어 넘어 살아 숨 쉬는 그의 존재를 우리들 개개인의 인생에 깊이 각인시킬 수 있다.

시대의 변화에 따라 그의 이미지는 끊임없는 변형變形을 통해 우리들 개개인에게 다가왔고, 또 앞으로도 변함없이 그럴 것이다. 그것은 충분히 비극적이며, 가장 고상한 형태의 '한국적인 정서情緖'를 나타내는 바로 그 이미지이다. **이 땅의 문화 중심에 이순신 장군이 우뚝 서 있다.**

다른 것은 개인에게 속하고, 같은 것은 인류에서 비롯된다. 한 개인은 곧 인류이다. 개인이 인류로부터 분리될 때, 그가 강할 경우 인류를 파괴하고, 그가 약할 경우 스스로를 파괴한다 — 여지없이 타락하는 것이다.

이순신과 히데요시의 싸움은 그 본질에 있어서 인류를 지키려는 자와 인류를 파괴하려는 자와의 싸움으로 요약될 수 있다. 4백년쯤 전 지구 동쪽의 작은 반도에서 일어났던 전쟁은 당시의 인류(東北亞)를 대표하는 사건이었다. '역사란 전전戰前과, 그리고 전전戰前의 미래에 불과한 전후戰後 사이의 불분명한 시간'이라고 어떤 역사가는 말했는데, 실제로 그때 당시에 일본의 상황이 그랬다. 임진왜란은 이순신을 한낱 범부凡夫로 남아 만족한 삶을 누리게 두지 않았다. 그는 일본의 침략을 예견한 몇몇의 선비 중 하나였다. 또한 그는 조선에서 유일하게 준비된 장수이기도 했다.

〈난중일기〉[1]는 임진왜란이 일어나기 석 달 보름쯤 전前 임진년 정월 첫째 날(양력으로는 1592년 2월13일)부터 씌어지기 시작했다. 그때 장군의 나이 48세. 전라 좌수사에 임명되고 일 년쯤 후에 일이었다. 〈난중일기〉에는 임진년 4월13일 임진왜란이 발발하기 직전까지 이순신이 전란戰亂에 대비해 준비해 둔 사항들이 비교적 상세하게 적혀 있다.

"2월8일 거북선에 쓸 돛배 스물아홉 필을 받았다. … 이몽구가 방답진陣을 순시하고 돌아와 방답 첨사가 방비에 온 정성을 다하더라고 매우 칭찬했다.

2월20일 여도진을 방문해 방비에 문제가 없는가를 살펴보고 전선戰船을 점검했다. 전선은 모두 새로 만들었고 무기도 웬만큼 구비되어 있었다.

2월22일 아침에 일을 마친 뒤에 녹도진으로 갔다. 봉우리 위에 새로 쌓은 문루門樓에 올라가 보니 경치의 아름다움이 경내에서 으뜸이다. 녹도 만호 정운鄭運의 애쓴 흔적이 미치지 않은 곳이 없다. 흥양 현감과 능성 현감이 같이 어울려 만호와 함께 취하도록 마셨다. 아울러 대포 쏘는 것도 지켜보았다.

2월25일 사도진을 둘러보니 전쟁 방비에 탈난 곳이 많다. 군관과 색리들을 불러 벌을 주었다. 방비가 다섯 포구 가운데 제일 못한데도 순찰사가 잘되어 있다고 장계狀啓를 올렸다니 기가 막힐 일이다.

---

1 〈난중일기〉를 읽으면서 글쓴이의 '자기 노출'은 찾아보기 어렵다. 다만 분노와 슬픔과 나랏일을 염려하여 노심초사하는 심정이 드러나 있을 뿐이다. 16세기 서구에서 몽테뉴가 표현해 낸 자기 내면의 자아(自我)에 대한 탐구는 이순신이 살던 16세기의 조선과는 거리가 멀었다. 감수성의 부재 때문이 아니었다. 당시는 감수성에 대한 외면이 미덕으로 여겨지던 시대였다.

2월 26일 날이 저물어서야 방답진에 닿았다. 무기를 점검 해 보니 장편전 長片箭은 쓸 만한 것이 없어 참으로 걱정이다. 그래도 판옥선은 온전한 편이니 여간 다행이 아니다.

2월 27일 아침 점검을 마친 뒤에 북쪽 봉우리에 올라가 지형을 살펴보았다. 방답은 외톨이로 떨어져 있는 섬이라 사방에서 적의 침입을 받으면 위험 천만할 터인데, 성벽과 해자垓字가 매우 엉성하여 참으로 걱정스럽다. 첨사가 애쓰기는 하였으나 미처 준비를 못했으니 어찌하랴.

3월 27일 아침을 일찍 먹은 뒤 배를 타고 소포召浦로 갔다. 쇠사슬을 가로 질러 건너 매는 일을 감독하면서 종일 기둥나무 세우는 것을 지켜보았다. 겸 하여 거북선에서 대포 쏘는 것도 시험하였다."

드디어 4월 13일 임진란이 발발하고 이틀이 지난 4월 15일 해질 무렵에 경상 우수사 원균元均으로부터 "왜선 90여 척이 부산포 앞 절영도에 정박했 다"는 통첩을 받았다. 같은 시각에 경상 좌수사 박홍朴泓으로부터도 공문이 왔는데, "왜선 350여 척이 부산포 건너편에 도착했다"고 한다. 4월 16일 부 산이 함락되었다는 통보를 받았고, 4월 18일에는 동래, 양산, 울산이 함락되 었다는 소식을 들었다. 4월 26일 신립申砬 장군이 탄금대 전투에서 패하고 전 사했다. 4월 29일 원균이 경상 우수영을 왜군에게 빼앗기고 구원을 요청해 왔다. 5월 3일 왜군이 서울을 점령했다.

이순신은 즉각 전라 좌수영 관하에 있는 다섯 고을(순천·광양·낙안·흥 양·보성)의 수령들과 다섯 포구(방답·사도·여도·발포·녹도)의 장수들을 소집했다. 5월 1일 전라 좌수영 수군水軍이 본영 앞바다에 모두 집결했다. 작 전 회의를 거듭한 끝에 5월 4일 새벽에 출전키로 정하고 장계를 써서 올렸 다. 여도 수군 황옥천이 적이 온다는 소리를 듣고 집으로 도망간 것을 붙잡 아와 목을 베어 내다 걸었다.

5월 4일부터 5월 9일까지의 제1차 출정出征에서 동원된 이순신 휘하의 군선軍船은 판옥선 24척, 협선 15척, 포작선 46척이 전부였다. 전라 우수군은 합류하지 못했고, 경상 우수사 원균이 끌고 온 배는 판옥선 3척, 협선 2척에 불과했다.

5월 7일 여수를 출발한 지 4일째 되는 날, 왜선 50여 척이 옥포 선창에 정박해 있는 것을 확인하고 그 중 26척을 총통으로 쏘아 맞혀 부수고 불태우니 넓은 바다에서 피어오른 화염이 하늘을 덮었다. 날이 저물어 영등포 앞바다로 물러나 밤을 지내려고 하였으나, 오후 4시경 "멀지 않은 바다에 왜선 5척이 지나간다"는 보고를 받고서 뒤쫓아 가 남김없이 침몰시켰다.

5월 8일 이른 아침에 진해 땅 고리량에 왜선이 머물고 있다는 보고를 받고 출항하여 안팎의 섬들을 협공하고 수색하면서 돝섬을 지나 고성 땅 적진포에 이르렀다. 그곳에서 왜선 13척을 발견하고 그 중 11척을 부수거나 불태웠다. 5월 9일 정오에 배를 모두 거느리고 여수 본영으로 무사히 돌아왔다. 이것이 바로 옥포 승첩勝捷이었다.

5월 27일 경상 우수사 원균에게서 공문이 왔는데, "적선 10여 척이 벌써 사천, 곤양 등지에 육박하였기에 자신은 남해 땅 노량으로 이동했다"는 내용이었다. 본도의 수군을 소집했다.

5월 29일 새벽에 여수를 떠나 곧장 노량으로 향했다. 노량에 도착해 원균으로부터 "적들이 지금 사천 선창에 머물고 있다"는 말을 듣고 그쪽으로 배를 몰아 쫓아가 보니, 이미 왜군들이 배는 산 아래에 매어 놓고는 뭍으로 올라가 산 위에 진을 치고 완강한 태세로 버티고 있었다. 일제히 공격을 가하여 화살을 퍼붓고 총통을 쏘아대자 적들이 겁을 집어먹고 물러났다. 화살을 맞은 자가 몇 백인지 알 수 없었고 머리를 벤 왜적의 수도 헤아릴 수 없을 정도였다. 이 싸움에서 군관 나대용羅大用이 총상을 입었다. 장군 역시 왼쪽 어깨 위에 총알을 맞아 등을 뚫고 나갔으나 중상은 아니었다. 사부射夫와 격군格軍 가운데도 탄환 맞은 자가 적지 않았다. 왜선 13척을 불태우고 물러 나왔다.

6월 2일 아침에 떠나 당포 앞 선창에 이르러 보니, 왜선 20여 척이 줄지어 정박해 있었다. 먼저 거북선을 앞세워 왜 수군의 대장선隊長船을 향하여 곧장 돌진하면서 용아가리로 현자 철환을 치쏘게 하고, 판옥선에서는 화살과 크고 작은 승자총통으로 마구 쏘아대자 왜장倭將이 화살을 맞고 배에서 굴러 떨어지는 것이 보였다. 그러자 왜적들이 한꺼번에 놀라 뿔뿔이 흩어졌다. 모조리 섬멸하고 한 놈도 남겨두지 않았다.

6월 4일 전라 우수군이 오기만을 고대하면서 배를 정박하고 기다렸다. 그러자 정오 무렵에 약조한 대로 전라 우수사 이억기李億祺를 실은 배가 군사와 여러 장수들을 거느리고 나타났다. 진중의 병사들 중 기뻐서 뛰지 않는 자가 없었다.

6월 5일 당항포에 이르러 왜선 30여 척을 발견하고 일제히 공격하여 섬멸했다. 왜장의 머리를 일곱이나 베었다. 살아남은 왜군들은 육지로 달아났으나 그 수가 많지는 않았다. 우리 군사들의 기세가 크게 떨치었다.

6월 7일 아침에 출발하여 정오에 영등포 앞바다에 도착했다. 적선이 율포에 있다는 말을 듣고 복병선伏兵船을 보내 알아보게 했더니, 왜선 5척이 우리가 오는 것을 알고는 남쪽 넓은 바다로 달아나고 있다고 했다. 뒤쫓아 가 그 중 3척을 사로잡았다. 목을 벤 왜적의 머리를 합하였더니 모두 서른여섯 개였다.

6월 9일 천성, 가덕에 이르러 둘러보았으나 적선은 한 척도 보이지 않았다. 두 번, 세 번을 수색하고 나서 군사를 돌려 당포에서 밤을 지내고 다음날 본영으로 돌아왔다. 이것이 5월 29일부터 6월 10일까지의 제2차 출정으로, 여기서 거둔 네 차례의 승리를 가리켜 당포 승첩勝捷이라 한다.

임진년 6월을 그렇게 보내고 본영에 머물러 있던 이순신은 가덕, 거제 등지에 다시금 왜선들이 떼를 지어 빈번히 출몰한다는 보고를 접하고 7월 4일 적을 치기 위해 전라 우수사와 만나기로 정한 장소에 도착했다. 7월 5일 우수사 이억기와 함께 전라 좌우도의 판옥선 48척을 여수 본영 앞바다에 집결시켜 합동훈련을 실시하였다. 7월 6일 수군을 거느리고 일제히 출발하여 곤양과 남해의 경계인 노량에 도착하니, 경상 우수사가 파손된 판옥선 7척을 수리해 머물고 있었다.

7월 8일 왜선 70여 척이 견내량에 머물고 있다는 보고를 받고 그곳에 도착해 보니, 적의 큰 배 36척, 중간 배 24척, 작은 배 13척이 진을 치고 정박해 있었다. 그러나 견내량은 지형이 매우 좁고 암초가 많아서 판옥선끼리 서로 부딪치게 될까 염려되어 한산도 앞바다로 유인하여 한꺼번에 섬멸할 계획을 세웠다. 먼저 판옥선 대여섯 척으로 적의 선봉을 쫓아가서 공격할 기세를 보이자, 적들이 일제히 돛을 달고 따라 나왔다. 우리 배가 거짓으로 물러나는 척하면서 도망쳐오니 적들도 바다 한 가운데까지 줄곧 쫓아 나왔다. 이때다 싶어 장수들에게 명령하여 학익진鶴翼陣을 펼치고 지자·현자·승자총통을 쏘아 적선 두세 척을 부수자 나머지 왜적들은 기가 꺾여 도망치기 시작했다. 승기勝機를 잡고 여러 장수와 군사와 관원들이 앞을 다투어 돌진하며 화살과 총알을 퍼부으니 그 형세가 마치 바람과 같고 우레와 같았다. 적의 배 73척 중 47척을 부수고 12척을 사로잡았다.

7월 10일 "안골포에 왜선 40여 척이 있다"는 보고를 받고 새벽에 출발하여 도착해 보니, 적의 큰 배 21척, 중간 배 15척, 작은 배 6척이 정박해 있었다. 그러나 그곳 포구의 지세가 좁고 얕아서 조수가 빠져나가면 갯벌이 드러나 판옥선 같은 큰 배로는 출입이 어렵다고 판단하여 적들을 몇 번이고 바다로 끌어내려 했으나, 한산도 앞바다에서 왜선 59척이 남김없이 불태워진 소

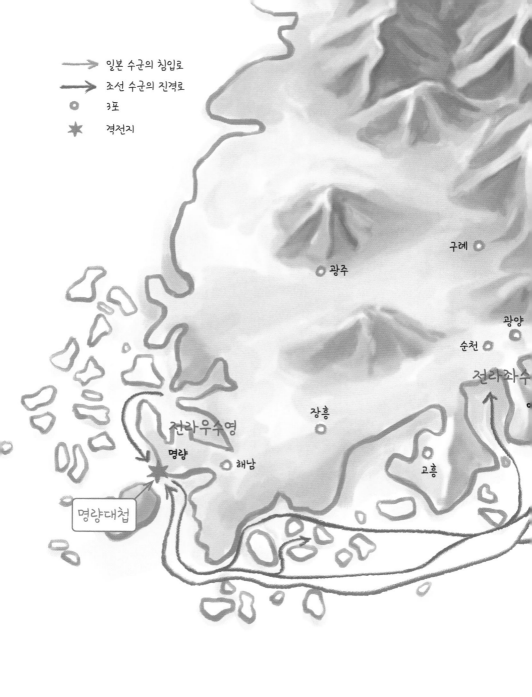

일본 수군의 침입로
조선 수군의 진격로
3포
격전지

구례

광주

광양

순천

전라좌수

장흥

전라우수영

명량

해남

고흥

명량대첩

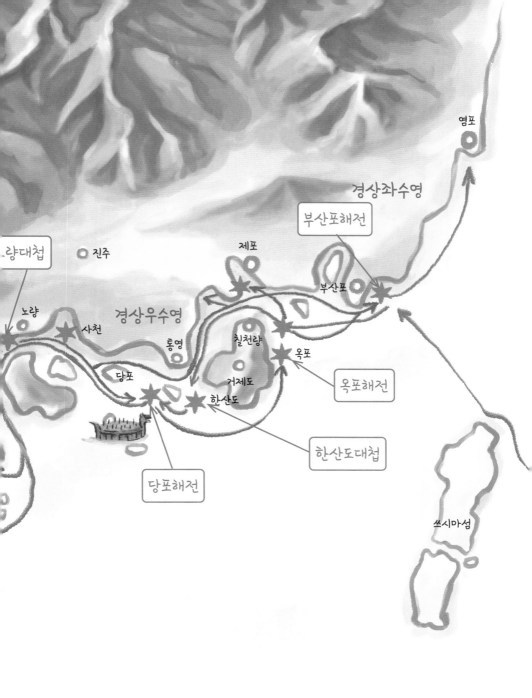

영포

경상좌수영

부산포해전

제포

부산포

-량대첩

노량

경상우수영

진주

사천

칠천량

통영

옥포

옥포해전

당포

거제도

한산도

한산도대첩

당포해전

쓰시마섬

식을 들었는지 배를 매어둔 채 겁을 먹고 나오려하지 않았다. 하는 수 없이 장수들에게 명령하여 교대로 드나들면서 천자·지자·현자총통과 장편전 등을 빗발같이 쏘아대게 하고 전라 우수사도 합세하여 협공하니 하루 내내 계속된 전투에서 적선은 거의 다 부수어졌고 그 가운데 살아남은 왜적들은 모두 육지로 달아나 버렸다.

7월11일 새벽에 다시 돌아와 보니 왜적들은 허둥지둥 닻줄을 끊고 밤을 타서 도망가 버린 뒤였다. 오전 열시쯤 양산강과 김해 포구와 감동 포구를 모두 수색하였으나 적은 그림자도 보이지 않았다. 12일 한산도를 거쳐 13일 본영으로 돌아왔다. 이것이 7월6일부터 13일까지의 제3차 출정으로, 여기서 거둔 두 차례의 승리를 가리켜 한산도 대첩大捷이라 한다. 특히 한산도 전투에서의 패배로 인해 남해 바다를 장악하고 서해 바다로 진입하려던 왜군의 계획은 수군水軍의 주력主力을 잃어 수포로 돌아가고 만다.

그리고 이어지는 8월24일부터 9월2일까지의 제4차 출정에서 이순신은 전라 좌우도의 판옥선 74척과 협선 92척을 거느리고 부산 앞바다에 정박해 있는 왜선 470여 척 중 100여 척을 부수거나 불태웠는데, 이것이 바로 장사진長蛇陣을 펼쳐 승리를 거둔 부산포 대첩大捷이었다. 이 싸움에서 녹도 만호 정운이 전사했다.

역사가들은 임진년에 있었던 크고 작은 싸움 중에서 한산도 대첩을 으뜸으로 꼽는 데 주저하지 않는다. 그러나 정작 이순신 본인은 한산도 싸움에서의 승리보다는 9월1일에 있었던 부산포 싸움에서의 승리를 더 흡족하게 여겼던 것 같다. 이순신은 이렇게 말했다.

"그동안 네 차례 출전하여 열 번 싸워서 모두 다 이겼다. 그러나 장수와 사졸들의 공로를 따진다면, 이번 부산 싸움에 비길 바가 아니다. 전날의 싸움에서는 적선의 수가 아무리 많아도 70여 척에 불과했으나, 이번에는 왜적의 소굴에 400여 척의 배가 정박해 있었다. 실상이 그러함에도 조금도 두려워하지 않고 적진 속으로 돌진해 들어가 하루 내내 공격하여 적선 100여 척을 부수고 적으로 하여금 겁내어 떨게 하였으니, 비록 목을 벤 것은 없으나 힘껏 싸운 공로는 먼저 번보다 훨씬 더하다 할 수 있다."

계사년(1593년) 7월 5일 진주성이 함락됐다는 급보가 왔다. 적이 목전에 다가온 것이다. 광양과 순천이 위협받고 있었다.

7월 14일 전라 좌수영을 한산도로 옮기고 목수 2백여 명을 동원해 전선戰船 건조에 박차를 가했다. 또한 이순신은 군량 확보를 위해 여러 곳에 둔전屯田을 설치하고 군비軍費도 직접 조달해야 했다.[2]

8월 1일 삼도수군통제사에 임명되었다.

갑오년(1594년) 2월 5일 명나라 장수 심유경이 왜국과의 화친을 도모한다는 소식을 듣고 이순신은 "왜적은 신뢰할 수 없다"고 하면서 불편한 심기를 감추지 못했다.

3월 4일 진해 앞바다에서 왜선 6척을 붙잡아 불태웠고, 저도猪島에서도 왜선 2척을 불태워 없앴다. 또한 소소강召所江에 왜선 14척이 정박해 있다고 해서 어영담과 원균을 보내어 토벌하도록 명령하였다.

-----

2 카르타고의 영웅 한니발과 조선의 영웅 이순신은 여러 면에서 동격(同格)이다. 소위 말하는 권력자로부터의 지원은커녕 외면당하면서도 한니발과 이순신은 자신들의 싸움을 계속해 나갔다. 전선(戰線)은 피의 논리를 부른다. 그리고 후방(後方)은 땀의 논리로 보상한다. 그러나 그들을 지원할 후방은 없었다. 한니발의 집념은 로마에 국한된다. 하지만 이순신의 집념은 신념에 따른 것이었다. 보상을 기대하지 않는 신념은 그 자체로 명분이 된다.

3월 5일 새벽에 당항포로 사람을 보내서 알아보니, 어영담이 급히 보고 하기를 "적의 무리가 우리 군사의 위세에 겁을 먹고 밤을 타서 도망하여, 버리고 간 빈 배 17척을 모조리 불태워 없앴다"고 하였다.

3월 6일 명나라 도사都司 담종인이 패문牌文을 보내왔다. 그 내용을 읽어보니, "적을 치지 말라!"는 것이었다.

병신년(1596년) 9월 2일 일본 오사카 성 회담에서 명·일 간의 강화 교섭이 결렬되자 히데요시는 재침再侵을 결심하기에 이른다.

정유년(1597년) 1월 14일 왜군 14만여 명이 가토 기요마사加藤清正와 고니시 유키나가小西行長를 선봉으로 하여 다시금 조선을 침공해왔다. 정유재란이 발발한 것이다.

1월 21일 왜인 첩자로부터 "본국에 머물고 있던 왜장 가토 기요마사가 모월모일某月某日에 군사를 이끌고 바다를 건너 부산으로 온다"는 거짓 정보를 듣고 선조宣祖는 도원수 권율權慄을 시켜 이순신에게 출전을 명령했으나, "왜적은 간사하기가 짝이 없으니 그 말을 그대로 믿지 못하겠다"고 하면서 가벼이 움직이려 하지 않았다.

1월 28일 임금의 명에 따라 삼도수군통제사 이순신은 충청 병사로 물러나 있던 원균에게 경상 통제사 직위를 넘겨주고 전라·충청 통제사 직위만을 유지하게 된다.

2월 6일 "적을 놓아주어 나라를 저버렸다"는 죄를 물어 이순신을 파직하고, 원균을 삼도수군통제사 겸 전라 좌수사로 임명하였다.

2월 26일 선조의 명에 따라 이순신은 한산도에서 체포되어 서울로 압송되고, 3월 4일 의금부에 투옥되었다. 판중추부사 정탁鄭琢이 탄원 상소를 올

렸다. 도체찰사 이원익李元翼과 전라 우수사 이억기도 이순신은 무고하다고 하며 구명에 앞장섰다.[3]

4월1일 28일간의 옥고를 치르고 석방되어 백의종군白衣從軍하는 길에 올랐다.

6월4일 경남 초계에 도착해 백의종군하면서 날을 보내던 이순신은 7월 18일 이른 아침에 찾아온 사람들로부터 "16일 새벽에 우리 수군이 기습을 당하여 통제사 원균이 전라 우수사 이억기, 충청 수사 최호 등 여러 장수들과 함께 해를 입고 수군이 크게 패했다"는 소식을 전해 듣고 아연실색했다. 조금 있다가는 도원수 권율이 찾아와 "일이 이미 이 지경에 이르렀으니 어찌할 바를 모르겠다"고 하였다. 오전 10시경까지 이야기를 나눴으나 뜻을 정할 수 없어서, "내가 직접 해안 지역으로 가서 듣고 본 뒤에 방책을 정하자"고 했더니 도원수가 승낙하면서 그렇게 좋아할 수가 없었다.

7월18일 초계를 출발해 삼가현을 거쳐 19일에는 동산산성에 올랐고, 20 일에는 진주 정개산성 아래에 있는 정자에 다다랐다.

7월21일 곤양을 거쳐 노량에 이르니 거제 현령 안위安衛와 영등포 만호 조

....

3 "인간은 가까이에서보다 멀리서 바라 볼 때 더 크게 보인다"고 카이사르는 말했다. 그러나 한편으로 '인간은 멀리서보다 가까이에서 볼 때 더 정확하게 보인다'고 하는 것은 상식에 속하는 것이다. 이순신과 함께 전투에 참여했던 전라 우수사 이억기는 진심으로 이순신을 존경했다. 권준, 정운, 어영담을 포함하는 이순신의 모든 막하 장수들 또한 이순신을 진심으로 존경했다. 임명권은 임금에게 있었지만, 권위는 스스로가 만들 수밖에 없는 것이다. 믿음은 존경심이 없이는 유지가 불가능할 것이다. 예수의 열두 제자는 유다를 제외하고 모두가 목숨을 바칠 정도로 예수를 존경했다. 석가는 처음에 60명의 제자를, 그리고 공자는 70명의 제자를 받아들였는데, 스승에 대한 제자들의 존경심이 남달랐다는 것은 세상이 인정하는 바다. 아마도 이순신은 자신에게 그랬던 것처럼 부하 장수들에게도 감당하기 힘들 정도로 많은 것을 요구했을 것이다. 그럼에도 그들로부터 무한한 존경을 받았다는 사실은 의미하는 바가 크다.

계종繼宗 등 10여 명이 와서 통곡하였고, 피해 나온 군사와 백성들도 울부짖지 않는 사람이 없었다. 경상 수사 배설裵楔은 도망가고 보이지 않았다. 피난민들이 울며 말하기를 "대장 원균이 적을 보자 먼저 뭍으로 달아났고 여러 장수들도 모두 그를 쫓아 뭍으로 달아나 이 지경에 이르렀다"고 하였다.

7월 22일 아침에 경상 수사 배설이 찾아와서 원균이 패하여 죽은 일을 장황하게 설명하였다. 다음날 아침 일찍 그간에 보고 들은 내용을 공문으로 작성하여 도원수 권율에게 보냈다.

8월 3일 이른 아침에 선전관이 임금이 내린 교서敎書와 유서諭書를 들고 찾아왔다. 그 내용을 읽어보니, 다시 삼도수군통제사에 임명한다는 교지敎旨였다.

8월 4일 오후에 곡성에 이르렀으나 관청과 민가가 온통 비어 있었다.

8월 5일 옥과현 경계에 이르니 피난민들로 길이 가득 찼는데, 남녀노소가 서로 부축하고 가는 모습을 차마 눈뜨고 볼 수 없었다.

8월 8일 해가 저물 무렵에 순천에 도착해 보니 성 안팎에 인적이 하나도 없어 적막하기 짝이 없었다. 관청과 창고는 이전처럼 무사했으나 병기들은 제대로 수습도 하지 않은 채 달아나 버렸으니 기가 막힐 일이다. 장편전은 군관들을 시켜 짊어지게 하고 총통같이 무거운 것들은 깊이 묻고 표를 세워 두라고 하였다.

8월 9일 일찍 길을 떠나 낙안에 이르렀더니, 5리 밖까지 많은 사람들이 장군을 보러 나와 있었다. 백성들이 흩어져 달아난 연유를 묻자, 모두들 말하기를 "병마사가 적이 쳐들어온다고 하면서 창고에 불을 지르고 달아나 버려 백성들도 흩어져 도망갔다"고 하였다. 관청을 둘러보니 사람 소리라고는 들리지 않았고 관사와 창고와 병기들은 모두 타 버린 뒤였다. 순천 부사와 김제 군수가 산 속에서 내려와 인사했다. 8월 13일 하동 현감에게서 "진주

정개산성과 벽견산성이 무너졌다"는 소식을 들었다.

8월18일 장흥 땅 횡령포에 도착해 전선戰船을 거두니 고작 12척이고, 군사는 120여 명에 불과했다.[4]

8월20일 포구가 좁아서 해남 땅 이진梨津으로 진을 옮겼고, 24일 어란포를 거쳐 29일 벽파진碧波津에 도착해 진을 쳤다.

9월2일 새벽에 경상 수사 배설이 도망갔다.

9월7일 "적선이 어란포 앞바다에 들어왔다"고 한다. 장수들에게 군령을 내려 엄중히 경계토록 하였다. 오후 4시경 적선 13척이 벽파진으로 돌진해 왔으나 간단히 물리쳤다. 장수들에게 이르기를 "오늘밤에 반드시 적의 야습이 있을 것이니 경계를 늦추지 말라"고 하고 두 번 세 번 거듭해서 타일렀다. 밤 10시쯤 적선이 포를 쏘며 공격해왔다. 대장선大將船이 곧장 앞으로 나아가 지자포를 쏘아대자 자정 무렵에 적들이 물러갔다.

9월9일 저녁 늦게 적선 2척이 우리 수군을 정탐하러 다가왔다. 영등포 만호 조계종이 끝까지 추격하였더니, 적들은 당황해서 배에 실었던 물건을 바다에 던져 버리고 달아났다.

9월14일 벽파정 맞은편에서 연기가 올랐다. 배를 보내서 실어 왔더니 임준영任俊英이었다. 그가 보고하기를 "적선 55척이 이미 어란포 앞바다에 들어와 있다"고 하였다. 전라 우수영으로 전령을 보내 피난민들에게 곧 싸움이 벌어질 터이니 빨리 육지로 올라가 피신하도록 일렀다.

....

4 이순신 장군이 횡령포에서 인계 받은 판옥선은 경상 우수사 배설(裵楔)이 칠전량 전투 때 12척을 이끌고 도망쳐 숨겨둔 배였다. 명량 해전에 투입된 판옥선이 13척인 건 이전 전투에서 파손된 판옥선 1척을 수리해 보강했기 때문이다. 배설은 1597년 명량 해전 직전 또 다시 도망쳤다가, 전쟁이 끝난 1년 뒤 1599년 선산에서 권율 장군에게 붙잡혀 참형 당한다.

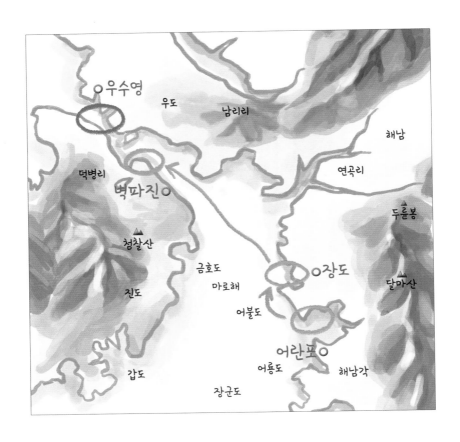

　9월 15일 진을 우수영 앞바다로 옮겼다. 수가 적은 우리 수군으로서는 명량을 등지고 진을 칠 수가 없었기 때문이다. 장수들을 소집해 "병법에 이르기를 '죽고자 하면 살 것이요, 살고자 하면 죽을 것이다' 하였고, 또 옛말에 '한 사람이 길목을 지키면 천 명의 적도 두렵게 할 수 있다'고 했는데, 이는 모두 오늘의 우리를 두고 이른 말이다. 너희들이 조금이라도 명령을 어긴다면 군율에 따라 사소한 일이라도 용서치 않겠다"고 말하고 재삼 엄중히 다짐했다.

　9월 16일 이른 아침에 망을 보고 있던 군관이 달려와 "헤아릴 수 없을 만

큰 많은 적선이 우리를 향하여 돌진해 온다"고 보고하였다. 즉각 명령을 내려 일제히 바다로 나갔더니, 적선 130여 척이 우리 배들을 순식간에 에워쌌다. 여러 장수들이 양쪽 배의 수를 헤아려 보고는 겁에 질려 도망칠 궁리만 하는 빛이 역력했다. 우수사 김억추金億秋가 탄 배는 2마장 밖에까지 물러나 있었다. 대장선大將船이 바삐 노를 저어 앞으로 돌진하며 지자·현자 등 각종 총통을 마구 쏘아대자 군사들도 배 위에서 물러서지 않고 화살을 빗발치듯이 쏘아댔다. 그러자 적의 무리가 감히 대어들지 못하고 쳐들어왔다 물러나다를 반복하면서 우리 배에 근접하려 하지 않았다. 그러나 여전히 우리 군사들이 겁을 집어먹고 서로를 돌아보며 얼굴빛이 하얗게 질려 있기에 타이르기를 "적선이 비록 많다 해도 우리 배를 함부로 침범하지 못할 것이니 조금도 흔들리지 말고 힘을 다하여 적을 쏘아라" 했다. 장수들의 배를 돌아보니 1마장쯤 밖에 물러나 있었고, 우수사 김억추가 탄 배는 멀리 떨어져 가물가물하였다.

호각을 불어 중군中軍에게 군령을 내리고 초요기招搖旗를 세우자, 중군장中軍將 미조항 첨사 김응함金應諴의 배가 가까이 오고, 거제 현령 안위의 배도 다가왔다. 직접 안위를 불러 "안위야, 군법에 죽고 싶으냐! 네가 정녕 군법에 죽고 싶으냐! 도망간다고 해서 어디 가서 살 것이냐!" 하였더니, 안위도 황급히 적진 속으로 뛰어들었다. 또 김응함을 불러 "너는 중군장으로서 멀리 피하고 대장을 구원하지 않으니 죄를 어찌 면할 것이냐! 당장 처벌하고 싶으나 전세戰勢가 위급하니 먼저 공功부터 세우게 하겠다" 하였다.

안위의 배와 김응함의 배가 적진을 향해 돌진해 들어가자, 적장이 탄 배가 휘하의 배 2척을 거느리고 한꺼번에 안위의 배에 달려들었다. 안위를 구하기 위해 대장선大將船의 뱃머리를 돌려 곧장 쳐들어가 총통을 쏘아대고 녹도 만호 송여종宋汝悰과 평산포 대장 정응두丁應斗의 배가 합세하여 공격하니 적

선 3척이 완전히 뒤집히고 살아남은 자가 없었다. 적장 마다시의 시체를 발견하고 물에서 건져내 토막토막 자르게 했더니 적의 기세가 꺾이는 빛이 역력했다. 이때 우리 군사들이 승리를 확신한 듯 일제히 북을 울리고 함성을 지르면서 쫓아 들어가 지자·현자총통을 쏘아대자 적선은 모두 달아나고 우리 배 13척만이 고스란히 남아 빈 바다를 지키고 있었다.

이 싸움에서 왜선 130여 척 중 31척을 부수거나 불태웠다. "이는 실로 천행天幸이었다"고 이순신은 말했다. 명량에서 거둔 승리로 조선 수군은 왜 수군의 서해西海 진입을 저지했을 뿐만 아니라 그 여파로 호남 안팎에 주둔해 있던 적들도 자취를 감추게 된다.

10월10일 해남海南에 진을 치고 있던 적들도 우리 수군이 해안을 따라 내려오는 것을 보고 모두 물러갔다.

10월 29일 고하도高下島로 진을 옮기고 수군 재건再建에 온 힘을 기울였다.

무술년(1598년) 2월 17일 고금도古今島로 진을 옮겼다.

7월 16일 명나라 수군도독 진린陣璘이 수군 5천 명을 이끌고 고금도에 도착했다. 이로 인해 조·명 연합수군은 조선 수군 8천 명에 명나라 수군 5천 명이 합쳐져 만 3천 병력의 대군大軍이 된다.

8월 18일 도요토미 히데요시豊臣秀吉가 사망하면서 철군을 지시했다.

9월 20일 오전 8시쯤 광양 땅 유도柚島에 다다랐더니 명나라 육군제독 유정劉綎이 병력을 이끌고 와 먼저 도착해 있었다. 수륙으로 협공하니 적의 기세가 크게 꺾이었다.

10월 2일 오전 6시쯤 진군해 정오까지 싸워 적을 많이 죽였다. 사도 첨사가 전사했고, 제포 만호, 사량 만호, 해남 현감, 진도 군수, 강진 현감이 부상을 입었다.

10월 3일 진 도독이 유 제독이 보낸 밀서를 받고 초저녁에 진군하여 자정이 될 때까지 싸웠다. 명나라 배 40여 척이 불탔다.

10월 6일 "유 제독이 달아나려 한다"고 도원수가 전해왔다.

11월 8일 진 도독이 말하기를 "순천 왜교倭橋의 적들이 초 10일 사이에 철수한다는 기별이 왔으니, 급히 진군하여 퇴로를 끊자"고 하였다. 9일 일제히 군대를 움직여 순천 땅 백서량에 도착해 진을 쳤다. 10일에는 여수 앞바다에 진을 쳤고, 11일에는 유도柚島에 이르러 진을 쳤다. 13일 왜선 10여 척이 순천 땅 장도獐島에 나타났다. 수군을 보내 추격하였더니 적들은 겁을 집어먹고 종일토록 나오려 하지 않았다.

11월 14일 왜선 2척이 강화講和하자고 하며 바다 한 가운데까지 나왔다. 15일 또 다시 왜선 2척이 강화하자고 하면서 두 번, 세 번 도독의 진중을 드나들었다. 16일 왜선 3척이 말 한 필과 창, 칼 등을 가득 싣고 진중으로 들어가 도독에게 바쳤다.

11월 17일 발포 만호와 당진포 만호가 찾아와 "어제 왜선 한 척이 군량을 가득 싣고 지나가는 것을 발견하고 한산도 앞바다까지 쫓아갔었다"고 보고하였다. 왜적은 육지로 달아났고, 붙잡은 왜선과 군량은 명나라 군사에게 빼앗기고 빈손으로 돌아왔다고 한다.

11월 18일 사천, 남해, 곤양, 고성 등지에 흩어져 있던 왜선 500여 척이 합세하여 순천에 주둔해 있는 고니시 유키나가 휘하의 군사들을 구출하기 위해 노량으로 몰려들었다. 밤 10시경 조·명 연합수군이 노량을 향해 진격했다.

11월 19일 오전 2시경 연합수군이 노량에 도착하자 일대 접전이 벌어졌다. 그리고 이른 새벽에 적탄을 맞고 배 위에 쓰러진 장군은 "싸움이 급하니 나의 죽음을 알리지 말라!"는 마지막 말을 남기고 숨을 거두었다. 전사한 곳은 관음포觀音浦 앞바다였고, 승세는 이미 압도적이었다. 노량 해전을 끝으로 조·일 간의 7년 전쟁은 종지부를 찍는다.

이순신 장군이 그의 생을 통해서 우리에게 남긴 것이 있다면, 그것은 승리의 추억이 아니고 명예도 아니며, 바로 문화 그 자체이다. **그가 죽고 민족이 산 것이다.**[5] 녹도 만호 정운鄭運의 죽음을 슬퍼하면서 장군이 손수 지은 애

---

5 에드워드 기번은 말하기를, "나라의 안전이 위협받는 긴급 상황에 직면해서 정의(正義)와 인도주의라는 천부(天賦)의 의무를 어느 정도까지 충족시켜야 하는가 하는 문제에 관하여 나는 무지한 채로 남아 있

도사哀悼辭는 장군 본인을 위한 것이기도 했다.

"나라 위해 던진 그 몸 죽어도 살았도다!"

노량 해전에서 이순신은 적에게 자신을 필요 이상으로 과도하게 노출했다. 이순신도 한신韓信의 처지를 의식해서였을까? 당시에 한신에게 적용된 토사구팽의 상황은 이순신의 처지와 무관할 수 없었다. 천재나 영웅의 삶은 '심리心理의 침투'를 거부하지만, 그래도 추측컨대 "공로가 천하를 덮는 자는 위태롭다"고 한 옛말을 이순신이 모를 리 없었을 것이다. 육군으로서 백전백승했던 회음후淮陰侯 한신은 초나라 장군 오기吳起나 진나라 장군 백기白起만큼 지략에서는 출중했지만 배움이 적었다. 반면 해군으로서 백전백승했던 이순신은 결코 배움이 적지 않았다. 세상에 대한 실망은 그의 학식에서 비롯된 것이었다. 그의 비애悲哀는 그의 죽음을 예고하고 있었다.

산이 높으면 골짜기가 깊어지듯이, 인간이 위대하면 위대해질수록 비극의 골도 따라서 깊어진다. 에우리피데스와 아이스킬로스와 소포클레스의 비극悲劇은 비극적인 인간이 아니라 비극적인 사건을 주제主題로 해서 씌어진 극劇이다. 그리고 그들과 거의 동시대인이었던 플라톤은 비극을 '사건의 모방'으로 보았다. 그러나 모방할 수 없는 것이 있는데, 그것은 바로 인간 자신

....

고 싶다"고 했다. 그러나 이것은 결코 민족주의를 옹호하는 말이 아니다. '민족'은 하나의 가능성이다. 그러나 '민족주의'는 하나의 이데올로기에 불과하다. 우리들만을 위해서 우리가 존재하는 것은 아니다. 이제는 민족이 아니라 문화다. 민족을 보존시키는 것이 문화이기 때문이다. 마키아벨리는 조국 이탈리아의 통일을 기원하면서 그 악명(惡名) 높은 〈군주론〉을 썼다. 그럼에도 불구하고 프랜시스 베이컨, 니체, 토인비 같은 식자(識者)들이 의외로 마키아벨리를 존중했다는 사실은 시사하는 바가 크다. 마키아벨리는 이탈리아라는 하나의 국가가 아니라 인류 전체의 문화 속에 속하는 인물이었다. 마찬가지로 이순신은 조선이라는 과거의 한 시대가 아니라 우리 문화 전체의 정체성을 대표하는 인물이었다.

이다. 비극의 탄생은 인간의 존엄성을 전제로 한다. 인간의 나약함은 비극을 요구하지 않고 동정심을 구걸할 뿐이다.

우리는 이순신의 삶에서 비극의 본질을 발견하게 된다. 비극은 가치의 상실을 의미한다. 하지만 가치의 상실은 가치의 소멸이 아니다. 가치의 상실은 가치의 존재를 증명한다. 가치가 상실됐다는 것은, 가치가 존재했다는 사실을 말해 주기 때문이다. 존재하지도 않는 가치를 상실할 수는 없는 법이다. 이순신의 죽음은 가치의 상실이면서 동시에 가치가 존재했다는 사실을 웅변해 준다. 하찮은 존재의 죽음을 우리는 비극이라고 부르지 않는다. 비극은 위대한 자의 삶과 죽음에 부여되는 특권과도 같은 것이다. 비극은 눈물을 요구하지 않는다. 비극은 가치에 대한 확신을 요구한다.

가치가 있으면 목숨을 걸고 지켜야 한다고 사람들은 말한다. 하지만 그러기 위해서는 무엇보다도 먼저 용기가 필요할 것이다. 삶을 용기로 증명하는 사람들이 있다. 실제로 그들의 존재가 문화를 구성하는 중요한 요소 중에 하나였다. 그러나 영웅적인 죽음으로 해서 영웅이 된 인물은, 영웅적인 삶을 살아서 영웅이 된 인물에 결코 미치지 못한다. 이순신은 영웅적인 삶을 살아서 영웅이 된 경우였다. 그리고 그의 극적劇的인 죽음은 그에게 훈장勳章과도 같은 것이었다. 훗날 이항복은 이렇게 말했다.

전라도로 가자면은 가로막힌 곳이 한산이요, 경계는 노량이요, 그 목은 명량이라. 그 날에 뉘 공로로 세 군데 험관을 막아냈던고. 그는 곧 으뜸 공신 통제사이었다.

이순신은 전라도와 서쪽 바다를 지키고자 했다. 서해西海를 빼앗기면 나라를 잃게 된다고 확신했기 때문이다. 신념을 갖는다는 게 중요한 게 아니라, 자신의 신념이 구체성을 확보했는가가 중요한 것이다. 결국 이순신은 신념을 지키기 위해 자신이 감당해 낼 수 있는 이상의 것을 자신에게 요구해야만 했다. 바로 이것이 그에게 주어진 운명이었다. 그리고 그 결과로써 그는 많은 것을 증명하게 된다. **한마디로 말해서, 그의 생生은 인간의 무한한 능력에 관한 긍정肯定의 대大 서사극敍事劇이었다.**

적어도 2천 년의 한반도 역사에서 이순신만큼 자신을 감동적으로 표현하는 데 성공한 인물은 일찍이 없었다.

에필로그

현대는 근대나 고대에 비해 훨씬 더 대중적인 시대이다. 따라서 '개인의 집단화集團化'는 우리 시대가 직면한 숙명과도 같은 것이다. 집단화된 개인은 집단화된 감정과 집단화된 사고思考에 지배당한다. 누구나 다 비슷한 말을 하고, 비슷한 생각을 하는 데 익숙해지는 것이다. 탐욕은 집단화된 개인을 어떤 저항도 없이 쉽게 타락시킨다. 그래서 인문학이 필요한 거라고 생각한다.

의미 깊은 책들을 정독精讀하는 데 오랜 시간 노력을 기울이거나, 자신이 원하는 바를 이루기 위해 최선을 다하다 보면 의식意識이 확대되는 것을 느끼고 깨닫게 된다. '의식의 확대'는 곧 '의식의 진화'를 의미한다. 그리고 의식이 진화한다는 건 성숙해진다는 걸 의미한다. 직관 능력이 좋아지는 건 이 때문이다.

"고급의 문화는 소수자에게만 이해된다"고 슈펭글러는 말했다. 그런데 그 소수자는 몇몇 천재들을 말하는 게 아니다. 누구나 다 노력만 하면 문화의 수혜자가 될 수 있다. 그 첫 번째 수단이 되는 것이 언어이고, 우리는 독서를 통해서 언어를 습득하게 된다.

T.S. 엘리엇의 말처럼, "작가나 시인의 의무는 독자가 아니라, 언어 그 자체에 우선한다."

우리는 한글이 훌륭하다고 여기지만, 한글로 과연 무엇을 표현해냈는가 하는 것은 전혀 다른 문제이다. 프랑스 산문은 몽테뉴의 〈에세이〉로 인해 수준에 도달했고, 영국 운문은 셰익스피어의 노고에 힘입어 최고의 언어로 거듭났다.

명석한 언어가 명석한 사고를 가능하게 하고, 섬세한 언어가 섬세한 감성을 가능하게 한다. 우리의 언어가 곧 우리의 운명이다.

〈독서의 위안〉 개정판 6쇄를 발행하면서 에필로그를 추가한 이유는 슈펭글러의 〈서구의 몰락〉에 대해 쓴 에세이를 새로 첨부했기 때문이다. 이 에세이는 〈독서의 위안〉 초판(2010년)에 실렸던 글이다.

20세기 초에 씌어진 〈서구의 몰락〉은 21세기를 사는 우리들에게 시사하는 바가 크다. 슈펭글러는 작금의 세태를 아주 구체적으로 묘사했다.

하나의 세계를 대신해서 하나의 거대 도시가 출현한다. 대도시의 구성원은 대지(大地)에 뿌리를 둔 인류가 아니고 민족도 아니며, 유랑민에 불과한 익명의 대중이다. 그들 속에서 퇴화하는 것은 인종(人種) 자체이다. 이것이 종말로 향하여 내딛는 숙명적인 거보(巨步)이다. 문제가 되는 것은 가장 깊은 의미에서의 최후적인 것 — 세계 도시인의 내적 종료 — 생리학적인 죽음이 아니라 정신적인 죽음이다.

1920년 무렵에 출간된 〈서구의 몰락〉에서 슈펭글러는 '문화의 몰락'은 서구西歐에만 해당한다고 주장했는데, 왜냐하면 문화의 몰락은 자신의 가능성을 남김없이 실현한 혼魂에게만 주어지는 불가피한 운명이기 때문이다. 인간의 삶이 그러하듯, 문화는 유년, 청년, 장년, 노년기를 거치면서 몰락해간다. 슈펭글러는, 서구의 경우 문화의 태동기에서부터 노년기에 이르기까지 전 과정을 거치며 문명화化되었기 때문에 문화의 몰락을 경험할 수밖에 없다고 말한다.

　　그러나 100년이 지난 지금 우리도 같은 상황에 놓여 있다고 말할 수 있다. 그렇다면 '서구의 몰락'이 아니라, 문명화된 모든 '인류의 몰락'을 의미하는 것이다. 우리가 사는 시대는 — 슈펭글러의 지적대로 — 이지理智가 혼魂을 대신하고, 화폐가 정신을 지배하는 시대이다.

　　슈펭글러는 문화文化와 문명文明을 구분해서 정의를 내린다. 문화는 가능성에서 비롯되는 것이다. 그러나 문명은 가능성이 아니라 현실에 안주한다. 문명이란 진보한 인간 종種이 궁극적으로 도달하게 되는 극히 외형적이며 인위적인 상태를 말한다.

　　회의주의는 '가치를 부정否定한다'는 점에서, 순수한 문명의 표현이다. 그것은 이미 과거가 되어버린 문화의 세계상像을 부순다. 문화가 정신적인 것이라면, 문명은 실제적인 것이다. 현대는 문명의 시대이지, 문화의 시대가아니다.

한 민족이 영원히 존재할 수 있는 단 한 가지 방법,
그것은 전통을 창조하는 것이다.
강한 전통은 각 방면에서 재능을 가진
사람들을 끌어 모으고, 소수의 천직天職에서
위대한 업적을 이끌어낸다.

서구의 몰락

슈펭글러는 회의주의懷疑主義를 문화적인 요소가 배제된 인위적人爲的인 문명의 특징을 나타내는 결정적 표현이라 했는데, 우리가 사는 시대가 바로 회의주의가 지배하는 시대라고 말할 수 있을 것이다. 19세기가 20세기를 보증했는지는 몰라도, 20세기가 21세기를 보증한 것 같지는 않다. 21세기는 과거와는 비교가 안 될 정도로 집단적인 분위기가 개인의 가능성을 철저히 지배하고 있는 시대이다. 요컨대 문명이 문화를 완전히 잠식해 들어간 것이다.[1] 감

---

1 문물제도(文物制度)라는 말이 있는데, 여기서 문(文)이란 문화를 뜻하는 것이고, 물(物)이란 문명을 뜻하는 것이다.

각여건感覺與件의 다양화와 풍부함! — 이것이 바로 작금의 현실이다. 감각이 정신을 여지없이 지배하고 있는 요즘 시대에 대중문화와 대립하는 의미에서의 '가치의 문화'는 연명해가기도 힘들어 보인다. 과연 자극적인 영상映像, 유행하는 음악, 첨단 패션 등에 대해 우선권을 주장할 고전적인 가치가 남아 있기나 한 것인가?

문화와 문명은 같은 맥락에서 이해되는 것처럼 보인다. 그러나 문명은 발전하는데 문화는 사라져 간다면 이를 어떻게 설명해야 할까? 19세기 말에 태어난 지식인들은 — 그것이 희망적이든, 절망적이든 — 20세기가 경험하게 될 문화를 나름대로 예견하고 싶어 했다. 그 대표적인 인물이 슈펭글러와 토인비였다. 슈펭글러(1880~1936)는 거의 니체처럼 말하지만, 그는 니체가 아니었다. 슈펭글러는 〈서구의 몰락〉서문序文에서 이렇게 말하고 있다.

> 나는 괴테에게서 방법을 배우고, 니체에게서 문제를 얻었다. 니체가 멀리서 바라보았다면, 나는 높은 데서 바라보았다는 차이가 있을 뿐이다. … 이것은 역사에 대한 새로운 견해이며 운명의 철학이다.

"오직 철학자만이 역사를 쓸 수 있다"고 볼테르는 말했다. 토인비와 슈펭글러는 역사가歷史家이기 이전에 철학자였다. 특히 슈펭글러는 '놀라울 정도의 스케일과 대담함, 그리고 미묘한 차이에 대한 독창적인 견해와 탁월한 미적美的 감수성을 지닌 인물'이었다고 평가된다. 버트런드 러셀은 슈펭글러의 견해를 '억측'이라고 폄하했고, 토인비는 '너무나 비관적이며 결정론적'이라고 평가했지만, 앙드레 말로를 포함해서 적지 않은 사람들이 슈펭글러의 어투語套를 모방하는 데 주저하지 않았다. 슈펭글러는 말한다.

정의定義를 내리는 자들은 운명이 무엇인지 모르는 자이다. … 사상가의 가치는 그 시대가 직면한, 그러나 단순하게 정의를 내린다고 해서 해결될 수 없는 주요한 사실에 대한 안목과 식견에 의해 결정된다. 그가, 체계와 원리의 숙련공에 불과한지, 혹은 재치와 박식함으로 정의 내리고 분석을 일삼고 있는지, 아니면 그의 저작과 직관이 이야기하고 있는 것이 시대를 대변하는 정신 그 자체인지 아닌지가 이것에 의해 결정되는 것이다.

시대를 초월한다는 것은 의미가 없는 말이다. 예술은 시대를 초월할 수 있어도, 예술가는 시대를 초월할 수 없다. 라파엘로와 미켈란젤로를 기다린 것은 결국 죽음이었다. 시간과 공간은, 칸트가 말하는 선험적先驗的 직관의 형식이 아니라 '운명'이다.

그리고 문화란 자기 시대와 자기 자신을 중심으로 해서 움직이는 역사이다. '나'라는 형이상학적인 존재가 실재하지 않는다면 문화란 의미가 없는 것이고, 역사에 참여할 수도 없으며, 다만 자연에 속할 따름이다. 여기서 간과할 수 없는 사실은 '역사와 자연과의 대립'이다. "역사란 자연과는 다른 질서와 다른 내용으로 이루어지는 제 2의 우주이다. 형이상학은 언제나 제 1의 우주만을 생각하고 제 2의 우주를 소홀히 여겨왔다"고 슈펭글러는 말한다. 자연은 '이루어진 것'이고, 역사는 '이루어지는 것'이다. 자연이 이미 '완성된 것'이라면, 역사는 '만들어 가는 것'이고, 따라서 곧 '생명'이며, '살아 숨 쉬고 있는' 어떤 것이다.

인식認識이란 엄밀한 의미에서만 하나의 체험 행위로 간주될 수 있다.[2] 그 행위의 완성된 결과를 — 인과적으로 질서 지워진 외계外界를 의미하는 — '자연'이라 말한다. 존재하는 법칙은 오직 자연 법칙뿐이다. 법칙이란 규정된 것이고, 따라서 반反역사적이다. 인식의 대상이 되는 모든 것은 규정된 것을 의미하기 때문이다. 그것은 우연을 배제한다. 자연 법칙이란 예외가 없는, 무기적無機的인 필연의 형식이다. … 반면 직관直觀이란, 그 자체로 완성됨으로써 스스로 역사가 되는 체험 행위를 말한다.

플라톤, 플로티노스, 단테, 조르다노 브루노, 괴테 같은 인물들은 탁월한 직관으로 역사를 체험함과 동시에 역사와 하나가 되었다. 슈펭글러의 말처럼, 세계를 이해한다는 것은 세계와 동일해 진다는 것을 의미하기 때문이다. 반면 아리스토텔레스나 칸트 같은 논리가論理家들은 다만 자연을 인식했을 따름이다. 전자가 본질과 관련된 것이라면, 후자는 체계와 관련된 것이다.

자연을 인식하는 일은 가르칠 수 있다. 그러나 역사를 이해하는 자는 타고 난다. 근원이 되는 감정은 배워서 얻어지는 것이 아니고 인위적인 영향도 받지 않는다. 분석하고, 정의를 내리고, 순서 지우고, 원인과 결과에 따라 구획 짓는 것은, 노력만 기울이면 얼마든지 가능한 일이다. 이것은 하나의 노동이다. 나머지 다른 하나는 창조이다.

....

2 여기서 말하는 '인식'은 플라톤이 말하는 '인식'과는 다른 개념이다. 슈펭글러는 인식론(認識論)이나 관념론(觀念論)을 염두에 두고 한 말이다.

슈펭글러는 문화文化와 문명文明을 구분해서 정의를 내린다. 모든 문화는 자신만의 문명을 지니고 있다. 문화가 완성되었을 때 문명이 출현한다. 문명이란 한 문화의 불가피한 운명이며, 진보한 인간 종種이 궁극적으로 도달하게 되는 극히 외형적이며 인위적인 상태를 말한다. 회의주의는 '가치를 부정否定한다'는 점에서, 순수한 문명의 표현이다. 그것은 이미 과거가 되어버린 문화의 세계상像을 부순다. 문화가 정신적인 것이라면, 문명은 실제적인 것이다. 우리는 '기계 문명機械文明'이라고 말하지, '기계 문화機械文化'라고 말하지 않는다. 그리고 우리는 철학이나 예술을 '문명'이라고 말하지 않고 '문화'라고 말한다. 현대는 문명의 시대이지, 문화의 시대가 아니다.

문화는 가능성에서 비롯되는 것이다. 그러나 문명은 가능성이 아니라 현실에 안주한다. 이를테면 그리스는 문화이고, 로마는 문명이다. '늙어가는 인류'라는 것은 없다. 문명은 문화의 늙은 상태가 아니라 새로운 출현이다. 각각의 문화는 자신만의 가능성을 지니고 있지만, 그 가능성은 나타나서 성숙해지고, 시들어 가고, 그리고 다시 부활하지 못한다. 순수하고 소박한 그리스의 정신精神을 대신한 것은 형이하적形而下的이며 실용적인 로마의 지능知能이었다. 로마적인 양태樣態에는 규율에 지배당하는 엄밀한 사실감이 있고, 그것에서 우리는 비천재적이며 야만적이고 실제적인 로마인을 접하게 된다. 내적內的인 가능성의 전全 내용인 이념이 완성되고, 그리고 그것이 외적外的으로 실현되었을 때, 문화는 돌연 응결되어 죽어 버린다. 요컨대 문화는 문명이 된다.

하나의 세계를 대신해서 하나의 거대 도시가 출현한다. 대지大地와 관련된 나머지 부분이 고갈되어 가는데 광대한 여러 지방의 다양한 생활 방식이 집중되는 하나의 점點이 생겨나는 것이다. 풍부한 형식을 지니고 대지大地

에 생사生死를 맡기던 민족을 대신해서 — 새로운 유랑민 — 기생물에 불과한 대도시 주민이 이곳에 정착한다. 무無종교적이고 이지적理智的이며, 비생산적이고 전통이란 전혀 없는, 순전히 실제적인 인간이 무無형식의 상태로 빈들거리면서 거대한 무리를 이루며 생겨나는 것이다. 이것이 종말로 향하여 내딛는 숙명적인 거보巨步이다. … 거대 도시에 속하는 것은 민족이 아니라 익명의 대중이다.

슈펭글러의 회의주의는 '역사에 목적은 없다'라는 전제에서 출발한다. 한편 토인비는 역사의 의미에 대해 탐구하면서 '목적은 역사 그 자체'라는 결론에 도달한다. 문화의 몰락은 '자기 결정' 능력의 상실에서 비롯된다. 다시 말해서, 문화의 몰락은 결과가 아니라 원인에서 기인하는 것이다. 이 점에서는 슈펭글러와 토인비의 의견이 일치한다. "문화적인 인간은 그 힘을 내부로 쏟고, 문명적인 인간은 외부로 쏟는다"고 슈펭글러는 말한다. 그리고 토인비는 외부로부터의 도전에 대한 내부의 응전력이 약해질 때, 그 '사회'는 쇠퇴하게 된다고 말한다. 그러나 슈펭글러의 시각에서 볼 때, '몰락'은 가능성이 아니라 현실이다.

문화란 생명체이다. 그리고 세계사史는 그 전체의 전기傳記이다. 모든 문화는 필연적으로 자신 특유의 '운명 이념'을 지니고 있다. 운명은 주어진 시간이며, 결국 죽음으로 인해 완성되는 모든 생명체의 역사이다. 시간은 방향성方向性을 갖는다. 그러나 그것은 돌이킬 수 없는 한 쪽만의 방향이다. 그래서 시간이란 비극적인 것이다. 시간을 느끼는 의미의 차이에 따라 개개의 문화가 구별된다고 슈펭글러는 말한다. 시간과 공간은 '역사적인 세계상像'과 '자연적인 세계상像'을 구분 짓는 지배적인 특징이다. 그리고 문화의 역사란, 시간이 지남으로 해서 그 문화의 가능성이 잇달아 실현되는 과정을 말한다.

여기서 완성은 종말과 동의어가 된다.

슈펭글러의 용어에 따르면, 운명 이념이 인과법칙과 대립하고, 역사와 자연, 인상印象과 체계體系, 시간과 공간, 이루어지는 것과 이루어진 것, 가능성과 현실, 직관과 논리, 형태 원리와 법칙 원리, 유기적인 것과 기계적인 것이 대립한다. 그리고 상징 혹은 이미지가 개념과 대립한다. 역사는 체험하는 것이고, 자연은 인식하는 것이다. 중요한 것은 관념이 아니라 운명이며, 인식이 아니라 생명이다.

참되고 깊이 있는 역사 연구는 인과적인 법칙을 구하지 않는다. 역사가가 할 일은 필연적인 것과 본질적인 것을 개별적인 것과 구별하고, 역사적인 사건들의 표정을 이해하고, 그리고 '그 표정의 기초가 되는 형태어形態語'를 탐구하는 것이다. 문화는 형태어로 우리에게 전달되기 때문이다. 형태론形態論은 근원根源을 다룬다. '근원 현상'이란 이루어지는 것의 이념이 상황에 구애받지 않고 눈앞에 있는 그대로의 모습으로 나타나는 것을 말한다. 괴테는 "근원이 되는 현상이 있다. 우리는 그 신神과도 같은 단순함을 어지럽히거나 침해해서는 안 된다"고 말했다.

루소와 마르크스는 세계상世의 합리적인 구조를 발견했다고 확신하고 자신들의 이론으로 인류의 미래를 바꿀 수 있다고 믿었다. 그러나 괴테는 단호하게 말한다 ― "인류라고? 천만에! 그것은 추상물抽象物에 지나지 않는다. 오직 인간만이 있을 뿐이다." 이 말 한마디만을 두고 본다면, 실존주의實存主義의 창시자는 키에르케고르가 아니라 괴테였다.

모든 체계는 사상을 기하학적幾何學的으로 취급한다. 그래서 체계는 언제나 공간적이다. 여기서 시간 혹은 운명은 설 자리가 없다. 운명이란 내적 확실성을 나타내는 말이다. 그러나 '순수 이성純粹理性'은 자기가 모르는 일체의 것을 부정한다. 체계를 세우고자 하는 사상가는 자기 세계가 아닌 다른 세계를 외면하는 경향이 있다.

한 문화에 속하는 인간이 자신의 운명을 파악하고 체험하는 방식은 결국 유형적類型的일 수밖에 없다. 슈펭글러는 그리스·로마 문화를 아폴론적的이라고 말하고, 서양의 문화를 파우스트적的이라고 말한다. 그리스·로마 문화는 현세적이고, 서양의 문화는 형이상학적이다. 그리스·로마는 낮의 문화이고, 서양은 밤의 문화이다. 밤은 세계를 해체시키고, 낮은 혼魂을 제거한다. 올림포스를 지배하는 것은 투명한 남쪽 태양의 영원한 빛이다. 반면 파우스트는 한 밤중에 서재에서 홀로 깊은 사색에 잠기고, 렘브란트는 자신의 그림 속에 이것을 표현하고, 베토벤의 화음은 거기에 빨려 들어간다. 순수한 그리스인의 눈으로 보면, 혼魂은 육체의 형상形相이다. 아리스토텔레스는 그렇게 인식했다. 그러나 파우스트적인 인간의 눈으로 보면, 육체는 혼魂을 담은 용기容器이다. 괴테는 그렇게 느꼈다.

> 서유럽의 정신은 '진보'라는 개념으로 모든 것이 다 설명되고 있다. 이것은 종결로 향하는 '함수函數'이다. 그리스·로마의 비극이 인격의 항상恒常을 가정했다면, 서양의 비극은 인격의 가변可變을 가정한다. … 괴테는 〈파우스트〉의 초고를 구상하고 있을 때 순수한 파르시팔이었다. 제 1부를 마쳤을 때에는 고뇌하는 햄릿이었다. 그리고 〈파우스트〉의 제 2부를 완성하면서 비로소 괴테는 바이런을 이해하는 19세기의 세계인이 되어 있었다.

괴테에게 있어 고뇌란, '새로운 자기 자신'으로 거듭 태어나기 위해서 필요한 효과적인 지불支拂 수단이었다. 고뇌가 지불됨으로 해서 '우연'은 '운명'이 된다. 인간의 고뇌를 대변하는 '신기원적인' 근대 서양의 비극은 '운명'을 표현한다. 반면 일화逸話적이며 '삽화적인' 고대 그리스의 비극은 '우연'에 지

배당하는 인간을 표현한다. 전자는 '성격'에 의해 노출되는 비극이고, 후자
는 '상황'에 의해 지배당하는 비극이다. 셰익스피어의 리어 왕은 하나의 비
극적인 캐릭터이다. 한편 소포클레스의 오이디푸스 왕은 비극적인 상황과
직면해서 울분을 토할 뿐이다. 리어 왕의 생애는 내적으로 성숙해지고 끝내
는 파국으로 치닫지만, 오이디푸스 왕의 생애는 뜻밖의 외적인 상황에 의해
좌절한다. 오이디푸스에게 있어 운명은 악연惡緣의 연속이지, '인생행로'가
아니다.

　"운명과 우연의 차이는 단지 그 내용의 정도에 따라 결정지어 지는 것처
럼 보인다"고 슈펭글러는 말한다. 우연의 세계란 단 한 번만 현실이 되고 마
는 사실事實의 세계이다. 탁월한 안목과 식견을 갖춘 자는 우연을 운명으로까
지 끌어올린다. 그러나 논리를 내세우는 자는 '사건'이 아니라 '문제'만을 발
견하게 될 뿐이다.

> 인간의 지능에 의해서 파악되는 사실들은 모두 원인을 갖고 있다. 반면 내
> 적 확신에 의해 유기적으로 체험되는 사실은 모두 과거를 지니고 있다. 전
> 자가 특징으로 삼는 것은 수 없이 반복되는 '경우'이고, 후자가 특징으로
> 삼는 것은 하나의 '사건'이다. 그 사건이라는 것은 단 한 번만 존재하고 다
> 시 나타나지 않는다. 역사에는 단 한 번만 '사실'일 수 있다는 특징이 있는
> 반면, 자연에서는 끊임없이 반복된다는 특징이 있다.

　어떤 문화든 인간의 연령 단계를 따른다. 인간의 생生이 그러하듯이, 유
년, 청년, 장년, 노년을 경과하면서 문화는 몰락해 간다. 운명은 언제나 젊
다. 인과적인 관계를 인식하는 일은 노인에게나 어울릴 뿐이다. 청년만이 대
담한 용기를 지니고 자신을 초월해서 미래를 향해 돌진해 간다. 그는 자기

자신을 미래에 이루어지려고 하는 것의 의미로 느낀다. 과거는 원인이 아니고, 숙명은 공식⁄公式이 아니다.

그 문화의 형태어形態語를 상징하는 것이 예술이라는 점에서, 예술의 역사는 이 사실을 여실히 보여준다. 처음에는 갓 잠에서 깨어난 유아적幼兒的인 혼魂의 겁먹은 듯한, 겸손하고 순수한 표현이 있다. 그리고 다가오는 청년기가 되면, 미래의 풍부한 형식에 대한 강렬한 예감, 억제된 긴장, 아직은 시골풍으로 초기의 성채와 소小도시로 꾸며진 대지大地를 뒤로하고, 자신이 자각한 새로운 미래를 환호 속에 맞이하면서 새로이 습득한 신성하고 눈부신 형태어에 전율한다. 그리고 양식樣式은 운명의 장대한 상징적 의의意義가 된다. 그러나 젊음의 도취는 여기서 끝난다.

장년 시대에 이르면, 문화는 시골을 지배하고 있는 대도시의 이지理智가 되고 양식조차 이지화理智化된다. 숭고한 상징주의는 퇴색해 가고, 초인적인 형식의 격렬함은 사라진다. 보다 온화하고 현세적인 예술이 대大예술을 밀어낸다.

그리고 노년에 이르러, 냉철한 지성知性, 쾌활한 도회성都會性, 분방하며 밝고 세련된 예술이 종말로 향하는 문화의 최후의 형식이 되고, 양식은 소멸한다. 고풍스럽게 혹은 절충하면서 잠시 동안 부활한, 옛날 그대로인 공허한 형식의 희미한 빛이야말로 그 종말을 의미하는 것이다. 그것은 이미 과거가 되어 버린 예술의 환영을 껴안고 죽은 형식을 가지고 노는 지루한 놀이에 지나지 않는다.

양식樣式은 예술가 개개인의 인격이나 의지나 의식과는 아무런 관련도 없다. 반대로 예술가의 유형類型을 만드는 것이 양식이다. 서양 예술에서 로마네스크, 고딕, 르네상스, 바로크, 로코코 등은 하나의 동일한 양식에 속하는 여러 단계를 지칭하는 말이다. 고딕과 바로크 — 이것은 같은 형식 내용의

청춘과 노년이며, 서양의 성숙해 가는 양식과 이미 성숙된 양식의 표현이다. 그리고 르네상스는 반反고딕적이다. 새롭게 출현한 혼魂이 사느냐 죽느냐가 고딕 양식이 직면한 문제였다면, 르네상스는 취미의 문제였다. 르네상스 작품에는 지나치게 완벽해서 불쾌감을 주는 그런 느낌이 있는데, 이들 작품에는 이념과 현상의 깊이가 결여되어 있기 때문이다. 실제로 르네상스 시대는 단테와 미켈란젤로 사이에 단 한 사람의 위대한 인격도 배출해내지 못했다. 르네상스는 최후의 미망迷妄이다.

　모든 개개의 예술은, 그것이 중국의 산수화山水畵든, 이집트의 조각이든, 고딕의 대위법對位法이든, 단 한 번만 현존하는 것이고 거기에 담긴 혼魂과 상징적 의의는 결코 다시 재현되지 않는다. 그런 의미에서 르네상스는 고대 그리스·로마의 부활이 아니다. 각각의 예술은 그 외면적인 모습을 제외하면, 선배도 없고 후계자도 없는 하나의 독립된 생명체이다.

　그리고 예술은 체계가 아니다. 모든 시대와 모든 문화에 두루 통용되는 예술 장르라는 것은 존재하지 않는다. 렘브란트의 회화繪畵와 바흐의 오르간 곡曲은 하나의 같은 예술이다. 그 내적 형태어들은 시각적 수단과 청각적 수단의 구별이 무의미하게 여겨질 정도로 일치하고 있다. 회화적인 양식 혹은 음악적인 양식이 출현하면서부터 조소적彫塑的인 양식이라는 것은 존재하지 않게 되었다. 16세기에 조소彫塑는 미켈란젤로와 함께 피렌체에서 소멸한다. 조각은 자기 문화의 운명이기를 중단한 것이다. 미켈란젤로 이후로 렘브란트와 바흐에 버금가는 위대한 조각가가 단 한 사람도 없었다는 사실이 이를 확인해 준다.

　다빈치에 이르러서야 비로소 회화, 그 중에서도 특히 초상肖像이 중요한 장르가 된다. 서양의 초상은 음악이며, 색조를 짜내는 혼魂이다. 시선, 입의 움직임, 표정, 손을 둔 위치 — 이것은 극히 미묘하고 의미 있는 둔주곡遁走曲

이다. 렘브란트의 초상화에는 그 인물의 인격, 운명, 인생이 보인다. 바로 이것이야말로 그리스·로마의 나체裸體 조각상에서 발견할 수 없는 혼魂의 표현이다.

회화와 기악器樂은 함께 유기적인 발전의 길을 걸어왔다. 그 목표는 고딕에서 파악되고, 바로크에 이르러 도달한다. 고딕 음악은 건축적이고 성악적聲樂的이다. 한편 바로크 음악은 회화적이며 기악적器樂的이다. 17세기 말, 회화로는 이제 충분치 않게 되었다. 최후의 위대한 거장巨匠들이 죽어 갔다. 그리고 18세기에 들어서는 음악이 회화와 건축을 지배하게 된다.

문화가 소멸하고 문명이 시작되면서부터 대大 양식의 예술도 함께 소멸한다. 모든 문화에는 과도기가 있는데, 이때 성행하는 것이 일반적인 형태를 취한 '복고주의'와 '낭만주의'이다. 복고주의와 낭만주의는 '생명'의 모방이 아니라, 이전에 모방했던 것을 모방하는 것에 지나지 않는다. 취미가 양식樣式을 대신한다. 내적인 필연이 결여되고, 매너리즘과 유행이 기호에 따라 모습을 달리하며 애호가들을 만족시킨다. 그리고 예술은 장식裝飾이 되고 공예품工藝品이 된다. 페르시아의 융단과 인도의 금속 세공이 그랬고, 중국의 도자기가 그랬다.

각각의 문화에는 심오한 깊이와 통속성이 함께 상존하고 있다. 통속성은 인간과 인간 간의 차이를 없앤다. 그러나 심오한 깊이는 이 차이를 강조하고 역설한다. 그리스·로마 문화가 생활 감정의 표현 방식에서 가장 통속적이었다면, 서양 문화는 가장 비非통속적이다. 그리스·로마의 유클리드 기하학幾何學은 속인俗人을 위한 것이었다. 반면 서양의 뛰어난 모든 창조자가 본래의 목적으로 삼은 것은 처음부터 끝까지 소수자를 위한 것이었다. 고딕식 대성당의 정면과 그리스 신전神殿의 앞문에 해당하는 프로필라이아를 비교해 보라. 파르테논의 조상彫像은 그리스인 모두를 위해 존재했다. 그러나 바흐와 그 시대의 대위법적인 음악은 음악가들을 위한 음악이었다. 그리스·로마에는 존재하지 않았던 배타적인 형식이 서양 문화에서는 중요한 의미로 자리 잡게 된다. 그리스·로마 문화의 부활로 간주되는 르네상스도 예외는 아니었다. 르네상스는 처음부터 군중을 포함시키지 않은, 소수의 선택받은 귀족들을 위한 취미였다.

세속적이고 실용적이 된 예술은 도시적이 되고 공허해진다. 그리고 후기 문화의 지식인은 세상으로부터 소외되고 소수의 사람들에게만 이해되는 사상과 언어 형식에 몰두하게 된다. 아마도 서양의 관념론觀念論이 그 대표적인 예일 것이다. 그것은 심오하다기보다는 인간의 지능이 도달할 수 있는 극단을 표현한 것에 불과하다.

혼魂이 퇴장했기 때문에 두뇌가 지배하게 된다. 문화인은 무의식적으로 생활하고, 문명인은 의식적으로 생활한다. 문화의 도덕은 사람이 지니고 생활하는 도덕이다. 그러나 문명의 도덕은 사람이 탐구하는 도덕이다. 예컨대 칸트는 윤리학倫理學을 인식의 대상으로 보았다. 그러나 윤리학이라는 것은 혼魂이 자신의 운명에 대해 바라보는 것을 법식화法式化한 것이다. 니체가 주인의 도덕과 노예의 도덕을 구별했듯이, 슈펭글러는 비극적인 도덕과 천민의 도덕을 구별한다. 한 문화의 비극적 도덕은 존재에게 가해지는 운명의 중압重壓을 느끼고 이것을 이해하고, 그리고 그 중압감을 견뎌낸다는 긍지의 감정을 이끌어낸다. 그러나 문명이 출현하면서부터 생활을 인식에 반영하는 윤리학은 사라지고, 인식을 생활에 반영하는 문명화된 윤리학이 그 자리를 대신하게 된다. 어떤 문명에서도 혼魂으로 충만한 존재는 지능으로 충만한 존재로 대체되게 마련이다. 지능은 혼魂의 화석化石이다.

모든 문화의 본질은 종교적이다. 따라서 모든 문명의 본질은 무無종교적이다. 로코코 양식의 건축은 가장 세속적인데도 불구하고 종교적이다. 하지만 로마의 건축은 신전神殿조차도 무종교적이다. 문명화된 세계 도시는 옛 문화 도시에 비하면 — 예컨대 알렉산드리아와 아테네, 파리와 브루게, 베를린과 뉘른베르크처럼 — 도로, 언어, 사람 얼굴의 모습에 이르기까지 세부적인 모든 면에서 무종교적이다. 따라서 세계 도시의 형태어의 일부를 이루는 윤리적인 분위기도 마찬가지로 무無종교적이 되고 무無정신적이 된다.

종교는 체험된 형이상학이다. 그러나 문명인은 더 이상 형이상학적인 마력魔力에 이끌리지 않는다.[3] 지성知性이라는 말의 뉘앙스에는 어딘가 모르게 무신론적인 요소가 담겨져 있다. 그러나 무신론은 계몽시대의 산물이 아니다. 무신론이란 문명에 속하는 것이고, 철저히 대도시적인 것이며, 문화의 창조자인 자신의 선조들이 유기적으로 체험한 것을 기계적으로 획득하는 도회지 '교양인'에게 어울리는 이지적理智的 표현이다. 그리스·로마적인 종교 감정에서 보면, 아리스토텔레스는 자신도 모르는 무신론자이다. 헬레니즘 시대의 스토아주의는 서구적 근대성을 상징하는 사회주의와 인도의 근대성을 상징하는 불교와 마찬가지로 무신론적이다. 그리고 현대의 윤리적 사회주의는 무無종교적이 된 파우스트적인 생활 감정에 뿌리를 두고 있다. 사회주의가 선전宣傳의 대상으로 삼은 것은 후기 시대에 나타나는 '대중'이지, '인류'가 아니다. 그들은 이념 대신 목적을 내세우고, 상징 대신 강령을 지니고 행동한다.

세계사史는 도시의 역사이다. 농촌은 세계사의 바깥에 있다. 농민은 무無역사적인 존재이기 때문이다. 그들은 대지大地와 결합된 풍속과 종교 속에서 그 상징적인 힘을 발견한다. 그러나 도시는 곧 지성知性이다. 그리고 대도시

---

3 이 말은 "신은 죽었다"라는 니체의 말을 완곡하게 표현한 것이다.

는 '자유로운 지성'이다. 문명이란 긴장에 다름 아니다. 그리고 도시인의 지성이란 극도로 긴장된 이해력, 바로 그것이다. 도시적인 지성은 초기 시대의 대大종교를 개혁하고 화폐에 힘을 부여한다. 지성은 생각하고, 화폐는 지배한다. 대도시가 농촌에 승리를 거두고 주인이 된 이래 종말로 향하여 다가가는 모든 문화의 질서가 그랬다. 그리고 결국에는 화폐가 지성을 파괴해 버린 뒤에, 데모크라시 역시 화폐에 의해 파괴된다. 마지막으로 출현하는 '세계 도시'는 모든 대大문화의 생성 과정에서 종말을 예고하는 징후이다. 1920년 무렵에 슈펭글러는 이렇게 말했다.

> 내가 보기에는 20세기가 훨씬 지난 뒤에 1천만에서 2천만 명이 거주할 수 있는 거대 도시가 세워질 것이다. 그때 들어서게 될 건축물들의 규모에 비하면 지금 시대에 가장 크다고 여겨지는 건물조차도 난쟁이처럼 작아 보일 것이다.

그러나 인구 천만이 넘는 거대 도시의 출현은 20세기 말의 일이었다. 우리가 사는 서울도 당연히 이 경우에 해당될 것이다. 현대의 거대 도시는 서구의 무한無限으로 향한 경향을 보여주고 있다. 원시 유목민은 자신이 살던 땅에서 벗어나 멀리 이동할 수 있었다. 그러나 현대의 지적知的 유목민은 이미 그럴 수 없다. 대도시를 동경하는 향수병은 다른 어떤 향수병보다 강하기 때문이다. 그들에게는 어디가 되었든지 간에 이들 여러 도시가 고향이고, 타국이란 실로 가장 가까운 시골인 것이다.

대중은 하나의 집단이다. 그러나 인류 또는 민족은 집단이 아니라 생명이다. 한 민족이 영원히 존재할 수 있는 단 한 가지 방법, 그것은 전통을 창조하는 것이다. 강한 전통은 각 방면에서 재능을 가진 사람들을 끌어 모으고,

소수의 천직^{天職}**에서 위대한 업적을 이끌어낸다.** 그러나 대도시의 구성원은 인류가 아니고 민족도 아니며, 새로이 출현한 대중이다. 그들 속에서 퇴화하는 것은 인종^{人種} 자체이다. 문명은 도시의 승리를 의미하지만, 그러나 문명은 흙에서 해방되면서부터 서서히 몰락해 간다. 여기서 대두되는 것이 이른바 '형이상학적인 죽음'이다. 생리학적인 죽음이 아니라 정신적인 죽음인 것이다. 이것이 바로 문화의 몰락이다.

모든 문화는 도시가 아닌 시골에서 하나의 강력한 주제^{主題}를 가지고 생겨나서, 예술과 사고방식의 발전을 통해 다성적^{多聲的}으로 도시로 옮겨지고, 결국에는 세계 도시 속에서 유물론^{唯物論}의 피날레로 끝을 맺는다. 문화는 하나의 정신태^態가 살아 있는 육체이고, 문명은 그 미라이다. 전자가 운명이라고 느끼는 것을 후자는 원인과 결과의 관계로 해석한다. 그 사회에 속하는 구성원은 이때부터 원하든 원치 않던 문명에서만 타당한 의미에서의 유물론자가 된다. 이미 존재하고 있던 것을 의식적으로 이용하기 위해 오성적^{悟性的}으로 분석하려는 시도. 신비적이고 창조적인 것에 치명적이 되는 사고^{思考}의 강제. 이것은 피로한 혼^魂의 최후를 예고하는 징조이다. 나아가 비^非형이상학적인 종교를 구성하고 종의^{宗儀}와 교설^{教說}에 반항하는 것. 예술에서 양식^{樣式}이 더 이상 유지되지 않고 자유로이 구사되지 않기 때문에 다양한 양식을 고안해내고, '국가'를 필요하다면 얼마든지 바꿀 수 있는 대상으로 보고 도리어 바뀌지 않으면 안 되는 '사회 질서' 쯤으로 이해하는 것. 이런 현상들은 모두 무언가가 붕괴되고 있다는 사실을 보여주는 것이다.

슈펭글러에 의하면, '문화의 몰락'은 서구^{西歐}에만 해당하는 것이다. 서구 문화를 제외하고 현존하는 다른 모든 문화는 몰락을 경험하지 못할 것이다. 왜냐하면 문화의 몰락은 자신의 가능성을 남김없이 실현한 혼^魂에게만 주어지는 불가피한 운명이기 때문이다. 문제는 생활 태도, 제도, 풍속에 따른 외적 영향에서 기인하는 것이 아니다. 진화進化란 외적 진보가 아니라 내적 성숙을 의미하기 때문이다. 문제가 되는 것은 가장 깊은 의미에서의 최후적인 것, 세계 도시인의 내적 종료이다.

거대 도시의 뿌리 없는 '후기後期 인간'은 기계화된 사고思考에 지배당한다. 슈펭글러의 말처럼, 대도시大都市와 대도시인大都市人이 문제가 된다면, 우리도 이 점에서 예외가 될 수 없다. 그렇다면 슈펭글러가 말하는 '서구의 몰락'이 아니라, 문명화된 모든 '인류의 몰락'을 의미하는 것이다. 그렇다고 해서 장자莊子와 루소가 주장하는 바처럼 자연으로 돌아갈 수도 없는 일이다. 무위자연無爲自然은 과연 최고의 선善인가? T.S. 엘리엇은 루소를 적敵그리스도로 보았다. 장자나 루소처럼 말하기는 쉬워도, 그들이 말하는 것처럼 문명인이 '자연과 더불어 산다'는 것은 쉬운 일이 아니다. 이 경우에는 양식樣式이 문제가 되는 게 아니라, 양식糧食이 문제가 되기 때문이다.

문제가 심각하다고 해서 과거로 회귀할 수는 없는 일이다. 슈펭글러가 말하는 바는 다만 '사실'이 그렇다는 것뿐이다. 앙드레 말로는 "1870년대 이후로 유럽인은 이 지구 전체의 상속자가 되었다"고 말했다. 그리고 20세기는 우리가 원하든 원치 않든 세계사史 속에 우리를 편입시켰다. 우리가 사는 시대는 ― 슈펭글러의 지적대로 ― 이지理智가 혼魂을 대신하고, 화폐가 정신을 지배하는 시대이다. 이 시대에서 '경쟁'이 지배적인 논리가 되는 것은 당연한 결과이다. 18세기의 계몽시대 때는 관용寬容을 강조했다. 그러나 21세기의 가장 주요한 덕목은 효율성이며, 경쟁에서 승리하는 것이다. 그리고 불신不信은 대세의 흐름이 된지 이미 오래이다. 대도시의 종교는 대지大地와 결부된 생명의 기원起源이기를 포기하면서 일종의 '친목 단체'로 전락했고, 옛 사람들의 소박하고 경건한 종교 감정을 도덕화된 종교 의식意識이 대신하고 있다.

세상의 화면畫面이 바뀌면, 인생도 바뀐다. 이는 만고萬古의 진리이다. 그런데 세상의 화면은 시대가 제공하는 것이다. 20세기 초에 씌어진 〈서구의 몰락〉은 21세기를 사는 우리들에게 시사하는 바가 크다. 슈펭글러의 말대로, 우리의 시대가 곧 우리의 운명이기 때문이다.

오늘날에 이루어지는 것은 커다란 창조가 아니라, 이미 이루어진 것의 보존, 완성, 변형, 선택이라는 정교하고 작은 일이다. "축軸이 되는 시대가 있었다"고 칼 야스퍼스는 말했다. 인도의 석가, 중국의 공자와 맹자와 순자, 헬라스의 소크라테스와 플라톤과 아리스토텔레스를 탄생시킨 기원전 6세기에서 4세기에 이르는 300년 동안의 짧은 시기가 이른바 '인류의 축軸'에 해당하는 시대였다. 그리고 풍우란馮友蘭은 2500년 중국 철학의 역사를 자학시대子學時代와 경학시대經學時代로 구분했는데, 여기서 '자子'란 제자백가諸子百家들, 그 중에서도 특히 공자孔子를 지칭하는 말이다. 자학시대가 창조의 시대였다면, 경학시대는 모방의 시대였다.

슈펭글러의 말대로, 앞으로는 대大 양식樣式의 예술이나 철학은 더 이상 출현하지 않을 것이다. 그러나 이것은 비극이 아니다. 왜냐하면 — 이 점은 분명한데 — 그래도 우리에게는 과거의 유산이 지금도 여전히 우리 곁에서 살아 숨 쉬고 있기 때문이다. 베르그송의 말처럼, 과거를 보존하는 일에 한계란 있을 수 없다. 우리가 우리의 과거였던 것에 가치를 부여하는 일을 멈추지 않는 한, 우리의 과거는 끊임없이 성장하고 있기 때문이다. 그래서 가능성은 남는 것이다.

자유, 평등, 권리, 박애주의 같은 추상적인 이념보다는 명예, 신뢰, 의무, 권력의지, 강인한 지도력 같은 실제적인 가치를 중시했다는 점에서, 그리고 진리보다는 '사실'에 더 비중을 두고 있다는 점에서, 슈펭글러를 20세기의 마키아벨리라고 부를 수 있을 것이다. 한마디로 말해서, 슈펭글러는 '마키아벨리가 되고자 한 니체'였다.[4] 그러나 슈펭글러의 논조論調는 마키아벨리와 정반대의 입장을 취한다. 마키아벨리가 ― 프랜시스 베이컨이 말했듯이 ― 인간이 해야 할 일이 무엇인가에 대해 말하지 않고 인간이 실제로 저지르고 있는 일이 무엇인지를 적나라하게 천명했다면, 슈펭글러는 인간이 실제로 해온 일보다는 인간이 무엇을 해야만 하는가에 더 큰 의미를 두고 있기 때문이다.

슈펭글러의 문화론文化論은 희망을 제시하지 않는다. 다만 고딕의 열정을 불러일으켰던 숭고한 비장함 같은 것을 강조할 뿐이다.

....

4 앙드레 말로는 T.E. 로렌스(일명, 아라비아의 로렌스)를 가리켜, '차라투스트라가 된 니체'였다고 말했다. T.E. 로렌스는 초인(超人)이 된 철학자였다.

독서의 위안

초판 1쇄 발행 | 2010년 02월 26일
      2쇄 발행 | 2010년 03월 02일
개정판 1쇄 발행 | 2020년 02월 05일
      7쇄 발행 | 2021년 04월 12일

지은이 | 송호성
펴낸곳 | 화인북스
       (주)화인코리아 출판사업부
주소 | 인천시 남동구 남동동로 77번길 32
전화 | 032-819-2747
팩스 | 032-819-2748
전자우편 | finebooks97@naver.com
신고번호 | 제 353-2019-000021호
신고연월일 | 2019년 10월 11일

진행 | ASSEMBLE
디자인 | A.u.H design
일러스트레이션 | 최익견
교열, 교정 | 류제석
제작 | (주)대한프린테크

ISBN 979-11-969168-0-0